MW00529334

FORTALEZA

PARA CADA DÍA

365 devociones para hacer de *cada* día un día *maravilloso*

JOYCE MEYER

ORIGEN

Penguin
Random House
Grupo Editorial

Título original: *Fortaleza para cada día*
Primera edición: marzo de 2023

Esta edición es publicada bajo acuerdo con FaithWords, New York, New York, USA.
Todos los derechos reservados.

STRENGTH FOR EACH DAY:
365 Devotions to Make Every Day a Great Day, © 2021 by Joyce Meyer

© 2023, Penguin Random House Grupo Editorial USA, LLC
8950 SW 74th Court, Suite 2010
Miami, FL 33156

Traducción: José García Escobar
Diseño de cubierta: Adaptación de Penguin Random House Grupo Editorial
de la cubierta original de Faceout Studio
Imagen de cubierta: Shutterstock

A menos que se indique lo contrario, todas las citas bíblicas fueron tomadas
de la Biblia Reina Valera 1960 (RVR1960)

Penguin Random House Grupo Editorial apoya la protección del *copyright*. El *copyright* estimula la creatividad, defiende la diversidad en el ámbito de las ideas y el conocimiento, promueve la libre expresión y favorece una cultura viva. Gracias por comprar una edición autorizada de este libro y por respetar las leyes del Derecho de Autor y *copyright*. Al hacerlo está respaldando a los autores y permitiendo que PRHGE continúe publicando libros para todos los lectores.
Queda prohibido bajo las sanciones establecidas por las leyes escanear, reproducir total o parcialmente esta obra por cualquier medio o procedimiento así como la distribución de ejemplares mediante alquiler o préstamo público sin previa autorización.

Impreso en Colombia / *Printed in Colombia*

ISBN: 978-1-64473-716-3

ORIGEN es una marca registrada de Penguin Random House Grupo Editorial

22 23 24 25   1 2 3 4 5 6 7 8 9 10

INTRODUCCIÓN

Necesitamos fortaleza cada día en diferentes situaciones de nuestras vidas. Requerimos de fuerza física, emocional, mental y la más importante, fuerza espiritual. Jesús es nuestra fuerza y recibiremos de Él toda la que necesitemos, pasando tiempo con Él, estudiando Su Palabra y pidiéndole lo que nos haga falta.

Veo las devociones de este libro como pequeños impulsos de energía. Son cortas pero muy poderosas, puesto que están llenas de la Palabra de Dios. Lee y medita una cada mañana y mantén este libro a mano para que puedas leerlo cada vez que quieras o necesites fuerza o motivación.

Léelas cuidadosamente, medita con atención en lo que lees y considera cómo podrías aplicar lo aprendido en tu vida diaria. Vas a recoger una cosecha que beneficiará tu crecimiento y entendimiento espiritual, mientras siembras pensamientos y estudias la verdad de lo que lees (Marcos 4:24).

No importa cuán joven y fuerte seas, todos tenemos un límite para lo que somos capaces de hacer o soportar. Pero Dios es ilimitado. Mientras esperamos por Dios, renovamos nuestras fuerzas y entonces Él nos facilita hacer todo lo que requerimos.

CUANDO NECESITAS FUERZAS

Pero los que esperan a Jehová tendrán nuevas fuerzas; levantarán alas como las águilas; correrán, y no se cansarán; caminarán, y no se fatigarán. —ISAÍAS 40:31

Si manejas tu auto todos los días y nunca le pones gasolina, pronto estarás varado en medio de la carretera con un problema que pudiste haber evitado. Podríamos considerar este ejemplo al decidir cómo manejar nuestras vidas. Isaías dice: "Los muchachos se fatigan y se cansan" (Isaías 40:30-31). Todos nos cansamos a veces y sentimos que no podemos continuar. El cansancio puede ser mental, emocional o físico, pero podemos evitarlo si aprendemos a pasar tiempo con Dios y permitimos que Él llene nuestro tanque y nos brinde energías.

No esperes a quedarte sin gasolina o a estar varado en medio de la carretera de la vida para pedirle ayuda a Dios. Él siempre estará disponible y feliz de pasar un rato contigo. Mucha gente no sabe qué hacer cuando pasa tiempo con Dios; lo importante no es qué hacer, sino tomarse el tiempo para estar con Él. Puedes rezar (habla con Dios y escúchalo) o leer la Biblia, escuchar música que te motive de forma espiritual, leer un libro escrito por un buen maestro de Biblia o simplemente, sentarte ante la presencia de Dios y disfrutar de Su compañía. Siempre que hagas estas cosas, Él te dará fuerzas.

Igual que le prestas atención al indicador de la gasolina en tu auto y vas a la gasolinera antes de que se vacíe el tanque, te sugiero que le pongas atención a los síntomas que te avisan que estás quedándote sin energía. En vez de obligarte a seguir adelante, intentando superar todos los obstáculos de tu vida, haz algo antes de que quedes completamente exhausto. ¡Se sabio y renueva tu energía con regularidad!

"Padre, perdón por todas las veces que intenté hacer algo por mi cuenta sin antes acudir a Ti. Ayúdame a que siempre seas mi prioridad. En el nombre de Jesús, yo pido esto. Amén".

PRIORIDADES

Y él es la cabeza del cuerpo que es la iglesia, él que es el principio, el primogénito de entre los muertos, para que en todo tenga la preeminencia; por cuanto agradó al Padre que en él habitase toda plenitud.

—COLOSENSES 1:18

El Año Nuevo es siempre un buen momento para revisar nuestras prioridades y asegurarnos de que Jesús ocupe el primer lugar en nuestras vidas. Puede que tengamos que reevaluarlas varias veces durante el año, pero podemos empezar hoy, asegurándonos de que cosas sin importancia no se hayan colado en nuestras vidas y hayan desplazado a Jesús del primer puesto.

A veces nos sentimos débiles o que no tenemos fuerzas porque estamos tristes o frustrados y ni siquiera sabemos por qué. Con frecuencia esto ocurre porque nuestras prioridades están desordenadas. Cualquiera puede cometer errores, entonces no te sientas culpable si te ha pasado, pero sí debes corregirlo. Pídele a Dios que te muestre lo que necesitas ver y con Su ayuda, haz los ajustes que requieras en tu vida.

"Señor, quiero que Tú ocupes el primer lugar en mi vida. Por favor muéstrame cualquier área en la cual mis prioridades estén desordenadas. Muéstrame lo que debo eliminar o relegar a un puesto de menor importancia para que Tú y solamente Tú ocupes ese primer lugar. Amén".

LA FORTALEZA DE LA GENTE POSITIVA

Transformaos por medio de la renovación de vuestro entendimiento.

—ROMANOS 12:2

¿Alguna vez has notado que cuando tienes una actitud positiva, sientes que tienes más fuerzas? Piénsalo. Cuando tienes pensamientos negativos, te sientes triste y débil. Es por eso que el enemigo pone pensamientos negativos en nuestras mentes. Quiere que nos sintamos débiles, no fuertes. Si ve que estamos de acuerdo con los pensamientos que susurra en nuestro oído y que permitimos que esos pensamientos afecten nuestras emociones, va a seguir mintiéndonos. Mientras le creamos al enemigo, más débiles seremos.

Al renovar tu mente según la palabra de Dios, hoy mismo puedes tomar la decisión de ignorar pensamientos negativos y pensar de forma positiva. Conforme tu actitud sea más positiva, te sentirás cada vez más fuerte. Puedes estar seguro de que Dios te ama y que Él pelea tus batallas, que Él tiene un plan para tu vida y que Él está contigo en todo lo que haces. (Éxodo 14:14; Deuteronomio 20:4; Jeremías 29:11; 31:3; Efesios 1:7-9).

"Padre, ayúdame a ser fuerte cuando el enemigo trate de ingresar pensamientos negativos en mi cabeza. Quiero renovar mi mente acorde a Tu palabra, sentirme transformado y así caminar con la fuerza que obtengo de ser una persona positiva. En el nombre de Jesús. Amén".

VIVE BIEN

Pues si vivimos, para el Señor vivimos; y si morimos, para el Señor morimos. Así pues, sea que vivamos, o que muramos, del Señor somos.

—**ROMANOS 14:8**

Mi tía falleció hace poco. Tenía noventa y siete años. En momentos así pienso en lo transitoria que es nuestra vida y en la profunda realidad de que cada uno de nosotros tiene una sola vida. Mi tía tuvo una vida larga, pero lo importante no es qué tan largas sean nuestras vidas sino qué tan bien vivamos. Cada día que pasa es uno que no tendremos de vuelta, entonces debemos darle propósito a nuestros días y asegurarnos de que lo que hagamos con nuestro tiempo valga la pena.

Te hago una pregunta: ¿estás dejando un legado del cual puedas sentirte orgulloso? Te insto a que disfrutes de tu vida, que vivas por el honor y la gloria de Dios y que te asegures de que mientras dure tu viaje por la tierra, vivas de tal manera que te haga sentir bien de cómo has vivido y de que serás extrañado cuando completes tu viaje.

"Señor, gracias por la vida que me has dado. Reconozco que es un regalo precioso y que no debo desperdiciarlo. Ayúdame a vivir bien y a honrar Tu gloria. Cada día que vivo, permíteme ayudar a los demás. Gracias. En el nombre de Jesús. Amén".

AUMENTA

Todo lo que el hombre sembrare, eso también segará. —GÁLATAS 6:7

Muchos de nosotros nos entusiasmamos con la idea de tener más en nuestras vidas. Hacemos bien en recordar que la Palabra de Dios dice que cosechamos lo que sembramos. Si queremos recibir más, necesitamos dar más. Dar es el origen de la verdadera alegría. Nada puede hacernos más felices que ser una bendición para los demás.

Dios quiere que te rete este año a tomar la decisión de dar más que nunca. Dale trabajo a Su reino, dale a los pobres y a los necesitados, a aquellos menos afortunados que tú. Incluso si solo puedes apenas aumentar un poco lo que ya das, te propongo que lo hagas lleno de fe y esperes gran abundancia en tu propia vida. ¡Es imposible dar más de lo que Dios nos da! Él es la esencia de la generosidad. Él disfruta de la prosperidad y bienestar de Sus hijos (Salmos 35:27). Cuando damos más, cosechamos más, así podremos continuar siendo una bendición para quien lo necesite.

Te reto a que me acompañes a aprovechar cada oportunidad que encuentres de ser una gran bendición donde quiera que vayas.

"Padre, gracias por darnos a Tu hijo. Deja que Tu espíritu de generosidad viva dentro de mí y otórgame la gracia para dar más y más. Gracias. En el nombre de Jesús. Amén".

COMIENZA DE NUEVO

De modo que si alguno está en Cristo, nueva criatura es; las cosas viejas pasaron; he aquí todas son hechas nuevas. **–2 CORINTIOS 5:17**

La promesa de nuevos comienzos es sumamente clara en las Sagradas Escrituras. La buena noticia es que no solo beneficia a los creyentes recientes en Cristo, sino que está disponible para cualquiera de nosotros siempre que la necesitemos. El único requisito para obtenerla es que olvidemos nuestros fracasos y nos aferremos a esos renaceres que Dios nos ofrece.

Recientemente, he tenido que aplicar a mi propia vida esta promesa. Dios me pidió que hiciera algo y aunque estaba de acuerdo con él y todo empezó muy bien, eventualmente fracasé y tuve que recomenzar desde cero. Tenía dos opciones: sentirme culpable porque había fracasado o empezar de nuevo. Escogí lo segundo y si tú necesitas hacerlo, oro para que elijas lo mismo que yo.

No importa por qué necesitas reiniciar algún aspecto de tu vida, Jesús tiene Sus brazos abiertos esperando que le permitas ayudarte a recomenzar.

"Padre, gracias por la oportunidad de volver a empezar. Ayúdame a dejar ir lo viejo y recomenzar sin sentirme culpable por haber fracasado. En el nombre de Jesús. Amén".

CONFIANZA QUE TE DIFERENCIE
DE LOS DEMÁS

En Jehová Dios de Israel puso (Ezequías) su esperanza; ni después ni antes de él hubo otro como él entre todos los reyes de Judá. —2 REYES 18:5

Según el versículo de hoy, Ezequías "puso su esperanza" en Dios. El versículo continúa diciendo que esto fue lo que hizo a Ezequías diferente de los otros reyes de Judá. Déjame hacerte una pregunta: ¿qué te distingue de la gente a tu alrededor? Cuando alguien piensa en ti, ¿de inmediato sabe que tú pones tu esperanza en el Señor?

No creo que podamos hacer un énfasis excesivo en lo importante que es la confianza que tenemos en Dios. Confiar en Él significa que colocamos en Él toda nuestra fe y no dudamos de que actuará a través de nosotros.

Nuestra confianza en el Señor es lo que nos permite poner nuestra esperanza en Él. Me llama la atención que, en la traducción al español de la biblia, en la edición Reina Valera 1960, este versículo dice que Ezequías "puso su esperanza" en el Señor. La única razón por la que pondríamos nuestra esperanza en algo es porque sabemos que va a ayudarnos. No lo haríamos si creyéramos que podría colapsar bajo nuestro peso. Solo nos apoyamos en lo que confiamos y solamente confiamos en aquello que creemos.

El señor nunca te va a fallar o dejar abandonado, siempre que confíes en Él (Deuteronomio 31:8).

"Padre, hoy pongo toda mi esperanza y confianza en Ti y en nadie más. En el nombre de Jesús. Amén".

LAS TORMENTAS DE LA VIDA

Todo lo puedo en Cristo que me fortalece. **–FILIPENSES 4:13**

No todas las tormentas aparecen en el pronóstico del tiempo. Algunas tormentas de la vida nos sorprenden, pues no las esperamos. Cuando esto ocurre, lo primero que pensamos es, *Oh no, otro problema. No sé si puedo lidiar con él.* Sin embargo, debemos tener cuidado de no permitir que los pensamientos negativos nos derroten. La Palabra de Dios nos enseña que a través de Jesús podemos hacer todo lo que nos proponemos, pues él nos fortalece (Filipenses 4:13).

San Pablo tuvo ratos de abundancia y ratos de carencia, pero aprendió a ser feliz, sin importar las circunstancias (Filipenses 4:11-12). Su felicidad vino de confiar ciegamente en Dios, en todo momento.

Eres más fuerte de lo que crees y puedes enfrentarte a más de lo que crees. Si vives tu vida un día a la vez y obtienes fuerza de Jesús, realmente puedes hacer todo lo que te propongas.

Nadie sabe lo que va a pasar mañana, pero podemos confiar en el hecho de que Dios nos va a ayudar y por él tendremos fuerza y triunfaremos.

"Padre, quiero ser feliz en todo momento y tener la confianza de que puedo hacer lo que me proponga a través de Jesús, pues él me fortalece. Ayúdame a entender que Tú eres más grande que cualquier problema que pueda tener. En el nombre de Jesús. Amén".

PARA TIEMPOS COMO ESTOS

¿Y quién sabe si para esta hora has llegado al reino? **–ESTER 4:14 RVR1960**

Dudo que cuando la reina Ester era una niña huérfana se imaginara que un día iba a ser la esposa de un rey y que Dios salvaría a toda una nación a través de ella. Probablemente nunca soñó que sería considerada una de las mujeres más fuertes de la historia bíblica. ¿Y cuál fue el origen de su fuerza? Su fe en Dios.

Cuando un malvado amenazó con matar a todos los judíos, Ester intervino. Ella le pidió a su esposo, el rey, que los perdonara a todos. En esa época nadie podía acercarse al rey sin una invitación y ella ignoró las costumbres, lo cual fue muy valiente de su parte. A cambio de su riesgo recibió una gran recompensa, pues el rey la recibió cálidamente y otorgó su deseo.

Vemos en el versículo de hoy que Ester entendió que salvar a su gente era parte de la razón de haberse convertido en esposa del rey. Cuando te encuentres en una situación particularmente retadora, acuérdate de Ester y comprende que el hecho de que estés ahí puede que sea parte del plan que Dios tiene para ti. La fuente de tu fortaleza, igual que la de Ester, está en tu fe en Dios.

"Padre, me entrego a Ti y quiero de todo corazón estar a Tu servicio. Utilízame hoy. En el nombre de Jesús. Amén".

COMPLACIENDO A DIOS

Para que andéis como es digno del Señor, agradándole en todo, llevando fruto en toda buena obra, y creciendo en el conocimiento de Dios.

—COLOSENSES 1:10

Preguntémonos hoy si deseamos complacer a Dios o si deseamos que Dios nos complazca a nosotros. Creo que muchos de nosotros deseamos ambas cosas, pero ¿qué pasa si no es posible?, ¿qué ocurre si lo que quiero no complace a Dios? ¿Estoy dispuesto a renunciar a algo para complacer a Dios? Él lo dijo mejor. En el Jardín de Getsemaní pidió que le apartaran la copa del sufrimiento, y rápidamente agregó: "Pero no se haga Mi voluntad sino la Tuya". (Lucas 22:42).

Recomiendo que le pidas a Dios todo lo que quieras, porque Él nos invita a acercarnos confiadamente a Su trono de gracia (Hebreos 4:16). Pero además de pedir con audacia, también te recomiendo que le solicites que no te dé nada de lo que pidas, a menos que le complazca a Él también. La verdad es que sin importar lo mucho o poco, es imposible estar felices y satisfechos a menos que lo que tengamos sea parte del plan de Dios para nuestras vidas.

"Padre, quiero complacerte en todo momento. Te pido que me guíes de tal manera que pueda hacerlo siempre, pues es mi mayor deseo. Si me alejo de ese objetivo, te pido que siempre me regreses a él. En el nombre de Jesús. Amén".

EXAMÍNATE

¿Y por qué miras la paja que está en el ojo de tu hermano, y no echas de ver la viga que está en tu propio ojo? —MATEO 7:3

Si el diablo nos mantiene ocupados buscando faltas en los demás, va a ser fácil para él impedir que veamos y resolvamos nuestros propios errores. La Biblia nunca nos pide examinar a los demás, pero sí nos pide que lo hagamos con nosotros mismos (Lamentaciones 3:40). No debemos examinarnos al punto de condenar nuestras acciones y tampoco debemos ser excesivamente introspectivos, pero el examinarnos adecuadamente nos ayuda a no ser demasiado rápidos juzgando a terceros.

Debemos ser compasivos con quienes nos rodean, porque si sembramos compasión, cosecharemos lo mismo. Creo que la compasión es algo que todos necesitamos en gran medida. Dios es compasivo y en su representación debemos ser iguales a Él.

¿Hay alguien con quien debas ser compasivo hoy? Si es así, ¿por qué no hacerlo ahora mismo? Si lo haces te prometo que levantarás un gran peso de tu corazón.

"Padre, por favor ayúdame a ser compasivo en todo momento y a recordar que cada vez que vea una paja en el ojo de mi hermano probablemente tenga una viga dentro del mío".

ALEGRÍA CONSTANTE

Id, comed grosuras, y bebed vino dulce, y enviad porciones a los que no tienen nada preparado; porque día santo es a nuestro Señor; no os entristezcáis, porque el gozo de Jehová es vuestra fuerza. **–NEHEMÍAS 8:10**

Recientemente hablé con un neurocirujano que se especializa en columna vertebral y cerebro, quien realiza estudios sobre este último y cómo diferentes factores lo afectan. Comentó que investigadores han encontrado que, cuando damos, la región del cerebro que libera placer, se ilumina en los escáneres y otros equipos de diagnóstico por imagen. Sé por experiencia que dar me hace muy feliz y ser egoísta me pone triste.

En el versículo de hoy, a Nehemías y su gente se les dijo que podían celebrar luego de haber completado exitosamente una tarea que les había asignado Dios; tal obra fue la reconstrucción de los muros de Jerusalén. No solo celebraron con un gran banquete, sino que recibieron instrucciones de mandar provisiones a gente que no tenía nada. Creo que parte de celebrar nuestras victorias debería siempre incluir darle algo a quienes más lo necesitan. Es realmente mayor bendición dar que recibir (Hechos 20:35).

Nehemías le indicó a su gente no estar triste, pues la alegría del Señor les fortalecía. Todos podemos encontrar razones para estar tristes y ser infelices, si solo vemos lo que nos falta o si nos enfocamos en las cosas aparentemente negativas que nos suceden. Pero también podemos encontrar motivos de alegría si vemos lo que Dios ha hecho por nosotros y celebramos las victorias pasadas mientras esperamos con calma las futuras. No dejes que el diablo te robe tu alegría, pues es más importante para ti de lo que crees. La alegría nos mantiene fuertes y todos necesitamos esa fortaleza.

"Padre, te pido que me ayudes a escoger ser feliz en cada situación. En el nombre de Jesús. Amén".

NO ERES TU DUEÑO

¿O ignoráis que vuestro cuerpo es templo del Espíritu Santo, el cual está en vosotros, el cual tenéis de Dios, y que no sois vuestros? Porque habéis sido comprados por precio; glorificad, pues, a Dios en vuestro cuerpo y en vuestro espíritu, los cuales son de Dios. **–1 CORINTIOS 6:19-20**

Muchos nos levantamos asumiendo que nuestras vidas nos pertenecen y por lo tanto podemos hacer lo que queramos, pero la verdad es totalmente lo contrario. No somos dueños de nosotros mismos, pues Jesús nos compró con su sangre y nos hizo suyos. Cada día deberíamos procurar hacer la voluntad de Dios y glorificarlo en todo aspecto práctico de nuestra vida.

Permite que las decisiones que tomes hoy sean en la consciencia de que no te perteneces y debes considerar lo que Dios quisiera que hicieras. Ser obediente a la voluntad de Dios es el sendero hacia una vida maravillosa, llena de alegría, paz y todo lo bueno. Construye el hábito de preguntarte: "¿qué haría Jesús ante esta situación?" y luego sigue Sus pasos.

"Padre, gracias por vivir dentro de mí. Te pido que me hables con claridad en todo momento y me muestres Tu voluntad. Otórgame la gracia para siempre seguir tus pasos y glorificarte en toda cosa que hago. Amén".

PROGRESANDO

Mas la senda de los justos es como la luz de la aurora, que va en aumento hasta que el día es perfecto. **–PROVERBIOS 4:18**

Las ansias de progreso, sin importar lo que hagamos, forman parte de nuestra naturaleza. Esto incluye el deseo de avanzar espiritualmente para, de forma gradual, ser más parecidos a Jesús. Te aseguro que, si estás estudiando la Palabra de Dios y pasas tiempo con Él, estás creciendo. A veces el cambio es casi imperceptible porque ocurre poco a poco, pero definitivamente, creces.

A Satanás le gusta desmotivarte mostrándote lo mucho que aun te falta, Dios desea en cambio animarte confirmándote que mudas paulatinamente. Mientras sigas siendo diligente, en algún momento llegarás a un punto donde te maravillarás de todo lo que Dios ha hecho en ti. ¡Disfruta del lugar dónde estás hoy!

"Padre, gracias por cambiarme cada día un poco moldeándome a tu imagen. Deseo acercarme a Ti tanto como pueda y confío en que trabajas en mí. Gracias. En el nombre de Jesús, Amén".

DIOS ES FIEL

Pero fiel es el Señor, que os afirmará y guardará del mal.

—2 TESALONICENSES 3:3

Tenemos un enemigo que constantemente busca robarnos, matarnos y destruirnos (Juan 10:10) y su nombre es Satanás. Pero Dios prometió que nos protegería del enemigo si confiábamos en Él. Solo podemos superar el miedo con la fe, de modo que te recuerdo depositar tu fe en el Señor; que te adueñes del versículo de hoy y que creas que Dios siempre te brindará la fuerza necesaria y te protegerá de Satanás.

Dios es fiel y siempre cumple sus promesas. Él no puede mentir y no puede fallarnos. Lo único que necesita para obrar prodigios en nuestras vidas, es nuestra fe. Él quiere que le creamos y descansemos en Él mientras lucha nuestras contiendas.

¿Qué dificultades combates en este momento? No cometas el error de enfrentarlas por tu cuenta. Dios está a tu lado para ayudarte. Él te dará la fortaleza que requieras, mientras trabaja en ti y resuelve tu situación.

"Padre, sé que eres fiel. Me arrepiento de haber dudado de Ti. Hoy tomo la decisión de confiar en Ti al enfrentar cada situación de mi vida. En el nombre de Jesús. Amén".

MANTEN TU MIRADA EN DIOS

No sabemos qué hacer, y a ti volvemos nuestros ojos. —**2 CRÓNICAS 20:12**

¿Cuántas veces a la semana piensas: "Simplemente, no sé qué hacer"? A veces no tenemos claro de qué manera actuar en situaciones sencillas, como cuando alguien nos cancela una reunión y de repente tenemos la tarde libre. Otras veces, agonizamos ante una decisión importante del tipo si debiéramos o no mudarnos lejos, contraer matrimonio, empezar una familia o tomar un gran riesgo, como invertir todo nuestro dinero en comenzar un negocio.

Jesús dice en Juan 15:5 que separados de Él, nada podemos hacer. Él quiere estar involucrado en cada aspecto de nuestras vidas, lo mismo que ávido de ayudarnos en toda circunstancia. Él tiene cada respuesta que necesitamos —incluso aquellas que no se nos han ocurrido— y nos las dará con tan solo pedírselas.

Ya sea que hoy enfrentes un asunto mayor o algo de menos importancia, si no sabes qué hacer, mi consejo es el de siempre: Dile a Dios que no tienes la solución y mantén la vista en Él, porque es seguro que tiene la respuesta y te guiará.

"Padre, cuando no sepa qué hacer, ayúdame a mantener la mirada en Ti. En el nombre de Jesús. Amén".

DISFRUTA EL VIAJE

El ladrón no viene sino para hurtar y matar y destruir; yo he venido para que tengan vida, y para que la tengan en abundancia. —JUAN 10:10

Jesús vino a la tierra para que pudiéramos disfrutar de nuestras vidas, pero eso no va a pasar a menos que nos demos cuenta de que la vida es un viaje que tiene muchos ingredientes e incluye mucho tiempo de espera. Muchos de nosotros solo queremos llegar a nuestro destino o alcanzar una meta, pero la meta, en realidad, es nuestra felicidad. Cuando llegamos al destino final, el viaje ha terminado y antes de que podamos darnos cuenta, queremos ya otro reto.

Todo en el reino terrenal opera según las leyes del desarrollo paulatino. La mayoría de las cosas crecen tan despacio, que nuestros ojos no son capaces de percibir ese crecimiento. Piensa en un árbol. Crece todo el tiempo, sin que lo notemos.

Dios pudo haber hecho que todo ocurriera rápidamente, pero no fue así. Creo que el motivo fue que solo apreciamos las cosas si tenemos que esperar por ellas. La expectativa del arribo de lo bueno, es lo que hace que sea tan emocionante. Te insto a que tomes la decisión de dejar la prisa y simplemente disfrutes del viaje.

"Padre, ayúdame a darme cuenta de que mi tiempo está en Tus manos y a confiar en que Tus tiempos son perfectos. Te pido esto en el nombre de Jesús. Amén".

DIOS ESCUCHA Y RESPONDE
NUESTRAS PLEGARIAS

Pedid, y se os dará; buscad, y hallaréis; llamad, y se os abrirá. **–MATEO 7:7**

El diablo quiere que pensemos que Dios no escucha ni responde a nuestras plegarias, pero eso no es cierto. Puede que pienses que Dios escucha y responde a las plegarias de los demás, pero no las tuyas porque tienes muchos defectos. Sin embargo, la Palabra de Dios nos recuerda a Elías, quien fue tan pecador como nosotros. Sobre él la Biblia dice: "Elías era hombre sujeto a pasiones semejantes a las nuestras, y oró fervientemente para que no lloviese y no llovió sobre la tierra por tres años y seis meses" (Santiago 5:17).

Dios ha diseñado una oración especialmente para aquellos que necesitan su ayuda. Pero si no creemos que Él escucha y responde a nuestras plegarias, y no le pedimos lo que verdaderamente necesitamos, entonces difícilmente lo obtendremos (Santiago 1:6-8). Dios nos invita a rezar siempre y a realizar todo tipo de plegarias y solicitudes (Filipenses 4:6).

Nunca puedes rezar con demasiada frecuencia o pedirle demasiado a Dios. Él disfruta que dependamos de Él. Cuando rezamos, si creemos que vamos a obtener lo que pedimos, vamos a recibir lo que Dios tiene planeado para nosotros (Marcos 11:24). Puede que no lo obtengamos de inmediato, porque usualmente hay un tiempo de espera entre nuestra plegaria y el momento en que obtenemos lo que pedimos. Durante ese tiempo nuestra fe está a prueba. Pero no te rindas, porque tu respuesta viene en camino.

"Padre, quiero que mis oraciones sean poderosas. Te pido que me ayudes a intercambiar mis preocupaciones y ansiedad por fe, que me ayudes a confiar en Ti, a confiar en que Tú estás trabajando en mi nombre. En el nombre de Jesús. Amén".

¡RESISTE!

Y fue traída una piedra y puesta sobre la puerta del foso, la cual selló el rey con su anillo y con el anillo de sus príncipes, para que el acuerdo acerca de Daniel no se alterase. **–DANIEL 6:17**

Harriet Beecher Stowe dijo una vez: "cuando tienes un problema y todo parece estar en tu contra, y sientes que no puedes soportar ni un minuto más, no te rindas, pues es justo dónde y cuándo la marea cambiará de rumbo".

¿Estás actualmente en una situación similar? ¿Tienes una dificultad y sientes que nada te favorece? Algunos días son así y es en esos momentos que simplemente debes ser firme en tu fe y resistir un minuto más.

Muchas personas de las que habla la Biblia se enfrentaron a situaciones adversas las cuales pusieron a prueba su fe. Una de esas personas fue Daniel. Decir que él sintió que todo estaba en su contra, cuando se encontraba en la guarida de los leones, sería subestimar sus problemas. Él estaba solo en un foso oscuro, rodeado de leones hambrientos. Sin la ayuda de un milagro (que ocurrió), él sabía que los leones acabarían con él de una terrible manera.

Dios sabe exactamente cuánta presión podemos soportar y las dificultades que somos capaces de enfrentar. En momentos difíciles, Él está siempre contigo. Eventualmente te ayudará, pero hasta que eso ocurra, debes saber que Él no te va a abandonar. Usa los problemas a tu favor y pídele a Dios que te dé fuerzas mientras esperas que Él actúe poderosamente en tu nombre.

"Padre, cuando tenga un problema, dame la gracia y la fuerza para soportar un minuto más y no darme por vencido. Amén".

VER LO EXTRAORDINARIO EN LO ORDINARIO

Porque tú eres grande, y hacedor de maravillas. Solo tú eres Dios

—SALMO 86:10

Para un niño pequeño todo es maravilloso. Pero conforme crecemos, perdemos la capacidad de asombrarnos por lo increíble que nos rodea. Sugiero que capturemos lo extraordinario de nuestro día a día. Cuando vivimos con Dios, la vida nunca es trivial. Él siempre obra prodigios y lo único que tenemos que hacer es tomarnos el tiempo de verlos.

El sol sale cada día y es algo muy hermoso, pero pocos nos percatamos de ello. Tengo cuatro hijos saludables y todos sirven a Dios; eso también es maravilloso. Dave y yo hemos estado casados por cincuenta y cuatro años y, ¡guau, eso también es increíble! A veces nos afanamos procurando cosas extraordinarias, cuando la verdad es que lo prodigioso y lo bello están siempre a nuestro alrededor en todo lo que vemos y experimentamos cada día. Aprendamos a ver lo extraordinario en lo ordinario siempre. Te prometo que está ahí, solo hace falta buscarlo.

"Padre, eres realmente maravilloso y no hay nada mundano u ordinario al vivir la vida a Tu lado. Ayúdame a ver todas las cosas extraordinarias que llenan mi vida cada día y a valorarlas. Gracias. En el nombre de Jesús. Amén".

VIVE CON INTENCIÓN

Mirad, pues, con diligencia cómo andéis, no como necios sino como sabios.
—EFESIOS 5:15

Vive la vida a propósito. Vive más allá de solo vivir sin rumbo. Es algo muy importante. Solo tenemos una vida y hay que hacer que cuente. Te motivo a que todos los días hagas algo que le agregue valor a la vida de otro, así tus días serán productivos.

No podemos vivir la vida de acuerdo con lo que sentimos y al mismo tiempo comportarnos sabiamente. Muchas veces las buenas decisiones nada tienen que ver con nuestras emociones, es por ello que debemos aprender a vivir más allá de ellas. Disfruta las buenas emociones cuando estén presentes, pero no dejes que te controlen. Vive la vida a propósito.

Comienza el día pensando en cuales decisiones podrías tomar para esa jornada y no dejes que cosas inútiles te distraigan, pues solo te quitan tiempo y no traen nada bueno a tu vida.

"Padre, perdón por el tiempo que he malgastado a lo largo de mi vida. A partir de hoy quiero vivir con intención según Tu voluntad. Ayúdame. Gracias. En el nombre de Jesús. Amén".

¿DÓNDE ENCONTRAMOS FUERZA?

Dios es nuestro amparo y fortaleza. Nuestro pronto auxilio en las tribulaciones. —SALMOS 46:1

Me encanta que Dios siempre está presente. No hay momento en el que no esté con nosotros, aunque puede que perdamos la oportunidad de recibir Su ayuda cuando nos olvidamos de Él e intentamos hacer las cosas por nuestra cuenta. Él quiere que nos apoyemos y confiemos en Él. El hecho de contar con Dios para todo no es un signo de debilidad, es un signo de sabiduría.

Jesús dice que lejos de Él nada podemos hacer (Juan 15:5). Podremos realizar algunas cosas, pero a menos que invitemos a Jesús, que lo involucremos en el proceso, va a haber complicaciones y pronto vamos a frustrarnos pues no resultará tan fácil como si Él estuviera presente. Dime, ¿qué intentas hacer por tu cuenta que te provoca frustración? Sea lo que sea, detente, pídele disculpas al Señor por haberlo dejado fuera y solicita que tome el control de la situación y te otorgue la gracia para seguirlo.

He intentado hacer muchas cosas por mi cuenta: cambiar como persona, cambiar a mi esposo y a mis hijos. Veía sus defectos y quería corregirlos, pero solo Dios puede cambiar el corazón de una persona. También intenté, con mis propias fuerzas, hacer crecer mi ministerio, e igual fracasé. He aprendido a pedirle a Dios todo lo que necesito y a apoyarme en Él para que esas cosas ocurran. Siempre que me olvido de hacerlo, no pasa mucho tiempo antes de darme cuenta de que todo es más difícil si no está Él. Deja de interponerte y permite que Dios muestre su fuerza a través de ti.

"Padre, estoy agradecido por Tu fortaleza. Necesito que estés presente en todo lo que hago y te pido perdón por las veces que te hice a un lado e intenté hacerlo todo yo solo. No soy tan fuerte. Necesito tu poder. En el nombre de Jesús. Amén".

¿ERES ÚTIL?

Pero tenemos este tesoro en vasos de barro, para que la excelencia del poder sea de Dios, y no de nosotros. **−2 CORINTIOS 4:7**

¿Alguna vez se te ha caído una maceta de barro o por accidente has pateado una en el jardín y se ha rajado? Si te ha ocurrido, entonces sabes que las macetas son frágiles. Cuando Pablo escribe que guardamos tesoros en "vasos de barro", él hace énfasis en el hecho de que los seres humanos tenemos fallas y defectos. Somos iguales a macetas con grietas. Dios nos hizo de esta manera a propósito, para que veamos el poder de Sus acciones en nuestras vidas. Sabemos que hay ciertas cosas que no podemos hacer por nosotros mismos y cuando las hace Dios, nos damos cuenta de que es Él quién está trabajando. Dios trabaja a través de nuestras debilidades, mostrando así su fortaleza.

Si pones una lámpara dentro de una maceta y la tapas, nadie sabría que hay una lámpara dentro. Pero si tiene grietas, la luz escaparía por allí. Las imperfecciones atraen la atención hacia la luz. El mismo principio aplica a nuestras vidas. No importan tus defectos, pues Dios va a usarlos para mostrarle a los demás Su poder y Su gloria.

"Padre, ayúdame a entender que, aunque tengo imperfecciones, ellas son oportunidades para que otros vean Tu poder. En el nombre de Jesús. Amén".

TIEMPO

Aprovechando bien el tiempo, porque los días son malos. –**EFESIOS 5:16**

Nuestro tiempo es valioso. Una vez lo usamos para algo, se fue y no volverá. Es muy importante que invirtamos nuestro tiempo en actividades que valgan la pena, cosas que nos hagan sentir satisfechos más adelante en nuestras vidas. ¡El tiempo es demasiado valioso como para malgastarlo! Si sientes que no estás ocupando tu tiempo de la mejor manera, eres el único que puede cambiar eso. Me ayudó mucho darme cuenta de que mi tiempo es un regalo de Dios y que, si no me gusta lo que hago con él, debo hacer cambios en mi vida.

No te quejes de algo que solo tú tienes el poder de cambiar. Nunca dejes para mañana lo que necesita ser cambiado hoy. Deja que el Espíritu Santo te guíe y actúa.

"Padre, quiero usar mi tiempo sabiamente y te pido que me ayudes a hacer cambios donde deba hacerlos. Pido esto en el nombre de Jesús. Amén".

MISERICORDIA

Sed, pues, misericordiosos, como también vuestro Padre es misericordio-
so. —LUCAS 6:36

Recientemente he pensado en la misericordia y lo importante que es en nuestras vidas. Dios es misericordioso y sin su misericordia, nuestros pecados nos consumirían. Jeremías escribe en Lamentaciones 3:22-23 que la misericordia de Dios se renueva cada mañana. Si necesitas misericordia en tu vida, tómate un momento y recíbela ahora mismo con fe, pues es un regalo de Dios.

Debemos mostrar misericordia a los demás, de la misma forma que nuestro Padre es misericordioso con nosotros. ¿Hay alguien en tu vida a quien debieras extender tu misericordia? Si es así, te apremio a no dejarlo pasar. La ira es una emoción inútil que no representa la voluntad de Dios. El efecto que tiene en nosotros no nos beneficia para nada. Al contrario, cuando somos misericordiosos con los demás y sus fallas, no solo los ayudamos a ellos, sino a nosotros mismos.

"Padre, Tu misericordia es hermosa y te agradezco por ella. Ayúdame a ser una persona misericordiosa en todo momento. Gracias. En el nombre de Jesús. Amén".

LO QUE DICES, CUENTA

Diga el débil: Fuerte soy. —JOEL 3:10

Dos palabras que debemos eliminar de nuestro vocabulario, siempre que hablamos de nuestras habilidades son: "no puedo". No digas que vas a fracasar antes de intentar algo. Muchas cosas nos parecen intimidantes y lo serían si intentáramos hacerlas sin la ayuda de Dios. Pero para Dios todo es posible (Mateo 19:26). Él les da fuerza a los débiles y los exhaustos. En el versículo de hoy vemos que el profeta Joel dijo, "Diga el débil: Fuerte soy".

Nuestras palabras hacen la diferencia, porque pueden convencernos de que somos capaces o no de hacer algo. Está bien admitir que te es difícil hacer algo, siempre y cuando agregues: "Pero Dios puede hacerlo a través de mí". No eres tan solo un ser natural, pues estás lleno del Espíritu de Dios. Esto significa que tienes habilidades supernaturales que te permiten hacer lo que Dios quiera.

Cuando te enfrentas a un reto y te sientes débil e incapaz, en vez de decir una y otra vez que eres demasiado débil, di que eres fuerte y declara lo siguiente: "todo lo puedo en Cristo que me fortalece" (Filipenses 4:13). Queremos decir las cosas que Dios dice de nosotros, y Él dice que somos fuertes.

"Padre, me arrepiento de decir que soy débil, cuando me has dicho, a través de Tu Palabra, que soy fuerte gracias a Ti. Entonces digo con fe: "soy fuerte gracias a Jesucristo". En el nombre de Jesús. Amén".

HACER LO CORRECTO
EN EL MOMENTO CORRECTO

Pero sed hacedores de la palabra, y no tan solamente oidores, engañándoos a vosotros mismos. —SANTIAGO 1:22, RVR1960

Escuchando a la gente contarme sus sufrimientos y tribulaciones, me doy cuenta de que saben qué hacer para resolverlas; ocurre que simplemente no hacen lo que deberían. Aprender algo es siempre más fácil que hacerlo, pero el conocimiento no nos ayuda en nada si no tomamos acción.

Debemos aplicar siempre lo que nos ha enseñado Dios, especialmente cuando se trata de algo difícil. Si hacemos lo correcto cuando más nos cuesta, crecemos y maduramos en nuestra fe. Si actualmente tienes un problema, piensa en lo que le dirías a alguien más en la misma situación. Luego toma ese consejo y aplícalo a tu caso. Una vez lo hagas, irás bien encaminado hacia la victoria.

"Padre, gracias por recordarme que necesito ser un hacedor de Tu Palabra, no solo un oidor. Ayúdame a obedecerte siempre. En el nombre de Jesús. Amén".

HABITÚATE A CAMINAR CON DIOS

Y caminó Enoc con Dios, después que engendró a Matusalén, trescientos años, y engendró hijos e hijas. —**GÉNESIS 5:22**

El nombre de Enoc puede que no te sea tan familiar como los de otros grandes hombres y mujeres que Dios mencionara en el Viejo Testamento, tales como Abraham, Moisés, José, Débora y Ester. Pero Enoc, tenía algo en común con todos aquellos que lograron algo grande en nombre de Dios. Según el versículo de hoy, Enoc cultivó el hábito de mantenerse en comunión con Dios. En Génesis 5:24 menciona que, en temor reverente y obediencia, "caminó, pues, Enoc con Dios".

Enoc no falleció de causas naturales. Dios lo llevó directamente al cielo de manera sobrenatural. Este hombre desarrolló una relación tan íntima con Dios, que el mundo terrenal no pudo contenerlo.

No puedo dejar de enfatizar lo importante que es tener una relación con Dios y pasar tiempo cada día en Su presencia. No importa lo que tengas que hacer, nada es más importante que tu tiempo a solas con Dios. Si creas el hábito de estar en Su compañía, al igual que Enoc, te sorprenderás de los cambios maravillosos que se operarán en tu vida y lo mucho que los vas a disfrutar.

"Padre, adoro Tu presencia. Ayúdame a caminar en habitual comunión contigo. En el nombre de Jesús. Amén".

POCO A POCO

Pero si esperamos lo que no vemos, con paciencia lo aguardamos.

—ROMANOS 8:25

Mientras escribo esto, me recupero lentamente de una cirugía. Es un reto pues quisiera sentirme bien ¡de inmediato! Con frecuencia, Dios se nos entrega poco a poco. Nos corresponde aprender a tener paciencia y en la espera, mantenernos positivos. Y tú, ¿qué estás esperando? Sea lo que sea, estoy segura de que quisieras que todo se desarrollara más rápido de lo que puedes observar.

Te animo, y me aliento a mí misma, a comprender que está pasando más de lo que creemos. La mejor forma de ver nuestro progreso es observarlo a lo largo de cierto periodo de tiempo, en lugar de todos los días. Estoy mucho mejor que hace cuatro semanas, pero difícilmente puedo decir si estoy mejor que ayer. Dios trabaja en ti y en mí, y Él es fiel, entonces no te desanimes. Sigue creyendo y repite lo siguiente: "Dios está trabajando".

"Padre, gracias por trabajar en mí y en mi vida. A pesar de que no siempre puedo ver lo que estás haciendo, sé que estás trabajando y que todo va a estar bien. Gracias. En el nombre de Jesús. Amén".

RECORDANDO

Olvidaron al Dios de su salvación, que había hecho grandezas en Egipto. —SALMO 106:21

Cuando los israelitas alcanzaron la prosperidad y se olvidaron de Dios, comenzaron sus problemas. Pedir la ayuda del Señor cuando lo necesitamos es una cosa, pero es otra totalmente diferente el darnos cuenta de que lo necesitamos en todo momento ya sea que estemos en problemas o no. Lo mejor que podemos hacer, es tomarnos el tiempo de recordar y agradecer a Dios por todas las maravillas que ha obrado en nosotros.

A veces recordamos lo que deberíamos olvidar y olvidamos lo que deberíamos recordar. Por ejemplo, deberíamos olvidar cuando alguien nos ofende, pero repetimos esas ofensas una y otra vez hasta que quedan grabadas en nuestra mente. Olvidemos las situaciones negativas que hemos tenido que sufrir y concentrémonos en recordar lo grande que es nuestro Dios rememorando toda Su bondad hacia nosotros.

"Padre, te pido perdón por las veces que me he olvidado de Ti. Tú eres bueno y hoy te doy gracias por lo generoso que eres conmigo. En el nombre de Jesús. Amén".

LA CALMA PROMUEVE LA SALUD

El corazón apacible es vida de la carne; mas la envidia es carcoma de los huesos. **—PROVERBIOS 14:30**

Mantenernos saludables y físicamente bien, debería ser no solo una meta deseada, sino algo por lo que nos esforcemos cada día. Solo tenemos una vida y es importante vivirla con fuerza y energía.

Nos llenamos de estrés cuando permitimos que emociones negativas nos drenen de la energía que necesitamos. Te animo a que trates de fijar tu mente en mantener la calma y pienses en cosas que te proporcionen fuerza, en lugar de restártela. Si tienes diferencias con cualquiera, perdona a esa persona y olvida la ofensa. Cuando perdonamos, es como dejar a alguien salir de su prisión; pronto comprendemos que somos nosotros los que hemos recuperado la libertad.

No te preocupes por el mañana, en cambio disfruta el hoy. Amanecerá y tendrás la gracia para lidiar con lo que sea que venga a ti.

"Padre, gracias por recordarme lo importante que es mantener la calma. Confío en Ti y te pido que me ayudes a no disgustarme por cualquier cosa. Te pido esto en el nombre de Jesús. Amén".

LA GRATITUD ENCIENDE LA ALEGRÍA

Estad siempre gozosos. Orad sin cesar. Dad gracias en todo, porque esta es la voluntad de Dios para con vosotros en Cristo Jesús.

—1 TESALONICENSES 5:16-18

Al igual que lo que comemos se transforma en energía paran nuestros cuerpos, la gratitud es el combustible de la alegría. La gente malagradecida solo observa y se enfoca en lo que no tiene. Por lo tanto, nunca es capaz de disfrutar lo que sí tiene. Uno de los mejores hábitos que puedes desarrollar, es comenzar cada día con verdadera gratitud. Sé específico y dale gracias a Dios y a la gente (cuando sea apropiado) por las bendiciones que te provean. ¿Qué agradeces? Dios nos dice que debemos "ser agradecidos y bendecir" el nombre de Dios (Salmo 100:4).

Es fácil encontrar fallas en nuestro lugar de trabajo; en cambio, ¿por qué no dar gracias a Dios y a tu empleador por haberte contratado? Es igualmente fácil hallar errores en la gente que forma parte de nuestras vidas y la mayoría está dispuesta a expresar sus sentimientos. Pero, he notado cómo mi alegría aumenta cuando me propongo encontrar lo que valoro y amo en la gente de mi vida, y considero las bendiciones que me habría perdido si esa gente no fuera parte de ella.

Si deseas mayor alegría, te insto a ser más agradecido. Esa gratitud luego se convertirá en gozo.

"Padre, tengo tanto que agradecer. Ayúdame a recordar que debo ser agradecido y darte las gracias cada día. En el nombre de Jesús. Amén".

UNA TORRE FUERTE

Torre fuerte es el nombre de Jehová; a él correrá el justo, y será levantado. —**PROVERBIOS 18-10**

¿Alguna vez has visto la Torre de Pisa? Es una de las siete maravillas del mundo medieval. Por siglos ha ido inclinándose al punto de dar la impresión de que caerá en cualquier momento. No me imagino a gente buscando refugio dentro cuando tiene algún problema, porque no aparenta ser muy segura.

Si alguna vez viste la Torre de Londres, sabrás que luce robusta e inexpugnable. De hecho, no es tan solo una sólida torre, también está ubicada dentro de una fortaleza. Sería más razonable pensar que la gente buscaría abrigo allí.

Como creyentes no necesitamos apoyarnos en estructuras terrenales para protegernos o sentirnos seguros. El versículo de hoy dice: "Torre fuerte es el nombre de Jehová". Cuando enseño con relación al nombre de Jesús, digo que Su nombre representa todo lo que Él es. Eso significa que todo lo que Dios es —Sus atributos, Su carácter y Su poder— son lugar seguro para nosotros. Si hoy enfrentas un problema o dificultad, corre a Su presencia. Es el lugar más seguro que podrás encontrar.

"Padre, no busco nada en la tierra que me proteja o me mantenga seguro. Te busco solo a Ti. En el nombre de Jesús. Amén".

PENSAMIENTOS SAGRADOS

Llevando cautivo todo pensamiento a la obediencia a Cristo.

—2 CORINTIOS 10-5

Pensar en formas de complacer a Dios que sean aceptables para Él, resulta más fácil unos días que otros. Recuerdo cuando fui en misión a Tailandia y el vuelo desde Estados Unidos tomó veintitrés horas y media. No hace falta decir que estaba cansada cuando finalmente llegamos y por días mi reloj biológico estuvo desfazado. Las primeras horas del día eran las más difíciles para mí, porque me despertaba a las dos o tres de la mañana y, a esas horas, tenía que lidiar con muchos pensamientos negativos.

Cuando estoy cansada o me siento mal físicamente, pensar de la manera que Dios quiere que piense, me es mucho más difícil que luego de dormir bien y restaurada. Durante esas primeras horas de la mañana en Tailandia, cavilaba que no quería volver a ir en viaje misionero nunca más. Gracias a Dios cambié de parecer y después de esa, realicé muchas otras misiones.

Te animo a que hagas todo lo que puedas para sentirte bien y fuerte. Descansa lo suficiente y no intentes tomar decisiones importantes cuando estés verdaderamente cansado. Descansando plenamente el cuerpo, podremos escuchar a Dios y ser más sensibles a Su guía en nuestros pensamientos y comportamiento.

"Padre, quiero que mis pensamientos te complazcan en todo momento, pero necesito de Tu ayuda para lograrlo. Otórgame la sabiduría para descansar adecuadamente y consérvame saludable. En el nombre de Jesús. Amén".

HAZ Y MANTÉN LA PAZ

Bienaventurados los pacificadores, porque ellos serán llamados hijos de Dios. —MATEO 5:9

¿Alguna vez has conocido a alguien que parece provocar problemas donde vaya? Una reunión puede ser apacible y grata hasta que esa persona llega y el ambiente se hace tenso y desagradable. En contraste, ¿has conocido a alguien que puede estar en medio de un conflicto y tiene la capacidad de disminuir la tensión con apenas unas palabras sabias, una mirada o su porte firme y tranquilo? El versículo de hoy describe justo a ese tipo de persona.

Dónde sea que miremos pareciera haber ausencia de paz. En algunos casos y lugares del mundo, hay incluso guerras. En otros, disturbios y agitación. En otros más, los desacuerdos y diferencias de opinión hacen que la vida en común o trabajar juntos sea incómodo para todos. Los hacedores de paz pueden enfrentar estas situaciones y apaciguar a las personas envueltas. Ellos saben cómo rezar y qué decir para desactivar la ira. Déjame instarte hoy a que la próxima vez que te encuentres en una situación tensa, decidas no participar y empeorar la situación. En cambio, elije rogarle a Dios que te ayude a introducir y mantener la paz.

"Padre, ayúdame a ser pacificador y a mantener la paz donde quiera que vaya. En el nombre de Jesús. Amén".

ENGAÑO MENTAL

Pero temo que como la serpiente con su astucia engañó a Eva, vuestros sentidos sean de alguna manera extraviados de la sincera fidelidad a Cristo. **–2 CORINTIOS 11:3**

Nuestros pensamientos determinan nuestras actitudes, palabras y acciones. Por eso Satanás intenta incansablemente engañarnos, generando pensamientos impíos en nuestras mentes. Es sabio meditar en Dios y tener pensamientos piadosos tanto como podamos, porque eso nos ayuda a continuar en el proceso de renovar nuestras mentes. Necesitamos aprender a pensar de la forma que Dios piensa, lo que significa pensar según lo indica Su Palabra.

Puede que rechazar los pensamientos negativos y aceptar los positivos parezca una batalla, pero la recompensa vale la pena. Todos queremos las bendiciones del gozo y la paz mental, pero si analizamos cada pensamiento que viene a nosotros sin considerar su fuente, no podremos disfrutar de ellas. Asegúrate de ser diligente y pensar por tu cuenta y no le permitas a Satanás que te engañe con sus mentiras.

"Padre, Te pido que me ayudes a resistir los pensamientos negativos y a pensar en las cosas buenas que Tú deseas. Gracias. En el nombre de Jesús. Amén".

SIMPLE OBEDIENCIA

Ahora, pues, hijos, oídme, y bienaventurados los que guardan mis caminos. **—PROVERBIOS 8:32**

¡Podríamos evitar tantos problemas si tan solo obedeciéramos a Dios! A veces culpamos a personas o circunstancias por las pruebas y tribulaciones que enfrentamos, sin ver que muchas veces están enraizadas en nuestra propia desobediencia. Es cierto que todos enfrentamos problemas en la vida, incluso quienes obedecen a Dios. Si la obediencia nos evita problemas, ¿por qué entonces no somos lo suficientemente sabios para entenderlo?

En primer lugar, deberíamos obedecer a Dios porque Lo amamos y Lo honramos, no solo para evitar problemas. Pero creo que podríamos disfrutar de un doble beneficio, si permitiéramos que Su Palabra guiara todas nuestras acciones. Sigamos el consejo de María a los sirvientes en las bodas de Caná: "Haced todo lo que os dijere" (Juan 2:5).

"Padre, perdón por ser desobediente. Me arrepiento de ello y recibo Tu perdón. También Te pido que me ayudes otorgándome sabiduría para obedecer prontamente a todo lo que me solicites. En el nombre de Jesús. Amén".

EL SEÑOR ES MI FORTALEZA

Jehová el Señor es mi fortaleza, el cual hace mis pies como de ciervas y en mis alturas me hace andar. **—HABACUC 3:19**

Los ciervos tienen la habilidad de saltar sobre rocas y andar sobre terreno escabroso, lo mismo que en amplias planicies. Ellos pueden maniobrar con facilidad a través de lo que parecen regiones peligrosas, porque Dios les dio esa habilidad. El profeta Habacuc dijo que él y nosotros tenemos la misma habilidad.

El ejemplo de los ciervos saltando a alturas terriblemente peligrosas tiene como intención ayudarnos a comprender que, con la ayuda de Cristo, nosotros también podemos alcanzar lugares que parecen riesgosos e insuperables. Con la ayuda de Dios, seremos capaces de afrontar situaciones difíciles conservando nuestra paz interior.

Te insto a no temer a las nuevas experiencias o situaciones, solo porque parecen difíciles. Pídele fuerza a Dios y recíbela por el poder de la fe, convencido de que espiritualmente tienes los pies de un ciervo y que eres capaz de superar terrenos montañosos y circunstancias complicadas en tu vida.

"Padre, Te amo. En Tu nombre enfrento al temor. Gracias a Tu Palabra sé que puedo vencer dificultades con facilidad. Solicito Tu ayuda y confío en Ti en todo momento. Gracias. En el nombre de Jesús. Amén".

NO TE APARTES DE DIOS

Porque siguió a Jehová, y no se apartó de él, sino que guardó los mandamientos que Jehová prescribió a Moisés. **–2 REYES 18:6**

Por el Antiguo Testamento conocemos a un hombre de veinticinco años de nombre Ezequías, que se convirtió en el rey de Judá. Curiosamente su nombre significa: "mi fuerza es Dios". Fue reconocido como un gobernante justo que siguió fielmente al Señor y disfrutó de Su favor. El versículo de hoy dice que "siguió a Jehová, y no se apartó de Él". Esto significa que, sin importar lo que ocurriera, Ezequías rehusó alejarse de su objetivo y nada fue capaz de hacer que dejara de aferrarse al Padre.

Dios nunca cambia (Hebreos 13:8) o se aleja de nosotros. Siempre que nos sentimos agostados espiritualmente o alejados de Dios, no es Él quien tiene la culpa. Somos nosotros quienes hemos cambiado. Puede que hayamos descuidado nuestra educación espiritual o nuestras oraciones. Puede que hayamos permitido que las presiones y ocupaciones de la vida nos distrajeran y alejaran nuestro corazón y pensamientos de Dios, centrándonos en situaciones que compiten por nuestra atención.

Recuerda hoy que Dios está siempre cerca. Para mantenerte espiritualmente fuerte, sigue el ejemplo de Ezequías y aférrate con firmeza a Dios, sin permitir que nada ni nadie sea causa de que aflojes tu agarre o te alejes de Su presencia.

"Padre, te pido ser como Ezequías, para aferrarme fuertemente a Ti. Quiero seguirte en todos mis caminos, todo el tiempo. En el nombre de Jesús. Amén".

GANANDO SABIDURÍA

Bienaventurado el hombre que halla la sabiduría y que obtiene la inteligencia. **–PROVERBIOS 3:13**

La Palabra de Dios y nuestras vivencias, nos dan lecciones de sabiduría. La mayoría de nosotros puede ver hacia atrás y admitir que hemos aprendido a vivir, simplemente transitando por ciertas situaciones y ganando experiencia. En algún momento de mi vida, creí que era importante lo que la gente pensara de mí, pero ahora sé que es mucho más importante satisfacer a Dios que a los demás.

Puede que ahora mismo estés atravesando una situación difícil. Puede que no entiendas por qué está ocurriendo, pero es posible que aquello te esté dando lecciones valiosísimas y brindándote la experiencia que te va a ayudar a afrontar algo en el futuro. A pesar de que no disfrutemos todas nuestras experiencias, podemos permitir que nos brinden lecciones valiosas. La Biblia dice que Jesús obtuvo experiencia a través del sufrimiento, y que esto Lo equipó con los recursos necesarios para ser nuestra fuente de salvación (Hebreos 5:8-9). Permite que tus experiencias vitales te brinden herramientas y sabiduría para el futuro.

"Padre, en el nombre de Jesús Te pido que me ayudes a aprender lecciones invaluables de todo lo que experimento lo mismo que de Tu Palabra. Gracias. En el nombre de Jesús. Amén".

EL ORIGEN DE TU FUERZA

Le descubrió, pues, todo su corazón, y le dijo: Nunca a mi cabeza lle-gó navaja; porque soy nazareo de Dios desde el vientre de mi madre. Si fuere rapado, mi fuerza se apartará de mí, y me debilitaré y seré como todos los hombres. —JUECES, 16:17

Puede que recuerdes la historia de Sansón, el nazareo que no cortaba su cabello; está en el Antiguo Testamento. No cortarse el cabello era parte de su voto de nazareato, pero también, la fuen-te de su tremenda fuerza física.

Sansón guio al pueblo de Israel por veinte años. Sus enemi-gos, los filisteos, tenían curiosidad sobre el origen de su vigor. Cuando Sansón se enamoró de Dalila, los líderes filisteos le dije-ron a ella: "Engáñale e infórmate en qué consiste su gran fuerza, y cómo lo podríamos vencer, para que lo atemos y lo domine-mos" (Jueces 16:5). Sansón se negó en varias oportunidades a revelarle su secreto, pero finalmente lo hizo. Luego de que le contara que su cabello era la causa de su enjundia, ella le afeitó la cabeza y todo su poder desapareció.

Tu fuerza también tiene un origen. No está en tu cabello o en cualquier otra posesión terrenal, o en alguna característica físi-ca o mental. Tu fuerza viene de Cristo. Cuando la necesites, no la busques en la tierra. Pídele a Dios que te empodere en todo lo que haces. Él siempre estará a tu lado.

"Padre, que siempre busque en Ti la fuerza que requiero, sabiendo que en Ti encontraré lo necesario. En el nombre de Jesús. Amén".

DISFRUTA DE LO SIMPLE

Este es el día que hizo Jehová; nos gozaremos y alegraremos en él.

—SALMOS 118:24

Cada día que Dios nos da es precioso y debe ser disfrutado. Jesús vino a la tierra para que pudiéramos tener una vida y gozarla en abundancia (Juan 10:10). Gran parte de nuestra existencia consiste en rutina y no nos brinda especiales emociones. Vamos a trabajar, cumplimos con las tareas del hogar y nuestras responsabilidades, una y otra vez, todos los días. No tenemos por qué permitir que esto se convierta en algo aburrido y cometer el error de pensar que ya disfrutaremos cuando hagamos cosas más emocionantes, como ir de vacaciones o a una fiesta.

Podemos gozar de la vida si aprendemos a disfrutar de lo simple (el amanecer, una caminata, comer con amigos o mirar a unos niños jugar). Un sencillo ajuste en nuestra actitud nos permitirá disfrutar de todos los días que Dios nos obsequia, en lugar de desperdiciarlos deseando hacer algo diferente. A lo largo de tu jornada, proponte disfrutar de lo que hagas y vívelo dando gracias a Dios por todo lo que te ha dado.

"Padre, quiero disfrutar cada momento que me has dado en esta tierra y especialmente deseo aprender a regocijarme en lo cotidiano. Recuérdame a diario lo bella que es la vida y permíteme ver el valor que existe en las pequeñas cosas que hago. En el nombre de Jesús. Amén".

DESCANSA TU MENTE

Fíate de Jehová de todo tu corazón, y no te apoyes en tu propia pruden-cia. —**PROVERBIOS 3:5**

¿Sabías que pensar mucho puede hacerte sentir exhausto y des-gastado? El cansancio mental es tan real como el cansancio físi-co. Nuestras mentes necesitan descansar, lo mismo que nuestros cuerpos. La Palabra de Dios nos motiva a no excedernos en el razonamiento. Pensar es bueno y valioso, pero cuando cedemos a las preocupaciones, la ansiedad o simplemente confiamos en nuestro propio razonamiento, nos agotamos.

Cuando regreso de una conferencia donde he estudiado y enseñado por dos o tres días, estoy cansada no solo físicamen-te, sino mental y emocionalmente también. He aprendido a darle un descanso a mi mente luego de trabajar duro, al igual que evito tomar decisiones importantes o participar en discu-siones que requieran profundo razonamiento.

Las cosas en las que debes pensar, van a continuar allí maña-na, así que no dudes en darle un descanso a tu mente siempre que lo necesite. En lugar de intentar resolver un problema hoy, ¿por qué no divertirte un rato o buscar algo gracioso que te haga soltar una buena carcajada? Darle un descanso a tu mente puede ser más refrescante de lo que piensas.

"Padre, ayúdame a obtener el descanso que necesito en cada área de mi vida, especialmente mi mente. Te amo y valoro, Señor. Gracias por todo lo que haces por mí. En el nombre de Jesús. Amén".

CÓMO EVITAR DECEPCIONES

Pero Jesús mismo no se fiaba de ellos, porque conocía a todos, y no tenía necesidad de que nadie le diese testimonio del hombre, pues él sabía lo que había en el hombre. **–JUAN 2:24-25**

Recuerdo una oportunidad en que me sentí herida y decepcionada por alguien a quien amo, aunque fui la causante. Me tomó tiempo darme cuenta de esto, pero ahora me alegra haber tenido esa experiencia, porque me recordó algo que es importante para cada uno de nosotros.

Jesús confió en sus discípulos, pero no dependía totalmente de ellos, como tampoco esperaba que nunca lo decepcionaran o desilusionaran. Él sabía que tenían debilidades y que era imposible que siempre fueran como Él hubiese querido. Cada vez que dependemos completamente de otra persona, nos exponemos a ser heridos.

Solo podemos depender completamente de Dios. Él y nadie más merece toda nuestra confianza, entrega y dependencia. Amo muchísimo a mi esposo y mis hijos, y todos son muy buenos conmigo, pero cada uno de ellos me decepciona alguna vez, de igual forma que estoy segura de que yo los decepciono también.

Déjame preguntarte: ¿qué esperas de tu familia y amigos? Hoy es un buen día para asegurarte de que Dios es el único en quien te apoyas y a quien te entregas sin reparo.

Confía en la gente, pero no esperes que sean perfectos. Todos somos seres humanos y cometemos errores.

"Padre, te pido que me ayudes a recordar siempre depositar mi confianza únicamente en Ti. Solo Tu eres perfecto en todos los sentidos. En el nombre de Jesús. Amén".

TROPEZANDO CON OBSTÁCULOS

Por tanto, nosotros también, teniendo en derredor nuestra tan grande nube de testigos, despojémonos de todo peso y del pecado que nos asedia, y corramos con paciencia la carrera que tenemos por delante. —**HEBREOS 12:1**

Una noche me levanté para ir al baño y no había luz en la habitación. Me había olvidado de que estaba en un cuarto de hotel y no en mi casa y choqué con una pared. Obviamente no podía seguir adelante a menos que cambiara de dirección. En ocasiones actuamos de ese modo. Intentamos hacer algo o ir a algún lado, pero nos topamos con un muro. Debemos aprender a reconocer y eliminar los impedimentos que previenen que seamos lo que Dios espera de nosotros y que hagamos lo que Él desea.

Esos obstáculos pueden ser pecados, amargura, ira, egoísmo, codicia o mil cosas más que entorpecen nuestra marcha hacia adelante en la vida. Podemos encontrar respuesta para cada una de estas trabas en la Palabra de Dios y, si estamos dispuestos, Él nos ayudará a derribarlas y removerlas de nuestro camino. Antes de hacer cualquier otra cosa, debemos reconocer esos obstáculos. Por lo tanto, pregúntate en este momento qué evita que continúes tu carrera junto a Dios. Sé honesto contigo mismo. Rehúsate a continuar tropezándote con muros. Derríbalos e inicia tu progreso.

"Padre, Te pido que me muestres cualquier obstáculo en mi vida que entorpezca mi progreso. Ayúdame a trabajar Contigo para apartarlo. Gracias. En el nombre de Jesús. Amén".

SIN COMPARACIÓN

Te alabaré; porque formidables, maravillosas son tus obras; estoy mara-villado, y mi alma lo sabe muy bien. **–SALMO 139:14**

El hecho que Dios te creara como a un ser único, es maravilloso. Esta verdad debería ser suficiente para regocijarnos en lo que Dios nos hizo ser sin compararnos con nadie más.

Fácilmente podemos admirar las habilidades en los otros, su apariencia, logros o personalidad y pensar que son mejores que nosotros. Eso ocurre, principalmente, porque el enemigo intenta sabotear nuestra autoestima. Nos susurra al oído diciendo: "no eres tan bonita como ella" o "no puedes hacer lo que él hace".

Cuando estos pensamientos penetran nuestra mente y decidimos creerlos, caemos en la trampa de la comparación. Además de la influencia negativa del enemigo en nuestras mentes, el mundo intenta establecer estándares de belleza o logros para cada uno; nos dice a qué deberíamos aspirar y qué es lo que está bien. Estas dos fuerzas —el enemigo y el mundo— están en contra de nosotros, por lo cual debemos tomar la decisión de resistirnos a ellas.

Dios está a tu favor, no en tu contra (Romanos 8:31). Él te creó para que fueras un original, no para que te compares con los demás y los copies. Disfruta de la gente única que el Señor puso en tu vida, mientras les brindas la oportunidad de que ellos disfruten tu verdadero yo.

"Padre, gracias por crearme como a un ser único. Perdóname por compararme con los demás y ayúdame a verme como Tú me ves. En el nombre de Jesús. Amén".

SÉ FUERTE

Por lo demás, hermanos míos, fortaleceos en el Señor, y en el poder de su fuerza. —EFESIOS 6:10

Vivimos en Cristo y Él vive en nosotros. La victoria que Él obtuvo está disponible para todos. No te digas a ti mismo que eres débil e impotente. Te insto a que te acojas a la Palabra y repitas en voz alta varias veces todos los días el versículo de hoy, diciendo: "Yo soy fuerte en el Señor, y en el poder de Su fuerza". Mientras lo dices, vas a empezar a sentirte más fuerte y poderoso.

La Palabra de Dios dice: "Conforme a vuestra fe os sea hecho" (Mateo 9:29). Si crees que no le caes bien a nadie, es bastante posible que ocurra. Debido a lo que crees te comportarás de manera que la gente va a evitar acercarse a ti. Por otro lado, si crees que las personas disfrutan de la compañía de personas como tú, tendrás muchos amigos porque tu comportamiento será el reflejo de lo que piensas de ti mismo.

Satanás es muy hábil engañando y disfruta mintiéndonos con relación a nosotros mismos esperando que le creamos. Si lo hacemos, sus mentiras se convierten en nuestra realidad, simplemente porque le creímos. Asegúrate de que la Palabra de Dios respalde todo lo que creas, pues eso te ayudará a mantenerte fuerte mientras transitas el angosto camino que lleva a la vida (Mateo 7:14).

"Padre, ayúdame a creer que soy fuerte y que tengo Tu poder dentro de mí. Ayúdame a reconocer y resistir las mentiras del diablo. Quiero ser todo lo que deseas que sea, y necesito de Tu fuerza y poder para lograrlo. En el nombre de Jesús. Amén".

SIRVE A DIOS, NO A LOS DEMÁS

Y todo lo que hagáis, hacedlo de corazón, como para el Señor y no para los hombres. **–COLOSENSES 3:23**

Si hacemos lo que sea con la esperanza de obtener recompensa o para agradar a la gente, con frecuencia seremos decepcionados. Muchas personas suelen dar por sentado lo que los demás hacen por ellas o las bendiciones que reciben. Forma parte de la naturaleza humana. Si nos sentimos frustrados o enojados porque la gente no aprecia lo que hacemos por ella, perdemos el tiempo. La carne (la naturaleza humana sin la presencia de Dios) siempre va a decepcionarnos de una u otra manera. Sin embargo, a quien si debemos esforzarnos por servir, es a Jesús. Él nunca nos decepciona y la única verdadera recompensa que recibimos viene de él y nadie más.

Si estás molesto porque no recibiste el aprecio que crees que mereces, tómalo como una señal de que necesitas hacer ajustes con relación a qué te motiva a servir a otros. Sírvelos exclusivamente para agradar a Dios. Confía en que Él va a recompensarte y que lo hará en el momento preciso. Hasta entonces, siéntete feliz de servir a Dios por el amor que Le tienes y para manifestar tu gratitud por todo lo que Él ha hecho por ti.

"Padre, aprecio todo lo que has hecho por mí en y a través de Jesús. Es mi placer servirte. No me debes nada, pero yo Te debo todo, por tanto, las recompensas que recibo de Ti son un regalo que recibo, no algo que merezca. En el nombre de Jesús. Amén".

VIVIENDO EL PRESENTE

Es, pues, la fe la certeza de lo que se espera, la convicción de lo que no se ve. —HEBREOS 11:1

Hoy tenemos fe en que Dios se hará cargo de cualquier error que hayamos cometido ayer y que el mañana está en Sus manos. Esto y solo esto, nos permite disfrutar al máximo del presente. El hoy es un regalo de Dios. Desaprovechar la alegría y las oportunidades que nos brinda debido al arrepentimiento por lo que haya ocurrido en el pasado o por miedo al futuro, no representa la voluntad de Dios.

La verdadera fe siempre opera en el "ahora" de nuestras vidas y solamente ella nos permite vivir en paz y disfrutar del presente. Todo está en manos de Dios, y Él tiene un plan para cada uno de nosotros (Jeremías 29:11). En vez de sentir miedo o aprehensión del futuro, podemos esperarlo con emoción.

Espera que algo bueno te pase "a ti" y a "través de ti". Mientras lo haces, sentirás atravesar tu alma una alegría que solo Dios puede darnos. Suelta lo que quedó atrás (Isaías 43:18-19; Filipenses 3:13-14), porque Dios está en este momento obrando algo extraordinario en ti y en tu vida. ¡Y no querrás perdértelo!

"Padre, enséñame a vivir en el presente. Ayúdame a confiar en que estás trabajando en convertir en algo bueno cualquier arrepentimiento de mi pasado y en que mi futuro será maravilloso. Gracias. En el nombre de Jesús. Amén".

FORTALECIDO CON VIGOR

El día que clamé, me respondiste; me fortaleciste con vigor en mi alma.

—SALMO 130:3

En el versículo de hoy, el salmista David dice que Dios lo "fortaleció" cuando él Lo llamó, y Dios le respondió.

A lo largo de su vida, David enfrentó situaciones que requerían coraje o atrevimiento. Como pastor, tuvo que ser valiente cuando los leones y los osos atacaron a sus rebaños. Necesitó de gran arrojo para mantenerse firme bajo la enorme sombra del poderoso gigante Goliat, con la intención de matarlo con tan solo una honda. Tuvo valor cuando siendo el rey de Israel, lideró sus ejércitos en feroces combates contra los enemigos del pueblo de Dios.

Puede que no necesites valor del mismo modo que David, pero hoy en día, todos requerimos coraje de alguna manera. Puede que lo necesitemos cuando alguien nos pide hacer algo indebido en el trabajo. Puede que debamos ser valientes si nos vemos obligados, en amor, a decirle la verdad a algún pariente o amigo. O cuando Dios nos pide que demos un salto de fe sin ser capaces de imaginar el resultado.

Sea cual sea tu situación actual, pídele a Dios que te dé el valor que necesitas. Cree que cuando él te responda, te verás grandemente fortalecido.

"Padre, dame el valor que quieres que tenga, para que pueda hacer lo que Tú deseas. En el nombre de Jesús. Amén".

GUIADO POR LA PAZ

Y la paz de Dios gobierne en vuestros corazones, a la que asimismo fuisteis llamados en un solo cuerpo; y sed agradecidos. —**COLOSENSES 3:15**

De seguido nos preguntamos: "¿cómo puedo conocer la voluntad de Dios?". Son muchas las maneras en que Dios le habla a su pueblo y la paz o la ausencia de ella, es una de las principales. La paz en tu alma confirma que tus acciones o intenciones coinciden con la voluntad de Dios, actuando como un árbitro que determina si tus acciones resultarán positivas o negativas para ti.

Cometemos grandes errores y ponemos en peligro nuestro futuro siempre que avanzamos en proyectos e ideas sin paz en nuestros corazones. Sin duda, lo mejor es hacer una pausa hasta asegurarnos de que estamos complaciendo a Dios.

También hay un principio al que llamo: "apartarte para ver mejor". Puede que nunca sepamos qué debemos hacer a menos que nos movamos en esa dirección. Al hacerlo, rápidamente sabremos si la gracia Divina y Su paz están con nosotros, o si quizá debamos corregir el camino. Siempre permite que la paz de Dios reine en tu corazón y, de ese modo, tendrás una vida plena en lugar de llena de decepciones.

"Padre, gracias por tu paz. Guíame con la tranquilidad de tu voluntad perfecta para mí. Enséñame a esperar hasta que tu paz llene mi corazón antes de tomar decisiones. Gracias. En el nombre de Jesús. Amén".

UN PASO A LA VEZ

Pero Jehová había dicho a Abram: Vete de tu tierra y de tu parentela, y de la casa de tu padre, a la tierra que te mostraré. —GÉNESIS 12:1

Cuando Dios llamó a Abraham a dejar su tierra y su familia, no le informó su destino final o lo que les pasaría, primero a Él y más tarde, a través de él. Dios le pidió a Abraham que respondiera a una sola instrucción: dar el primer paso.

Si eres como la mayoría, te gustaría que Dios te diera más de un paso a la vez. Preferirías conocer los pasos dos, tres y cuatro antes de siquiera aventurarte a salir. Preferirías ver el recorrido antes, para darte una idea de hacia dónde te diriges y cuándo llegarás a destino.

El Señor no le dio a Abraham el segundo paso hasta que mostrara su fe dando el primero. Él actúa de la misma forma contigo y conmigo. Revela poco a poco el plan que tiene para nuestras vidas y no veremos el siguiente, hasta que hayamos realizado lo que nos exigió en primer término. Con cada paso que damos, nuestra fe aumenta y conforme damos saltos de fe, vemos que estamos cumpliendo con la voluntad Divina para nuestras vidas.

"Padre, gracias por guiarme un paso a la vez. Dame la fe que necesito para seguirte poco a poco. En el nombre de Jesús. Amén".

UNA BONDAD CONTAGIOSA

Mas el fruto del Espíritu es amor, gozo, paz, paciencia, benignidad, bondad, fe, mansedumbre, templanza; contra tales cosas no hay ley.

—GÁLATAS 5:22-23

La bondad es fruto del Espíritu Santo; uno que deberíamos ofrecer siempre en nuestra relación con otros. El mundo es con frecuencia un lugar duro y cruel, lleno de gente desamorada y perversa y si no somos cuidadosos, es capaz de hacernos igual a ellos. Ser como el mundo que nos rodea, es muy fácil si no seguimos intencionadamente los caminos de Dios.

El apóstol Pablo nos exhorta a "vestirnos" de bondad (Colosenses 3:12) y a recordar que somos representantes de Jesús (2 Corintios 5:20). Una de las formas en que podemos ser testigos de Cristo, es siendo amables con los demás. La bondad no solo representa la voluntad de Dios para nosotros, sino que puede hasta ser contagiosa. Otras personas pueden "contraer" bondad y pasársela a alguien más.

Deja que la bondad reine en tu hogar y en cómo te relacionas con los demás. Una de las mejores formas de liberar alegría en nuestras vidas, es compartiéndola con otros siendo bondadosos con ellos.

"Padre, Tú eres siempre bondadoso conmigo, a pesar de que muchas veces no lo merezca. Deseo tratar a los demás como Tú me tratas. Otórgame la gracia y fortaleza para compartir este fruto del Espíritu Santo. Gracias. En el nombre de Jesús. Amén".

DEPENDER DE JESÚS

Y todo lo que hacéis, sea de palabra o de hecho, hacedlo todo en el nombre del Señor Jesús, dando gracias a Dios Padre por medio de él.

—COLOSENSES 3:17

Según Juan 15:1-8, Jesús es la vid y nosotros los brotes. Él nos dice que mientras permanezcamos en el Señor, produciremos buenos frutos y que, si nos alejamos de Él, no seremos de provecho. Debemos leer y meditar estos versículos con regularidad pues como seres humanos tenemos la tendencia a ser independientes y autónomos.

Conforme inicias algún proyecto o tarea, tómate un momento para decirle al Señor que dependes por entero de Él y Su gracia, sabiduría y fuerza para finalizarlo. Así te aseguras de que vas a hacer algo con la ayuda de Dios, en vez de trabajar inútilmente con solo tus fuerzas y habilidades. Cualquier carga es más ligera cuando la soportan dos personas en vez de una, por lo tanto, te encomio a pedir y recibir toda la ayuda que Dios te ofrece. Recuerda que Él nunca se cansa.

Después de haber completado tu tarea exitosamente, recuerda darle gracias a Dios por Su ayuda.

"Padre, perdóname por las veces que he trabajado con mi propia fuerza. Reconozco que necesito de Ti en todo momento y quiero permanecer en Ti para así dar buen fruto. Ayúdame a apoyarme y confiar en Ti. Gracias. En el nombre de Jesús. Amén".

ACOGERSE A LA PALABRA

Dijo entonces Jesús a los judíos que habían creído en él: Si vosotros permaneciereis en mi palabra, seréis verdaderamente mis discípulos. —JUAN 8:31

Cumplir con la Palabra de Dios no es algo que ocurre rápidamente. Es un proceso. No se trata de aceptar ciertos pasajes de la Biblia y rechazar otros, como tampoco de obedecer a Dios solo una vez. Es programar tu mente a aceptar todo lo que Su Palabra declara, estés de acuerdo o no con lo que dice. También debes obedecer a Dios en todo momento, en cada situación, así resulte fácil y alegre o difícil y sacrificada. En la edición Reina Valera 1960, el "cumplir la Palabra de Dios", según Juan 8:31, significa "obedecer continuamente" las enseñanzas de Jesús y "vivir acorde a ellas".

Si no tienes el hábito de cumplir con la Palabra de Dios, puedes comenzar el proceso hoy mismo. Puedes obedecer a lo que sea que Dios pide de ti. Luego mañana, puedes obedecerlo nuevamente. Conforme construyes el hábito de la obediencia, también puedes desarrollar el hábito de cumplir con la Palabra de Dios.

Según Juan 8:32, cumplir con la Palabra de Dios te ayudará a conocer la verdad y eso te hará libre. También te ayuda a estar consciente de la Divina presencia y te brinda la sensación de Su cercanía. La clave para ser discípulo de Dios, o sea, ser alguien que Lo sigue y aprende de Él, es cumplir con Su Palabra.

"Padre, pido que me ayudes a cumplir con Tu Palabra, obedeciendo y viviendo continuamente de acuerdo con Tus enseñanzas. En el nombre de Jesús. Amén".

FUERZA PARA ENFRENTAR EL MIEDO

Jehová es mi luz y mi salvación; ¿de quién temeré? Jehová es la fortaleza de mi vida; ¿de quién he de atemorizarme? —**SALMO 27:1**

Vivimos en una época donde la gente tiene mucho miedo, pero los hijos de Dios no deben temer. Él es la fortaleza que requerimos para hacerle frente al miedo, seguir de largo y hacer todo lo que Dios quiere que hagamos. Si algo en tu vida te provoca miedo, recuerda que Dios te ama mucho y que Su amor perfecto echa fuera el temor (1 Juan 4:18).

Dios no solamente nos da fuerza. ¡Él es nuestra fuerza! No necesitamos temer a otras personas o lo que digan de nosotros o nos hagan. Con Dios de nuestro lado y depositando nuestra confianza en Él, podemos estar seguros de que siempre va a lidiar con nuestros enemigos.

Niégate a vivir con miedo. El miedo viene del diablo y su intención es evitar que de alguna manera progresemos. La fe es un regalo de Dios y con ella, podemos superar cualquier temor.

"Padre, gracias por amarme y por ser mi fortaleza. ¡No viviré con miedo porque en Ti confío! En el nombre de Jesús. Amén".

NO PAGUES MAL POR MAL

Mirad que ninguno pague a otro mal por mal; antes seguid siempre lo bueno unos para con otros, y para con todos. **–1 TESALONICENSES 5:15**

Es imposible estar en este mundo y lidiar con gente y nunca ser tratado de forma injusta. La maldad está presente en nuestra sociedad; pero Dios nos ha dado un arma secreta para pelear en contra de esa maldad. Cuando nos roce, podemos derrotarla con bondad en vez de ponernos a su altura y combatirla con más de ella misma. Siempre vencemos al mal con el bien (Romanos 12:21).

Apresúrate a perdonar a quienes te ofenden, recordando que tus plegarias no serán atendidas si hay resentimiento en tu corazón. Cuando Jesús agonizaba en la cruz del calvario, uno de Sus últimos actos en la tierra, fue pedirle a Dios que perdonara a aquellos que lo crucificaron. Esteban hizo igual, mientras la gente lo apedreaba (Actos 7:59-60). El apóstol Pablo también perdonó a los amigos que le abandonaron durante su primer juicio (2 Timoteo 4:16).

Cuando la gente nos haga daño, sigamos estos ejemplos de la Biblia. El hacer así, nos pone en una posición de poder con Dios y nos libera de la agonía de la ira y el odio.

"Padre, quiero que mi corazón esté siempre libre de ira y resentimiento, pero necesito de Tu gracia para lograrlo. Ayúdame a ser amable cuando los demás sean groseros o crueles conmigo, pues confío en que Tú eres mi vindicador. Gracias. En el nombre de Jesús. Amén".

LIDIAR CON LA DUDA

Porque de cierto os digo que cualquiera que dijere a este monte: Quíta-te y échate en el mar, y no dudare en su corazón, sino creyere que será hecho lo que dice, lo que diga le será hecho. **–MARCOS 11:23**

La duda es el enemigo de la fe y es algo que todos experimentamos alguna vez. Titubear significa estar en medio de dos opiniones o sentir que no hay salida. Cuando las dudas emerjan, podemos creer en ellas o desconfiar de nuestras dudas. El diablo nos hace dudar a través de pensamientos, por lo tanto no debemos reflexionar demasiado en ellos o permitirles enraizar en nuestras mentes, pues lograrían confundirnos y desviarnos del camino.

Con Jesús, nunca estamos perdidos porque Él es el Camino (Juan 14:6). La única opinión a la cual aferrarse, es aquella que brinda paz a nuestro corazón. Alimenta tu fe con las promesas de Dios y así tu fe será más fuerte que cualquiera de tus dudas.

"Padre, ayúdame a creer en Tu Palabra por sobre todas las cosas que sienta o piense. Quiero confiar en Ti siempre y aprender a ignorar todas mis dudas. Ayúdame a fortalecer mi fe. Gracias. En el nombre de Jesús. Amén".

EL DECRETO DEL SEÑOR

Yo publicaré el decreto; Jehová me ha dicho: Mi hijo eres tú; yo te engendré hoy. —SALMO 2:7

¿Alguna vez has visto una película donde un rey promulga un decreto real? Un decreto real comunica los deseos del gobernante o sus órdenes para el reino. Mucho antes de que existiera la televisión o la internet, el rey firmaba un decreto y más tarde un grupo de mensajeros a caballo entregaba el mensaje a lo largo y ancho del reino, de modo de que la gente supiera qué hacer. Por supuesto que se esperaba que todos los ciudadanos obedecieran el decreto real.

En el versículo de hoy, el salmista escribe que "publicará el decreto del Señor". En este decreto en particular, Dios declara que Jesús es Su único hijo engendrado. Juan 3:16 y Hebreos 1:1-5 también confirman este hecho.

Podemos pensar en la totalidad de la Palabra de Dios como en Su decreto real. Él es nuestro Rey y nosotros somos ciudadanos de Su reino. Cuando repetimos Su Palabra creyendo en ella, nuestras voces llenas de fe ayudan a establecer los deseos y órdenes de Dios en nuestras vidas. Cuando creemos y confesamos Sus decretos reales, todo en nuestra vida comienza a cambiar y se alinea con la Voluntad Divina y Su buen plan para nosotros.

"Padre, gracias por Tu Palabra, Tu decreto real. Elijo vivir en obediencia a todo lo que Tú has promulgado. En el nombre de Jesús. Amén".

JUICIO SIN CONDENA

Al oír esto, se compungieron de corazón, y dijeron a Pedro y a los otros apóstoles: Varones hermanos, ¿qué haremos? **–HECHOS 2:37**

El juicio del Espíritu Santo es valioso para nosotros porque nos ayuda a saber cundo estamos haciendo algo indebido y que, en su lugar, debemos arrepentirnos y seguir la Voluntad de Dios. No es una invitación a sentirnos culpables o condenados, pues Dios nos mostró nuestros errores.

Por muchos años no supe la diferencia entre juicio y condena, y siempre que me sentía enjuiciada, de inmediato le permitía hacerme sentir culpable. Dios nunca nos condenó, pero sí nos ha juzgado por nuestras faltas y deberíamos agradecerle cada vez que Lo hace.

Te aliento a no perder tu tiempo sintiéndote culpable, puesto que no es beneficioso en ningún modo. Admite tus errores y pídele a Dios que te perdone y te ayude a superarlos. Recuerda que la condena de Dios es un regalo, no algo que deba hacerte sentir mal contigo mismo.

"Padre, gracias por todas las veces que me juzgaste por pecador. Soy feliz de saber que Te importo lo suficiente para no permitir que viva en las tinieblas y el engaño. Quiero Tu Voluntad en mi vida. En el nombre de Jesús. Amén".

LA IMPORTANCIA DE CONTROLAR NUESTRAS EMOCIONES

Como ciudad derribada y sin muro es el hombre cuyo espíritu no tiene rienda. —**PROVERBIOS 25:28**

Nuestras emociones varían constantemente y casi siempre lo hacen sin que nos demos cuenta. Podemos sentir algo un momento y más tarde, lo opuesto. Muchos factores afectan nuestras emociones: el clima, si hemos descansado bien, nuestra salud, cómo nos trate la gente, proyectos retrasados y muchas cosas más. No siempre podemos prevenir tal variedad de emociones, pero se espera que seamos capaces de controlar nuestra conducta a la luz de ellas.

El sube y baja emocional puede ser quizá una de las mayores pruebas para nuestra fe. Por fe andamos (2 Corintios 5:7), no por lo que vemos o lo que sentimos. Basamos nuestras decisiones en la Palabra de Dios y nada más. Sería un proyecto muy interesante observar lo mucho que fluctúan nuestras emociones en el transcurso de una semana. Rápidamente comprenderíamos lo voluble de nuestros sentimientos y que no deberíamos permitir que dictaran nuestra conducta y decisiones.

"Padre, necesito de Tu ayuda para vivir por la fe y reconocer lo rápido que cambian mis emociones. Dame la fuerza para hacer Tu Voluntad sin importar cómo me sienta. Gracias. En el nombre de Jesús. Amén".

¿DÓNDE ESTÁ DIOS?

Y despertó Jacob de su sueño, y dijo: Ciertamente Jehová está en este lugar, y yo no lo sabía. **–GÉNESIS 28:16**

Dios es omnipresente, pero a veces no nos damos cuenta de que siempre está cerca. Aprender a reconocer y disfrutar la presencia del Señor, es fundamental para nuestro proceso de adoración e importante si queremos vivir una vida de paz, alegría y valentía.

El temor es un gran problema que todos debemos enfrentar. No solos nos atormenta, sino evita que vivamos enteramente la Voluntad de Dios. A veces leemos en la Biblia la siguiente frase: "No temas porque yo estoy contigo". Dios prometió nunca dejarnos o abandonarnos pero, igual que Jacob en el versículo de hoy, es posible que fallemos en comprender que, donde quiera que nos encontremos, Dios se encuentra allí también.

Te recomiendo que todos los días te tomes un momento para decir: "Dios está aquí. Él está conmigo en este momento". Esto no solo te ayudará en el presente, sino que también construirá en tu corazón la conciencia de que nunca estás solo.

"Padre, ayúdame a estar más consciente de Tu presencia en mi vida. Creo que Tú eres omnipresente y no quiero olvidarme nunca de ello. En el nombre de Jesús. Amén".

TENTACIÓN

Y cuando el diablo hubo acabado toda tentación, se apartó de él por un tiempo. —**LUCAS 4:13**

¿Alguna vez te has sentido tentado de hacer algo incorrecto? Yo sí. La Biblia nos dice que cuando seamos tentados, debemos rezar (Lucas 22:40) y entregarnos a Dios; resistir al diablo y entonces él huirá de nosotros (Santiago 4:7). Gracias a Dios tenemos el fruto del autocontrol, y en el momento de sentirnos tentados de hacer algo incorrecto o siquiera pensar en ello, podemos rezar, invocar nuestro autodominio y recordar que Dios nos dio un espíritu de poder (Gálatas 5:22-23; Hechos 1:8).

La tentación no es un pecado, siempre y cuando nos resistamos a ella. Cuando nos resistimos adecuadamente a la tentación, tarde o temprano desaparecerá. Pero el diablo hará con nosotros lo mismo que hizo con Jesús: esperará un momento más oportuno para de nuevo tentarnos.

La tentación de hacer algo incorrecto forma parte de la vida. En lugar de sentirnos culpables cuando somos tentados de hacer algo, te insto a que uses tu fe para no ceder y te apoyes en la gracia de Dios para librarte de la tentación. No te sorprendas al ser tentado, pero recuerda que tú eres más que un vencedor a través de Cristo (Romanos 8:37) y que Dios está a tu lado para ayudarte en todo momento.

"Padre, te adoro y quiero hacer lo que es correcto. Ayúdame a resistir la tentación de hacer el mal a través del poder de tu Espíritu Santo. Gracias. En el nombre de Jesús. Amén".

DIOS NECESITA DE NUESTRA FE

Y todo lo que pidiereis en oración, creyendo, lo recibiréis. **–MATEO 21:22**

Hace poco estaba hablando con Dios y le dije algo que necesitaba que hiciera por mí. De inmediato escuché en mi espíritu: "¡Necesito tu fe!". Esa declaración fue sumamente reveladora para mí. A través de esas palabras, comprendí que mi fe se había quebrantado y que estaba pidiéndole ayuda a Dios por desesperación en lugar de fe. Podemos pedirle a Dios muchas cosas fallando en adherir la fe a nuestro requerimiento.

Te aliento a que pidas con fe, convencido de que Dios te escucha y quiere satisfacer tus necesidades. Si conoces un versículo que puede servir de base a tu solicitud, puedes recordarle a Dios que crees en ese versículo y que confías en que Él va a cumplir Sus promesas. Repetir la Palabra de Dios o llenar tus plegarias con versículos es algo bueno. Cuando humildemente le recordamos a Dios Su Palabra, le demostramos que confiamos en Ella y en Él. También fortalece nuestra fe mientras esperamos que Dios nos responda.

"Padre, estoy muy agradecido por el privilegio de la oración y confío en que me responderás si rezo con fe, según Tu Voluntad. Gracias por ayudarme. En el nombre de Jesús. Amén".

LA BENDICIÓN DE NO POSEER

Porque del Señor es la tierra y su plenitud. —1 CORINTIOS 10:26

Dios es el amo y propietario de todas las cosas. Cuando empezamos a desarrollar mentalidad de dueños, lo hacemos desde el orgullo, olvidando que todo lo que tenemos es un regalo de Dios y que nosotros somos apenas administradores de Sus posesiones. Las palabras "mi" y "mío" son ambas demasiado familiares en nuestros pensamientos y conversaciones.

Me di cuenta de que este tipo de actitud de posesión no complace a Dios, y que regularmente debemos poner todo sobre el altar del sacrificio y asegurarnos de que solo Dios ocupe el trono de nuestros corazones. Cuando no somos dueños de nada, podemos disfrutar de todo sin miedo a perderlo o a que alguien nos lo quite.

¿Cuáles crees que son tus posesiones? ¿Tu ministerio, tu negocio, tu familia, tu dinero, tus bienes materiales? Recuérdate hoy a ti mismo que sin Dios ni eres nada ni nada tienes. Cuando Dios te de algo, se agradecido. Cuando lo exija de vuelta, entrégaselo sin autocompasión. Y siempre ten en mente que mientras tengas a Jesús, obtendrás todo aquello que puedas necesitar.

"Padre, te confieso que lo material se ha convertido en muy importante para mí. Quiero que solo tu estés en el trono de mi corazón. Ayúdame a ser un buen administrador y a evitar la actitud de propietario, pues todas las cosas te pertenecen a Ti nada más. En el nombre de Jesús. Amén".

ASUME TU RESPONSABILIDAD

Entonces Jehová Dios dijo a la mujer: ¿Qué es lo que has hecho? Y dijo la mujer: La serpiente me engañó, y comí. **—GÉNESIS 3:13**

¿Alguna vez has presenciado una escena entre dos hermanos revoltosos tratando de no meterse en problemas luego de haber roto algo delicado, por hacer lo que tenían prohibido? Lo más probable es que uno culpe al otro o ambos al perro. Es raro que el culpable confiese. Así es la naturaleza humana y así ha sido desde que el primer hombre y la primera mujer, fueron creados.

En el Jardín del Edén, Dios sabía que Adán y Eva habían pecado. Adán culpaba a Eva y Eva culpaba a la serpiente, como vemos en el versículo de hoy. Ambos habían pecado, pero ninguno aceptó la responsabilidad por sus acciones.

La renuencia a admitir nuestra responsabilidad, es una de las razones principales por la cual la gente es infeliz y fracasa en la vida. Culpar a alguien más cuando algo sale mal es señal de inmadurez.

Para ser lo que Dios quiere que seamos y poder disfrutar plenamente del plan Divino para nosotros, debemos aprender a asumir nuestra culpa cuando sea apropiado hacerlo. Puede que no siempre sea fácil o agradable, pero sin duda será lo correcto.

"Padre, ayúdame a asumir la responsabilidad de mis acciones y errores siempre que necesite hacerlo. En el nombre de Jesús. Amén".

REGOCIJARNOS EN LA PALABRA DE DIOS

Bienaventurado el varón que no anduvo en consejo de malos, ni estuvo en camino de pecadores, ni en silla de escarnecedores se ha sentado; sino que en la ley de Jehová está su delicia, y en su ley medita de día y de noche. Será como árbol plantado junto a corrientes de aguas, que da su fruto en su tiempo, y su hoja no cae; y todo lo que hace, prosperará.

—SALMOS 1:1-3

Según el pasaje de hoy, aquellos que se regocijan en la Ley de Dios, es decir, Sus caminos y Sus enseñanzas, van a ser bendecidos y fructificados. Salmos 1:3 dice, además, que serán prósperos en lo que hagan. El tercer versículo indica que la palabra "prosperará" significa que "alcanzará madurez". Tener una vida de bendiciones, fructífera y madura en Dios me parece fantástico, por tanto ruego a Dios que esta sea la vida que deseas tener. Puedes esperar esto si te deleitas en la Palabra de Dios.

La única manera de deleitarte en algo es permitirle llenar tus pensamientos. Te animo a pasar tiempo estudiando y meditando la Palabra de Dios, dándole vueltas en tu cabeza. Su Palabra está llena de verdad, llena de poder y de sabiduría, y también llena de promesas para ti. Pensar en la palabra de Dios te fortalecerá, porque no solo te permitirá conocer La voluntad de Dios, sino que también te enseñará cómo cumplir con ella. Esto aumentará tu paz y tu confianza y te llenará de la fe y la esperanza que necesitas para experimentar la bendecida, productiva, madura existencia, que Dios ha creado y te ha llamado a vivir.

"Padre, ayúdame a tener una vida fructífera y madura, mientras me deleito y medito Tu Palabra. En el nombre de Jesús, Amén".

AMA A DIOS SOBRE TODAS LAS COSAS

Por tanto, amados míos, huid de la idolatría. **–1 CORINTIOS 10:14**

Una de las mejores formas para determinar si verdaderamente amamos a Dios sobre todas las cosas es observar cómo reaccionamos cuando perdemos algo. Las cosas vienen y van, y debemos aprender a disfrutar de ellas cuando las tenemos y aun así no enojarnos cuando ya no están.

El primer mandamiento que Dios le dio a Moisés, cuando habló con él luego de sacar a los israelitas de Egipto, fue que ellos no debían tener otros dioses delante de Él (Éxodos 20:3). Este mandamiento sigue vigente hoy, recordarlo es lo más importante de nuestras vidas. Nada funciona bien para nosotros, si Dios no está primero. Mateo 6:33 dice que debemos buscar primero el Reino de Dios y todas lo demás vendrá por añadidura.

Salmos 37:4 promete: "Deléitate asimismo en Jehová, y él te concederá las peticiones de tu corazón".

Padre, quiero que seas lo primero en mi vida, por eso te pido que me muestres cuando permita que cualquier cosa sea más importante para mí que Tú. Gracias. En el nombre de Jesús. Amén".

NUESTRO AMIGO ETERNO

Ya no os llamaré siervos, porque el siervo no sabe lo que hace su señor; pero os he llamado amigos, porque todas las cosas que oí de mi Padre, os las he dado a conocer. —JUAN 15:15

Nuestro Dios es eterno. No tiene principio ni fin. Él siempre ha sido y siempre será. Él es omnisciente, todopoderoso y omnipresente. ¡Y es nuestro amigo! Esto es maravilloso y reconfortante.

Puedes hablar con Dios sobre lo que sea, en cualquier momento y Él siempre estará interesado. Él no está demasiado ocupado ni siquiera para la más mínima cosa que te preocupe. Desarrolla el hábito de mantener conversaciones con Dios dentro de tu corazón a lo largo del día. Él se regocija en ti y te ama incondicionalmente.

Dios tiene un buen plan para cada uno de nosotros, y todos los días nos guía dentro de la plenitud de ese plan. Incluso cuando parece que has perdido el camino, recuerda que Él sabe exactamente dónde estás. Tiene sus ojos puestos en ti en todo momento y tu tiempo está en Sus manos (Salmos 31:15).

"Padre, gracias por llamarme Tu amigo y amarme. En el nombre de Jesús. Amén".

ORIÉNTATE HACIA UN GRAN FUTURO

Sean gratos los dichos de mi boca y la meditación de mi corazón delante de ti, oh, Jehová, roca mía, y redentor mío. **–SALMOS 19:14**

En el versículo de hoy, el salmista David ora por palabras y pensamientos —"la meditación de mi corazón"— que complazcan al Señor. Esta es una plegaria que todos deberíamos repetir con frecuencia.

La razón por la que es tan importante que nuestras plegarias sean gratas a Dios es porque las palabras tienen poder (Proverbios 18:21). Y vamos a tener lo que digamos con frecuencia. La razón por la que es tan importante que nuestros pensamientos también sean agradables al Señor, es porque nuestras palabras están arraigadas en nuestros pensamientos, por lo tanto, para pronunciar palabras gratas, debemos de tener pensamientos agradables. Nuestros pensamientos también afectan profundamente nuestras actitudes y estas, determinan de muchas maneras qué tan lejos podemos llegar en la vida; en la consecución de nuestros sueños, el destino que Dios nos dio, en nuestras relaciones con otras personas, en nuestra relación con Dios, nuestro trabajo, nuestra salud y bienestar, y en muchas otras áreas.

La combinación de nuestros pensamientos y palabras establece el curso de nuestro futuro. El enemigo va a intentar que aceptemos sus pensamientos y sus palabras, pero si nos sometemos a Dios y resistimos al diablo, él huirá de nosotros (Santiago 4:7).

Te animo hoy a posicionarte ante un gran futuro, escogiendo pensamientos y palabras que complazcan al Señor.

"Padre, que las palabras de mi boca y las meditaciones de mi corazón Te complazcan. En el nombre de Jesús. Amén".

CAMBIA TU ANGUSTIA A PLEGARIA

Por nada estéis afanosos, sino sean conocidas vuestras peticiones delante de Dios en toda oración y ruego, con acción de gracias. —**FILIPENSES 4:6**

Cada vez que te sientas tentado de preocuparte hoy, te encomio a que mutes esa angustia en oración. La preocupación no hace más que producirle ansiedad y tensión a nuestra alma. Eso nunca brinda respuesta a nuestros problemas; en cambio, las plegarias abren la puerta a Dios para que obre sorprendentes maravillas.

Una sola plegaria sincera ofrecida con fe, puede ser más beneficiosa que una vida completa de preocupación y ansiedad. Cuando reces, asegúrate de agradecer a Dios al mismo tiempo que pides, expresando gratitud por todo lo maravilloso que ya ha obrado en tu vida. Dar gracias abre las ventanas del cielo, pero las quejas, abren la puerta al enemigo. Todos podemos encontrar razones para quejarnos y murmurar, pero rezongar es igual de inútil que preocuparnos. Rezar es nuestra oportunidad de recibir ayuda de Dios, así que aprovecha esa oportunidad hoy y cada día de tu vida entera.

"Padre, gracias por invitarme a rezar en vez de preocuparme. ¡Que privilegio maravilloso! En el nombre de Jesús, te pido que me enseñes a convertir todas mis angustias en plegarias. Amén".

LA RECOMPENSA DE DIOS

Después de estas cosas vino la palabra de Jehová a Abram en visión, diciendo: No temas, Abram; yo soy tu escudo, y tu galardón será sobremanera grande. **—GÉNESIS 15:1**

Dios le pidió a Abram que hiciera cosas verdaderamente complicadas, pero le prometió que su recompensa sería muy grande. ¿Te ha pedido Dios alguna vez hacer algo muy difícil? Si es así, te animo a recibir Su gracia (habilidad), y a ser obediente y hacer todo lo que te pida. Tu recompensa vendrá y cuando llegue, vas a estar muy satisfecho.

Dios pide que caminemos a Su lado con fe, haciendo siempre lo que nos solicite incluso si requiere de un gran sacrificio. Lo que Dios nos exige, eventualmente hará nuestras vidas mejores, porque Él desea siempre en Su corazón nuestro mayor bien. Cree en la bondad de Dios y no te canses de hacer el bien; "a su tiempo segaremos, si no desmayamos" (Gálatas 6:9).

"Padre, ayúdame a hacer todo lo que me pidas y a siempre caminar con fe, confiando en que mi recompensa excederá mis expectativas. En el nombre de Jesús. Amén".

OLVIDANDO LO QUE DEJAMOS ATRÁS

Hermanos, yo mismo no pretendo haberlo ya alcanzado; pero una cosa hago: olvidando ciertamente lo que queda atrás, y extendiéndome a lo que está delante. —FILIPENSES 3:13

¿Te sientes culpable de tus errores pasados? Si es así, te animo a arrepentirte, recibir el perdón de Dios y a dejar de preocuparte de cosas por las que ya no puedes hacer nada. El apóstol Pablo, autor del versículo de hoy, cometió muchos errores, pero estaba determinado a dejarlos atrás y avanzar hacia el porvenir que Dios tenía planificado para él. A pesar de que Pablo era imperfecto de muchas maneras, Dios lo usó poderosamente y quiere hacer lo mismo contigo.

La culpa no hace nada por nosotros más que hacernos sentir miserables, evitando que llevemos a cabo lo bueno que podríamos hacer hoy. Este día es una gran oportunidad para ti, de modo que no la desperdicies lamentando el pasado. Dios te ama. Él no solo perdona todos tus pecados, ni siquiera los recuerda. Por fe, recibe Su amor y misericordia y disfruta de tu día.

"Padre, lamento mucho mis pecados y fracasos pasados. Te pido y recibo Tu perdón y misericordia. Por Tu gracia, permíteme disfrutar este día y alcanzar grandes objetivos para Tu Gloria. En el nombre de Jesús. Amén".

¿CÓMO PUEDO CAMBIAR?

¿Tan necios sois? ¿Habiendo comenzado por el Espíritu, ahora vais a acabar por la carne? **–GÁLATAS 3:3**

Nuestro amor por Jesús nos motiva a ser todo lo que quiere que seamos. Por ese motivo, a veces caemos en la trampa de intentar cambiar con nosotros mismos, en lugar de confiar en que Él nos cambie. Pasé muchos frustrantes años luchando en "mi carne": usando mi fuerza, habilidades, brío y esfuerzo sin la ayuda de Dios, intentando hacer lo que solo Él podía.

No hay duda de que todos debemos cambiar y ser más y más como Jesús. Esto ocurre paulatinamente, mientras estudiamos Su Palabra y comulgamos con Él.

Dios te ha llamado a Su lado, y solo Él puede completar con Su Espíritu, lo que Él comenzó en el Espíritu. Él es el autor y consumador de la fe y de toda la obra que debe realizarse en ti (Hebreos 12:2).

Dile a Jesús tus deseos y luego apóyate en Él para que ocurran. No te frustres si aun no eres todo lo que quisieras ser. Dios se encontrará contigo donde estás y te ayudará a llegar a donde necesitas estar.

"Padre, deseo corregirme y ser más como Jesús, pero no puedo cambiarme a mí mismo. Te pido que me cambies, esperando que obres lo que solo Tú puedes hacer. En el nombre de Jesús. Amén".

TIEMPO DE PRUEBAS

Hermanos míos, tened por sumo gozo cuando os halléis en diversas pruebas. **—SANTIAGO 1:2**

Todos experimentamos tiempo de pruebas, épocas en que nuestras dificultades parecen durar más de lo que creemos que podremos soportar o cuando enfrentamos diversos retos a un tiempo. He estado lidiando con la ciática por un tiempo ya. Si alguna vez la has sufrido, ¡sabes lo que duele! Confió en que Dios va a cuidar de mí, pero mientras espero, esto pone a prueba mi fe.

Pablo tenía una espina en la piel y quería que Dios se la quitara. Pero Dios le dijo que Su poder era más efectivo cuando era encauzado a través de sus debilidades (2 Corintios 12:9). En otras palabras, a pesar de que Pablo tenía una dificultad, Dios prometió darle fuerza para que hiciera lo que era necesario. Si actualmente enfrentas alguna prueba, te insto a que recibas la fortaleza divina mientras esperas la salvación. Él está a tu lado, listo para ayudarte.

"Padre, gracias porque Tu fuerza compensa mis debilidades. Ayúdame a ser paciente y a esperar Tu salvación. En el nombre de Jesús. Amén".

FUERZA EN LA MANSEDUMBRE

Y aquel varón Moisés era muy manso, más que todos los hombres que había sobre la tierra. **–NÚMEROS 12:3**

La mansedumbre a veces se confunde con debilidad, pero no son lo mismo. Creo que una persona mansa, es alguien capaz de no perder el balance ante intensas emociones sabiendo manejarlas de la forma correcta. Esto requiere fortaleza, no debilidad. La mansedumbre no es debilidad; es fortaleza controlada.

El versículo de hoy dice que Moisés era el hombre más manso de la tierra, sin embargo, la gente no veía en él debilidad alguna. Él fue una persona fuerte y un poderoso líder. Cuando pensamos en él, visualizamos al hombre que tuvo un encuentro personal con Dios como una zarza ardiente y el que condujo a los israelitas a través del Mar Rojo sobre tierra seca. Ciertamente no era perfecto, y la Biblia muestra claramente sus imperfecciones.

A veces era presa de la ira, como cuando mató al egipcio o cuando destrozó las tablas donde estaban escritos los Diez Mandamientos porque vio a su pueblo adorar a un ídolo (Éxodo 2:11-12; 32:19). Él cometió errores, pero no de forma habitual.

Si Moisés, a pesar de sus errores, es conocido como un hombre manso, tú y yo podemos ser mansos también. Dios nos creó con emociones y podemos usarlas de forma positiva o negativa. La mansedumbre nos permite manejar nuestras emociones con sabiduría.

"Padre, ayúdame a manejar mis emociones con sabiduría, entendiendo que la mansedumbre no es señal de debilidad sino de fortaleza. Amén".

DEJA TU LUZ BRILLAR

Así alumbre vuestra luz delante de los hombres, para que vean vuestras buenas obras, y glorifiquen a vuestro Padre que está en los cielos.

—MATEO 5:16

El mundo está cubierto de sombras, pero la luz absorbe a la oscuridad y la extingue. Jesús es la luz del mundo y hemos sido llamados a dejar que brille a través de nosotros. Una forma en que podemos lograrlo, es comprometiéndonos con la excelencia. La gente excelente siempre da la milla extra y hace todo con gran empeño. No son personas promedio o mediocres; siempre dan lo mejor de sí mismas.

Vemos muy poca excelencia en el mundo hoy en día, pero podemos ser un ejemplo que otros puedan seguir. La Palabra de Dios nos enseña mucho sobre la excelencia. Nos exhorta a ofrecer un discurso exquisito (Proverbios 8:6) y a tener pensamientos impecables (Filipenses 4:8). Nos dice que debemos galardonar las cosas extraordinarias y escoger siempre lo mejor (Filipenses 1:9-10). Daniel fue un excelente siervo de Dios y su compromiso con lo mejor, le ganó ser ascendido por encima de los demás líderes (Daniel 6:3).

Luchemos por la excelencia, pues estamos al servicio de un Dios excelente.

"Padre, Tú eres excelente y quiero permitir que tu brillo atraviese mi vida. Ayúdame a escoger ser excelente en todos los sentidos. Gracias. En el nombre de Jesús. Amén".

NUESTROS ENEMIGOS NO VENCERÁN

Y pelearán contra ti, pero no te vencerán; porque yo estoy contigo, dice Jehová, para librarte. **—JEREMÍAS 1:19**

Todos tenemos algún enemigo, pero Dios lucha por nosotros. Puede que estés enfrentando una dificultad en este momento, pero recuerda que Dios está contigo y que Su plan es hacerte libre. Sé firme, sigue haciendo lo que sabes hacer y Dios siempre hará lo que tú no puedas.

Ya sea tu enemigo un dolor físico, carencias financieras, amigos o familiares que te han abandonado, sea lo que sea, no triunfará. Puede que tengas que mantenerte estoico por un período y tu fe sea puesta a prueba, pero Dios es fiel y Él no dejará que tus enemigos prevalezcan. Vive con la esperanzada expectativa de que vas a superar a tus enemigos.

"Padre, muchísimas gracias porque puedo confiar en que Tú peleas por mí contra mis enemigos y me otorgas la victoria. Ayúdame a ser paciente esperando superarlos. En el nombre de Jesús. Amén".

PAZ Y AMOR

Finalmente, sed todos de un mismo sentir, compasivos, amándoos frater-
nalmente, misericordiosos, amigables. **—1 PEDRO 3:8**

Dios quiere que nos llevemos bien con los demás porque hay
gran fuerza en la unidad. Satanás trabaja duro para que estemos
en desacuerdo y peleando unos con otros, porque sabe que eso
nos hace débiles e ineficaces representantes de Dios.

Vivir en armonía con la gente es difícil, a menos que estemos
dispuestos a ser humildes.

La humildad es una bella virtud y posiblemente la más ardua
de desarrollar. Jesús es nuestro ejemplo de humildad y solo Él
puede ayudarnos a cultivarla en nuestras vidas. Si estás en desacuerdo con alguien en este momento de tu vida, te apremio a
que perdones hoy cualquier ofensa y a que hagas las paces con
esa persona, en obediencia a Dios.

"Padre, ayúdame a perdonar rápidamente, y a ser humilde para hacer
lo que sea necesario, con el propósito de transitar en paz y amor. En el
nombre de Jesús. Amén".

EL MOMENTO ADECUADO
PARA SER AGRADECIDO

Mas yo con voz de alabanza te ofreceré sacrificios; pagaré lo que prometí. La salvación es de Jehová. **—JONÁS 2:9**

Jonás desobedeció al Señor y fue tragado por un enorme pez; pero, mientas sufría dentro de su estómago comenzó a dar gracias a Dios. Pronto llegó su salvación. Para mí, es significativo que él no esperó a dar gracias luego de haber triunfado sino que, mientras sufría, ofreció el sacrificio del agradecimiento y la alabanza aun en medio de su dificultad.

Cualquier instante y a toda hora es el buen momento para dar gracias a Dios, pero es especialmente importante que no olvidemos hacerlo mientras atravesamos horas oscuras en nuestras vidas. Es fácil ser agradecido cuando nuestras circunstancias son felices y excitantes, pero es un sacrificio hacerlo cuando pareciera que no hay nada por lo cual agradecer.

Agradécele hoy a Dios por Su presencia en tu vida; y está seguro de que tu salvación llegará a la hora justa.

"Padre, perdóname por murmurar y quejarme cuando debería estar ofreciéndote un sacrificio de agradecimiento. Confío en que me liberarás en el momento justo y te doy las gracias mientras espero. En el nombre de Jesús. Amén".

REPLICA

Él respondió y dijo: Escrito está: No solo de pan vivirá el hombre, sino de toda palabra que sale de la boca de Dios. —MATEO 4:4

En algún momento de tu vida puede que alguien te haya dicho: "¡no me repliques!". O tal vez le has dicho eso a tus hijos. Responderle a alguien es usualmente considerado falta de respeto, pero hay instancias en las cuales creo que es, tanto apropiado, como necesario. Siempre está bien replicarle a nuestro enemigo; al diablo.

Cuando el diablo atrajo a Jesús al desierto para tentarlo, Jesús respondió a cada intento diciéndole: "Escrito está" y replicó a todo lo que el diablo decía con las Santas Escrituras. Él combatió y derrotó al diablo con la Palabra de Dios (Mateo 4:1-11).

Te animo a seguir el ejemplo de Jesús. El enemigo vendrá contra ti con mentiras y tú puedes responderle usando la Palabra de Dios. Por ejemplo, podría ser que él te dijera que Dios no te ama realmente y tú responder: "Dios me ama con amor eterno. Me ama tanto que envió a su hijo a morir para que yo pueda tener una buena relación con Él" (lee Jeremías 31:3; Juan 3:16). Puede que el diablo te diga que nunca alcanzarás nada en la vida y tú puedes replicar así: "Dios tiene grandes planes para mí. Él planea darme un futuro lleno de esperanza" (lee Jeremías 29:11). Uno de los mejores consejos que puedo darte es que le des prioridad a estudiar y aprender la Palabra de Dios. Esto te ayudará de muchas maneras, especialmente cuando le repliques al enemigo y derrotes sus mentiras.

"Padre, ayúdame a priorizar el estudio y aprendizaje de Tu Palabra. Ella me otorga la victoria en toda situación. En el nombre de Jesús. Amén".

POR AMOR

Alabad al Dios de los cielos, porque para siempre es su misericordia.

—SALMOS 136:26, RVR 1960

La mayor gloria que podemos ofrendar a Dios, es vivir con alegría gracias a Su magnífico e incondicional amor por nosotros. Puede que escuchemos la frase "Dios te ama" tan seguido que fallemos en comprender el impacto que poseen estas sorprendentes palabras. El Dios que creó y mantiene todo lo que vemos en nuestro mundo Se preocupa por todo lo que te preocupa y Se regocija en ti.

Por alguna razón, nos inclinamos a pensar que Dios está usualmente algo decepcionado o incluso hasta disgustado con nosotros, pero Su misericordia y amorosa bondad no tienen límites. Esto significa, que estas dos cualidades están siempre activas, en todo momento y sin interrupción.

Recibe hoy la misericordia y el amor de Dios y deja que Él aleje todo temor de tu vida. Nada te va a separar de Su amor, el cual encontramos en Jesucristo (Romanos 8:37-39).

"Padre, ayúdame a comprender cuan asombroso es Tu amor y a estar más consciente de él en mi vida. En el nombre de Jesús. Amén".

QUE SEAN POCAS TUS PALABRAS

En las muchas palabras no falta pecado; más el que refrena sus labios es prudente. —**PROVERBIOS 10:19**

Si eres hablador, igual que yo, puede que necesites leer con frecuencia el versículo de hoy y otros similares. Parece que mientras más hablamos, es más probable que digamos algo que luego deseemos no haber dicho. Le pido a Dios casi todos los días que guarde mis labios para que no diga tonterías (Salmos 141:3). Es bueno recordar que nadie, por sí mismo, puede dominar su lengua (Santiago 3:8) y que requerimos de la ayuda del Señor para lograrlo.

Simplemente, intentar hacer lo correcto sin ayuda de Dios, ya es inútil. Él quiere que nos apoyemos en Él para todo y se siente honrado cuando lo hacemos. Jesús dijo que lejos de Él, nada podemos hacer (Juan 15:5). Esto sin duda incluye hablar con sabiduría.

Usa tus palabras hoy para animar a otros. Recuerda que tus palabras tienen poder, así que asegúrate de que sean positivas y beneficiosas para ti y aquellos que forman parte de tu vida.

"Padre, necesito de Tu ayuda para restringir mis labios y de ese modo pronunciar siempre palabras positivas y excelentes. Permite a mis palabras ser placenteras a Tus oídos. Gracias. En el nombre de Jesús. Amén".

¡REGOCÍJATE!

Regocijaos en el Señor siempre. Otra vez digo: ¡Regocijaos!

—FILIPENSES 4:4

El diablo trabaja sin descanso para robar nuestra alegría porque sabe que Dios es feliz cuando nos ve felices. Nuestra felicidad deleita Su corazón. Somos hijos de Dios y de igual forma que nos contentamos viendo a nuestros hijos ser felices, Él se alegra de vernos dichosos. Él quiere que disfrutemos de cada momento que nos da.

La Palabra de Dios nos enseña que la alegría sana y fortalece (Nehemías 8:10; Proverbios 17:22). La preocupación, el desánimo y el miedo agotan nuestras fuerzas y debilitan nuestros cuerpos; por lo tanto, no es de extrañar que el diablo haga todo lo que pueda para impedir que seamos felices.

Te animo a que tomes la decisión de disfrutar de este día y cada día de tu vida, sin importar las dificultades que puedan traer. Estar triste no hace que tus problemas desaparezcan; pero ser feliz, te brindará la fortaleza para lidiar con ellos.

"Padre, ayúdame a entender el valor de la alegría. Recuérdame hacer de ella una prioridad y estar siempre vigilante ante la tentación de estar triste y desanimado. Gracias. En el nombre de Jesús. Amén".

EL PODER DE LA SATISFACCIÓN

No codiciarás la casa de tu prójimo, no codiciarás la mujer de tu próji-mo, ni su siervo, ni su criada, ni su buey, ni su asno, ni cosa alguna de tu prójimo. **—ÉXODO 20:17**

Muchos creyentes son conscientes de los Diez Mandamientos y probablemente pueden citar algunos de ellos. Sabemos que nos prohíben "codiciar", pero ¿realmente nos hemos detenido a pensar en ello y aplicarlo en nuestras vidas? Codicia significa querer lo que otro tiene. Lo contrario de codiciar, es estar satisfechos con lo que Dios nos ha dado.

No hay nada malo en admirar a ciertas personas. Podemos admirarlas por su fe, su buen carácter, su relación con Dios, su disciplina y ética de trabajo, su creatividad o por cómo tratan a los demás. Podemos sentirnos motivados por las oportuni-dades que Dios les ha dado y por cómo ellos utilizan esos rega-los. El Señor ha puesto personas en nuestra vida para ayudarnos a vivirla cómo Él quiere que existamos, pero debemos compa-rarnos con ellos de una forma sana, permitiendo que sus vidas nos inspiren en lugar de sentir celos y querer tener exactamente lo que ellos tienen.

Te exhorto hoy a buscar en Dios lo que Él quiere que tengas, la vida que quiere que vivas y la persona que Él quiere que seas. Resiste la tentación de codiciar nada de lo que otros posean, y confía en el Señor para darte todo lo que necesites en el momen-to preciso.

"Padre, ayúdame hoy a estar satisfecho con todo lo que me has dado sin desear lo que otros tienen. En el nombre de Jesús. Amén".

JESÚS ENTIENDE LO QUE SIENTES

Porque ha perseguido el enemigo mi alma; ha postrado en tierra mi vida; me ha hecho habitar en tinieblas como los ya muertos. **–SALMOS 143:3**

En el versículo de hoy, David hace una caracterización precisa de la depresión. Esta descripción deja claro que nuestro enemigo, Satanás, no solo viene contra nuestros cuerpos y mentes, sino que disfruta especialmente atacando nuestras emociones.

Más tarde, en Salmos 143, David ofrece una buena receta para superar la depresión y el desánimo. Nos pide recordar todas las cosas buenas que Dios ha hecho por nosotros y que meditemos sobre Su magnífica obra. David levantó sus manos, alabó a Dios y abiertamente le expresó cómo se sentía.

Dios entiende cómo te sientes y le importa. No sientas que deberías esconder de Él tu depresión; en lugar de ello, cuéntale todo y pídele Su ayuda. Él es tu gloria y el que levanta tu cabeza (Salmos 3:3).

"Padre, te pido que me ayudes en momentos de desánimo y tristeza. Ayúdame a tener emociones estables y equilibradas. Restaura mi alegría y dame palabras de aliento. Pongo mi confianza en Ti. En el nombre de Jesús. Amén".

SÉ DECISIVO

El corazón del hombre piensa su camino; más Jehová endereza sus pasos.

—PROVERBIOS 16:9

Hay a quien le cuesta tomar decisiones. Deja que lo paralice el miedo a escoger mal y termina invirtiendo demasiado tiempo en decidirse. Pero podemos confiar en que Dios va a dirigir nuestros pasos si aprendemos a escucharlo.

No está mal tener un plan, pero asegúrate de exponerlo ante Dios y está dispuesto a cambiarlo si te indica que deberías. Reza por las decisiones correctas y luego haz lo que te traiga paz. Creo que Dios nos guía con Su Palabra, Su paz y Su sabiduría. Mientras confiemos en Él, puede hacer que nuestros pensamientos coincidan con Su voluntad (Proverbios 16:3).

Dios conoce tu corazón y si realmente aceptas Su voluntad, Él te guiará al lugar correcto, incluso si tuerces el camino algunas veces antes de llegar a tu destino.

"Padre, quiero Tu voluntad más que ninguna otra cosa. Mientras doy pasos de fe, guíame. Si voy en dirección equivocada, confío en que reorientarás mis pasos. En el nombre de Jesús. Amén".

NO PERMITAS AL PECADO
APARTARTE DE DIOS

Mas el justo vivirá por fe; y si retrocediere, no agradará a mi alma.
—HEBREOS 10:38

Desde los tiempos de Adán y Eva en el Edén, la gente se ha escondido de Dios cuando ha pecado, pero ese no es Su deseo para nosotros. Dios quiere que corramos hacia Él y no de Él, en nuestros momentos de debilidad. Él ya sabe todo lo que intentamos tan arduamente esconder, porque nada está oculto para Él.

Jesús entiende nuestras debilidades y fracasos y Sus brazos están siempre abiertos para confortarnos. No te encojas asustado de tu Señor cuando has fallado. No lo complacemos ni agradamos cuando huimos de Él. No permitas que nada te aparte del amor de Dios. Mantén una relación cercana con Él, convérsalo todo con Él y nunca hagas a un lado tu confianza. Arrepiéntete y recuerda lo que Jesús ha hecho por ti y que tus pecados ya han sido perdonados.

"Padre, gracias por Tu gran misericordia y maravilloso amor. Estoy agradecido de que nunca tengo que esconderme de Ti y de que Tu amor es incondicional. En el nombre de Jesús. Amén".

DIOS PROVEE TODO LO QUE NECESITAS

Y poderoso es Dios para hacer que abunde en vosotros toda gracia, a fin de que, teniendo siempre en todas las cosas todo lo suficiente, abundéis para toda buena obra. **–2 CORINTIOS 9:8**

Como hijo de Dios, puedes vivir libre de miedo con relación a tu provisión, y tener total confianza en que lo que sea que necesites hoy o en el futuro, Dios te lo proveerá en abundancia.

La promesa es que tendrás: "siempre en todas las cosas todo lo suficiente". Esto significa que nunca tienes que preocuparte de nada. Tu Padre es fiel y siempre mantiene sus promesas. Pon tu confianza en Él, por encima de todas las cosas.

Ninguno de nosotros sabe con certeza lo que depara el futuro pero, si creemos en esta promesa, podemos enfrentar al futuro con confianza y alegría sabiendo que, ya sea que necesitemos fuerza, sabiduría, finanzas, sanación, coraje o cualquier otra cosa, será nuestra a través de Cristo.

"Padre, gracias por Tu gloriosa generosidad y Tu promesa de siempre darme todas y cada una de las cosas que necesito. En el nombre de Jesús. Amén".

LA PODA NECESARIA

Bendito el varón que confía en Jehová, y cuya confianza es Jehová. Porque será como el árbol plantado junto a las aguas, que junto a la corriente echará sus raíces, y no verá cuando viene el calor, sino que su hoja estará verde; y en el año de sequía no se fatigará, ni dejará de dar fruto.
—JEREMÍAS 17:7-8

El versículo de hoy dice que aquel que confía en el Señor nunca "dejará de dar fruto", lo que significa que será siempre productivo. Esto me recuerda lo que dijo Dios cuando creó al hombre: "Fructificad y multiplicaos" (Génesis 1:28). Claramente la productividad es importante para Él y los creyentes tendrán vidas productivas. En ocasiones, esto significa que requerimos ser "podados".

Piensa en un árbol. Para que un árbol sea productivo o fructífero, debe ser apropiadamente podado. En otras palabras, algunas ramas deben ser taladas o recortadas en determinados puntos. Solo de esta manera el árbol se mantendrá fuerte, sano y producirá la máxima cantidad de frutos de calidad.

Igual que los árboles deben ser recortados, nosotros debemos ser podados también. Algunas cosas deben eliminarse de nuestras vidas en momentos estratégicos. Podar puede significar dejar ese hábito que evita que cumplamos nuestro potencial, o nos disuade de cumplir con el plan de Dios para nuestras vidas. Puede ser descontinuar patrones malsanos. O tal vez, terminar con relaciones dañinas bajo la guía del Señor.

Dios es el Maestro Jardinero y Él solo poda para producir frutos saludables. Permítele podar tu vida de acuerdo con Su sabiduría y pronto disfrutarás un nuevo nivel de fertilidad y productividad.

"Padre, te pido que podes de mi vida todo aquello que necesite ser cortado, para nunca fallar produciendo buen fruto. En el nombre de Jesús. Amén".

DIOS ESCUCHA TUS PLEGARIAS

Oye, oh, Jehová, mi voz con que a ti clamo; ten misericordia de mí, y respóndeme. —**SALMOS 27:7-8**

En el versículo de hoy, el salmista David le pide a Dios que lo escuche, sea misericordioso y le responda. David recibió muchas respuestas a sus oraciones; podemos ver esto en los Salmos. Él tuvo una larga relación con Dios y confiaba en que el Señor lo escuchaba.

Espero que sepas hoy que Dios siempre escucha cuando le llamas. Si lo buscas, lo encontrarás. Puede que no responda en el momento que esperas, pero Él te escucha cuando rezas, e incluso si no responde de inmediato, puedes confiar en que la respuesta viene en camino.

Acá hay tres versículos en los que puedes apoyarte para tener la certeza de que Dios te está escuchando: "Mas ciertamente me escuchó Dios; atendió a la voz de mi súplica" (Salmos 66:19). "Los ojos de Jehová están sobre los justos, y atentos sus oídos al clamor de ellos" (Salmos 34:15). "Y esta es la confianza que tenemos en él, que, si pedimos alguna cosa conforme a su voluntad, él nos oye" (1 Juan 5:14).

"Padre, gracias por escucharme cuando a Ti clamo. Ayúdame a buscar Tu rostro en cada situación. En el nombre de Jesús. Amén".

SÉ DILIGENTE

En lo que requiere diligencia, no perezosos; fervientes en espíritu, sirviendo al Señor. **—ROMANOS 12:11**

Diligencia es la clave para disfrutar de la vida que Jesús nos dio cuando murió en la cruz. Quiero animarte a ser diligente de todas las maneras. En otras palabras, continúa haciendo lo correcto y hazlo con convicción. Haz lo mejor para Dios y sírvele con fervor.

Cuando algo nos duele, hemos sido tratados de manera injusta o simplemente si estamos cansados, se hace difícil continuar siendo diligentes y hacer lo que sabemos que es correcto. Puede que nos sintamos tentados a ser pasivos, pensando que nada que hagamos hará diferencia en nuestra situación. Si te sientes así, es el mejor momento para continuar siendo diligente en tus oraciones, estudiar la Biblia, ser caritativo y servicial, y cumplir con otras tareas con las que estés comprometido.

Sigue haciendo lo correcto incluso cuando creas que es una pérdida de tiempo, porque es justo entonces cuando recibes el mayor beneficio de tu determinación. Allí es cuando creces espiritualmente.

"Padre, ayúdame a seguir siendo fiel a lo que sé que es correcto y ayúdame a ejecutarlo diligentemente. Gracias. En el nombre de Jesús. Amén".

CAPTURANDO LOS PENSAMIENTOS

Derribando argumentos y toda altivez que se levanta contra el conocimiento de Dios, y llevando cautivo todo pensamiento a la obediencia a Cristo. **–2 CORINTIOS 10:5**

Nuestros pensamientos son muy importantes porque son la raíz de nuestras palabras, actitudes y acciones. Nuestro enemigo, Satanás, nos sugiere pensamientos que van en contra de la voluntad y la naturaleza de Dios, pero no tenemos por qué adueñarnos de ellos o meditarlos.

Encuentro que el enemigo frecuentemente me ofrece pensamientos negativos en las mañanas, porque si él puede lograr que yo empiece mi día con el pie izquierdo, el resto del día será igual de lamentable. Esos pensamientos pueden ser preocupación, miedo, inconformidad o pueden ser ideas que él tiene para que seamos crueles con alguien más. Afortunadamente, no tengo por qué conservarlos solo porque él me los ofrece y tampoco tú.

Podemos expulsar pensamientos errados y reemplazarlos con aquellos que sabemos que complacerán a Dios de acuerdo con Su voluntad. Pensamientos de amor, gratitud, confianza, valor y alegre expectativa pueden llenar nuestras mentes. Pídele a Dios que te ayude a reconocer los pensamientos negativos y a resistir la influencia del diablo. Cuando nos sometemos a Dios y nos resistimos al diablo, él huirá de nosotros (Santiago 4:7).

"Padre, ayúdame a reconocer y a expulsar todos los pensamientos negativos. Ayúdame a cuidar de mi corazón diligentemente y a estar siempre listo para hacer Tu voluntad. En el nombre de Jesús. Amén".

PERDÓN INMEDIATO

Yo, yo soy el que borro tus rebeliones por amor de mí mismo, y no me acordaré de tus pecados. —ISAÍAS 43:25

¿Te enfocas demasiado en el pasado, sintiéndote culpable o condenado por los errores y pecados que has cometido a sabiendas o sin querer, o las veces que has ofendido a Dios u otras personas? ¿Te cuesta creer que puedas ser feliz y tener un gran futuro a causa de tu mal pasado?

Muchas personas permiten que sus pecados y fracasos abrumen sus corazones y mentes por demasiado tiempo. Algunos llegan a la vejez y viven arrepentidos de su vida, porque permitieron que su pasado los influenciara tanto, que no hicieron todo aquello que deseaban.

A veces nuestro pasado es problemático por las cosas que les hicimos a otros o a nosotros mismos. A veces es doloroso por lo que otras personas nos hicieron. Cuando hemos sido víctimas de las maldades de alguien más, debemos pedirle a Dios que nos sane. Cuando hemos pecado o fracasado, corresponde arrepentirnos. Una vez nos arrepentimos ante el Señor, el perdón ocurre de inmediato y la culpa y la condena desaparecerán de nuestras vidas.

Qué extraordinario es saber que Dios es misericordioso y está listo para perdonarnos tan pronto admitimos nuestros pecados y nos arrepentimos. Deberíamos dar gracias por esto cada día todos los días.

"Padre, gracias por perdonarme tan pronto me arrepiento sinceramente de mis pecados y por permitir que viva una vida libre de culpa. En el nombre de Jesús. Amén".

EL ADVERSARIO DE SATANÁS

Vosotros corríais bien; ¿quién os estorbó para no obedecer a la verdad?
—GÁLATAS 5:7

Es un hecho que cuando tratamos de hacer el bien, el mal viene a oponerse (Romanos 7:21). El apóstol Pablo dijo que por una "puerta grande y eficaz" entraron "muchos adversarios" (1 Corintios 16:9). Satanás trabaja diligentemente para frenar nuestro crecimiento espiritual. Él no quiere que oremos, que seamos generosos, que caminemos en amor hacia otros, que estudiemos la Palabra de Dios o que hagamos cualquier otra cosa buena, y nosotros debemos estar en guardia contra él constantemente.

¿Has decidido hacer algo bueno o mejorar algún aspecto de tu vida? Si es así, no te sorprendas si te topas con toda clase de oposiciones y obstáculos. La buena noticia es que, si te sometes a Dios y resistes al diablo, él huirá (Santiago 4:7). Mantente firme y no permitas que Satanás evite que sigas tu camino. Continúa rezando, confía en que Dios te dé fuerzas y no te rindas. El diablo no puede vencer a un hijo de Dios enfocado constantemente en Su voluntad.

"Padre, ayúdame a reconocer los engaños y estrategias de Satanás y dame la gracia para seguir haciendo lo correcto, incluso cuando encare oposiciones. Gracias. En el nombre de Jesús. Amén".

EL PELIGRO DE LA CODICIA

El altivo de ánimo suscita contiendas; más el que confía en Jehová prosperará. —**PROVERBIOS 28:25**

La codicia es algo terrible. No importa lo mucho que la gente tenga, si permite que la codicia se apodere de ella, siempre va a querer más y más. Además, nunca va a sentirse saciada o agradecida por lo que tiene. Siempre vencemos el mal con el bien (Romanos 12:21) y, por tanto, he encontrado que la mejor forma de evitar que la codicia controle mi vida es siendo agresivamente generosa. Deseo animarte a pedirle a Dios cada día, que te muestre algo que puedas hacer por los demás.

Enfocando nuestros pensamientos en los demás, evitamos convertirnos en egocéntricos y egoístas. Cuando le pedimos a Dios que nos ayude a hacer esto, Él puede mostrarnos formas tan simples como mandarle a alguien un mensaje de texto de apreciación o estímulo. Puede indicarnos algo que requiera la donación de nuestro tiempo o dinero. Cuando damos, nunca perdemos nada, porque nuestra generosidad siempre regresa a bendecirnos (Lucas 6:37-38).

La Palabra de Dios nos enseña a estar en guardia contra la avaricia porque la vida no consiste en nuestras posesiones (Lucas 12:15). Mientras más generosos seamos, también más gozosos.

"Padre, ayúdame a no ser una persona codiciosa que siempre quiere más y más, en cambio ayúdame a ser generoso con cada uno en todas las formas. Gracias. En el nombre de Jesús. Amén".

LA RECOMPENSA DE SERVIR A DIOS

Mi carne y mi corazón desfallecen; más la roca de mi corazón y mi porción es Dios para siempre. **—SALMOS 73:26**

Tener una relación con Dios a través de Jesucristo, es nuestra mayor recompensa en la vida. Servirle es un privilegio, no una obligación. Tomate un momento para considerar lo grande que es tener a Jesús en el centro de tu vida. Él está contigo en todo momento.

Dios nos promete recompensas, pero nunca debemos servirle con el fin de obtener algo. Debemos servirle porque lo amamos y apreciamos. Dios escucha y responde a nuestras plegarias y nos ayuda en nuestras dificultades. Él perdona nuestros pecados y nos proporciona fortaleza cuando somos débiles. Él nos guía y hace muchísimas otras cosas extraordinarias por nosotros. Él es el "galardonador de los que le buscan" (Hebreos 11:6, RVR 1960).

Podemos esperar recompensas cuando lleguemos al cielo. Aunque no comprendamos lo que puedan ser, sabemos que todo lo que el Señor hace por nosotros será maravilloso. Él dice que cuando regrese por Su gente, traerá regalos para "recompensar a cada uno según sea su obra" (Apocalipsis 22:12).

Emociónate y procura estas recompensas, pero siempre recuerda que Dios es nuestro premio mayor. Él es nuestro beneficio en la vida y nuestra herencia. Vive por Él y disfrútalo cada día.

"Padre, Tú eres mi mayor recompensa en la vida. Gracias por ser mi amigo y Salvador. En el nombre de Jesús. Amén".

ESTÁ EN PAZ

Si es posible, en cuanto dependa de vosotros, estad en paz con todos los hombres. **–ROMANOS 12:18**

La voluntad de Dios para nosotros, es que vivamos en paz en todo momento. La paz, es nuestro regalo de Dios. A pesar de que no todos están dispuestos a vivir en paz con nosotros, debemos esforzarnos por hacer las paces con ellos en lo que sea posible. Jesús dijo que "Bienaventurados los pacificadores, porque ellos serán llamados hijos de Dios" (Mateos 5:9, RVR 1960).

Mientras más vivamos en paz y sosiego, más fácil será para nosotros que nos guíe el Espíritu de Dios y seamos capaces de escucharlo. Dios me ha recordado muchas veces que debo relajarme, porque esa es la mejor manera de permitirle fluir a través de nosotros y pueda realizar la obra que desea. Deja que tu mente, tus emociones y hasta tu cuerpo, estén en calma, y confía en Dios, que vive dentro de ti, para que fluya a través de ti y te guíe dentro de Su voluntad perfecta para ti en cada situación.

"Padre, gracias por el magnífico regalo de la paz. Ayúdame a vivir y permanecer en paz con todo el mundo, todo el tiempo. En nombre de Jesús. Amén".

EL PODER DE LA INTERCESIÓN

Y se acercó Abraham y dijo: ¿Destruirás también al justo con el impío?
—GÉNESIS 18:23

Cuando pensamos en Abraham, pensamos que él es el padre de la fe por cómo confió en Dios cuando le aseguró el nacimiento milagroso de su hijo Isaac y luego, por lo dispuesto que estuvo a sacrificarlo cuando Dios se lo pidió (Génesis 15:1-6; 22:1-18). Pero puede que no siempre pensemos en Abraham como un mediador; un hombre que oraría poderosamente por los demás.

Cuando Dios decidió destruir Sodoma y Gomorra por su perversión, Él le contó a Abraham. Este tenía una relación tan íntima con Dios, que comenzó a pedirle que perdonara a Sodoma por el bien de los justos. Primero, le pidió que la salvara por cincuenta personas, luego cuarenta y cinco personas y así, hasta que Dios aceptó perdonar a la ciudad por el bien de diez personas justas (Génesis 18:23-32).

Abraham oró con atrevimiento y, gracias a ello, las personas justas escaparon al castigo de Dios. Tú también puedes rezar con audacia e interceder por gente y conflictos a tu alrededor, sin dudar de que Dios te escucha.

"Padre, pido por la gente a mi alrededor y por las situaciones de su vida que requieren de Tu toque. Te ruego que intervengas, mi Señor, ¡ayúdalos! En el nombre de Jesús. Amén".

VIVE CADA MOMENTO

Así que, no os afanéis por el día de mañana, porque el día de mañana traerá su afán. Basta a cada día su propio mal. —MATEO 6:34

Dios nos da la gracia que necesitamos para cada circunstancia que enfrentemos, pero nunca nos la dará hoy para cosas que ocurrirán en el futuro. Preocuparnos más allá del momento en el que estamos viviendo, solo causa que lo desperdiciemos. Este momento es el único que tenemos garantizado, entonces ¿por qué no disfrutarlo completamente?

Dios quiere que confiemos en Él y que demostremos nuestra confianza al no preocuparnos por cosas que están fuera de nuestro control y más allá de nuestra sabiduría. Solo Dios puede resolver el pasado y prepararnos para el futuro, y Él promete hacer exactamente eso si confiamos en Él.

El Señor está muy claro de lo que puedes necesitar para enfrentar el futuro y a pesar de que a veces pueda parecer excesivo de manejar, nunca es demasiado para Él. Dios ya estuvo en el lugar hacia dónde te diriges y se hizo cargo de todo lo que preocupa.

"Padre, ayúdame a dejar mi pasado y futuro en Tus gentiles y amorosas manos, y disfrutar de cada momento que Tú me das. Confío en Ti para cuidarme. En el nombre de Jesús. Amén".

CONFÍA EN DIOS

En el día que temo, yo en ti confío. —SALMOS 56:3

Confiar en Dios es fácil cuando no eres tú quién necesita hacerlo. Todos tenemos momentos en los que es difícil confiar en Dios. Si has estado esperando por largo, largo tiempo a que Dios haga lo que necesitas, puede que te sientas tentado a dudar o tener miedo de que no ocurra. Dios entiende esos sentimientos, y no deben condenarte por ellos. El salmista David confesó en el versículo de hoy que tuvo miedo, pero incluso así, él depositó su confianza en el Señor.

No podemos siempre controlar nuestras emociones, pero al mismo tiempo, tampoco tenemos por qué vivir acorde a ellas. Cuando esperas una respuesta de Dios y sientes miedo o dudas, contraataca ese sentimiento con pensamientos positivos y repitiendo: "creo que Dios está trabajando y voy a obtener mi respuesta pronto".

Siempre recuerda que confiar en Dios no es una obligación, es un privilegio. Siempre que confiamos en Él, lo honramos y así podremos entrar a Su calma mientras hace lo que solo Él puede hacer.

"Padre, quiero confiar en Ti en todo momento, en cada circunstancia, pero a veces tengo miedo o empiezo a dudar. Ayúdame a confiar en Ti incluso en esos momentos, porque sé que eres fiel. En el nombre de Jesús. Amén".

LA MAYOR LIBERTAD DE TODAS

Y por todos murió, para que los que viven, ya no vivan para sí, sino para aquel que murió y resucitó por ellos. **–2 CORINTIOS 5:15**

Ser libre de ti mismo es la mayor libertad que existe. Según el versículo de hoy, Jesús murió para que no tengamos que vivir una vida centrada exclusivamente en nuestro yo. Déjame animarte a no pensar excesivamente en ti. No pienses demasiado en lo que está mal o está bien contigo. Las personas que son de la carne (naturaleza humana sin la presencia de Dios) centran sus mentes en las cosas de la carne (incluidos ellos mismos), pero "los que son del Espíritu, piensan en cosas del Espíritu" (Romanos 8:5).

Dios quiere trabajar a través de nosotros para ayudar y bendecir a los demás, pero si nos enfocamos en nuestra persona, entorpecemos Su trabajo. Despídete de ti mismo y vive para los propósitos de Dios. No te preocupes por lo que otros piensen o por lo que pueda ocurrirte en el futuro, en cambio confía en que el Señor cuidará de ti y todo lo que te concierne. Esto te libera para entregarte por completo a Dios.

"Padre, no quiero ser egoísta y enfocado en mi yo. Te pido que me ayudes a mantener mi mente en aquello que te complace y por la gracia de no vivir para mí mismo. Gracias. En el nombre de Jesús. Amén".

FE Y PACIENCIA

A fin de que no os hagáis perezosos, sino imitadores de aquellos que por la fe y la paciencia heredan las promesas. **–HEBREOS 6:12**

Esperar pacientemente por aquello que necesitamos y deseamos, parece difícil para la mayoría de nosotros. Es todo un desafío si esperamos sufriendo un dolor físico o emocional. Leí que la Palabra de Dios contiene más de 5,400 promesas, por lo tanto, creo ser capaz de asegurar que ofrece promesas de ayuda y salvación para cualquier situación que encaremos. Saber que la ayuda está disponible nos brinda esperanza, aunque usualmente vemos que, a pesar de que damos rienda suelta a nuestra fe para heredar las promesas, aún debemos ser pacientes porque la respuesta no siempre viene de inmediato.

Durante la espera, nuestra fe es puesta a prueba y es posible que experimentemos duda o temor de que aquello que necesitamos o deseamos nunca llegue. Te animo a ponerte de pie y pelear la buena batalla de la fe (1 Timoteo 6:12), porque tu logro llegará si eres firme en tu idea y te rehúsas a darte por vencido. Puedes estar seguro de que Dios te ama en demasía y que Su reloj está sincronizado a la perfección.

"Padre, gracias por darme la gracia para no rendirme mientras espero por Ti. En el nombre de Jesús. Amén".

FUERZA INTERIOR

Para que os dé, conforme a las riquezas de su gloria, el ser fortalecidos con poder en el hombre interior por su Espíritu —**EFESIOS 3:16**

Si justo ahora te sientes débil o abrumado por alguna razón, el versículo de hoy de seguro te animará mucho. Pablo ruega por algo que mucha gente necesita y pide a Dios con frecuencia: ser fortalecido con poder espiritual. Él asegura que la fuerza que necesitamos viene de Dios, de "las riquezas de su gloria", y está disponible para nosotros a través del Espíritu Santo.

Necesitamos fortaleza de muchas maneras, pero el tipo de fuerza por la que Pablo ora, es la más importante: fuerza en nuestro yo interior. El "yo interior" se refiere a nuestro más íntimo ser que incluye nuestros pensamientos, emociones, voluntad (habilidad de tomar decisiones) y conciencia. La fuerza interior nos mantiene firmes desde lo más profundo, y nos porta victoriosos a través de las dificultades y desafíos de la vida.

Mucha gente ruega a Dios por fuerza física cuando se siente fatigada o estresada. Sin duda que esto es apropiado, pero la fuerza del yo interior es aún más valiosa que la energía natural. Cuando tenemos fuerza interna, el poder de Dios trabaja a través de nosotros completando todo lo que nos pide hacer y superando cualquier obstáculo en nuestro camino.

"Señor, sé que tener fuerza interna es más importante que ser fuerte de cualquier otra manera. Te pido hoy que fortalezcas mi más profundo ser interior a través del Espíritu Santo. ¡Gracias! En el nombre de Jesús. Amén".

LA CLAVE DE LOS BUENOS HÁBITOS

Hubiera yo desmayado, si no creyese que veré la bondad de Jehová en la tierra de los vivientes. −SALMOS 27:13

¿Alguna vez conociste a alguien con muchos malos hábitos? No me refiero a un mal hábito como comerse las uñas o masticar hielo. Me refiero a malos hábitos arraigados a su estilo de vida. Las personas con muchos malos hábitos, generalmente no son consideradas personas fuertes. Para obtener la fortaleza que requerimos para cada día, debemos cuidar los buenos hábitos en cada área de nuestras vidas. Siempre podemos tener áreas que necesiten mejoramiento pero, mientras nos esforcemos en construir buenos hábitos, estaremos acumulando fortaleza.

La clave para desarrollar buenos hábitos es enfocarnos en lo positivo en lugar de lo negativo. Por ejemplo, si quieres desarrollar buenos hábitos alimenticios, enfócate en las comidas saludables que debes consumir, no en lo que deberías dejar de comer. Si quieres levantarte más temprano cada día, concéntrate en lo que lograrás hacer con ese tiempo adicional, no en el hecho de que realmente preferirías regresar a la cama tan pronto la alarma deje de sonar.

No importa qué hábito estés tratando de formar, recuerda enforcarte en el bien que hará a tu vida, no en lo que debes cambiar o abandonar para desarrollarlo.

"Padre, mientras me esfuerzo en cambiar mis hábitos, ayúdame a enfocarme en los efectos positivos que los buenos hábitos traerán a mi vida. En el nombre de Jesús. Amén".

APRENDE A ESCUCHAR

Por esto, mis amados hermanos, todo hombre sea pronto para oír, tardo para hablar, tardo para airarse. —**SANTIAGO 1:19**

Te animo a rogar a diario que Dios te use para bendición de otras personas, y proponte escuchar y prestar atención a cómo Él quiere obrar a través de ti. He aprendido que si escucho cuidadosamente, la gente me dice lo que necesita. No me insinúan que los ayude, pero en una simple conversación y haciendo las preguntas indicadas, descubro cómo puedo ayudarlos y bendecirlos.

Es bueno pedirle a Dios ser una bendición, pero debemos tener cuidado de no pedírselo solo porque suena espiritual, y fallar al escuchar y tomar la acción adecuada. Tal vez no siempre seremos capaces de proveer lo que la gente necesita, pero en muchas instancias podremos, si tan solo estamos dispuestos a hacerlo.

Ser bendición para otros, es una de las cosas más poderosas que podemos hacer; aún a pesar de que podríamos necesitar sacrificarnos para hacerlo, terminaremos siendo más bendecidos que quienes hemos ayudado.

"Gracias, Padre, por todo lo que has hecho por mí. Te ruego que me ayudes a ser rápido escuchando lo que la gente necesita y siempre estar dispuesto a ayudar. En el nombre de Jesús. Amén".

PERMITE A DIOS PELEAR TUS BATALLAS

No habrá para qué peleéis vosotros en este caso; paraos, estad quietos, y ved la salvación de Jehová con vosotros. **—2 CRÓNICAS 20:17**

Con demasiada frecuencia intentamos pelear nuestras propias batallas, pero Dios quiere luchar por nosotros, si dejamos que lo haga. Nuestro rol es no razonar la respuesta a nuestros problemas, sino confiar en Dios y hacer lo que nos ha pedido mientras Él resuelve el asunto.

Dios quiere que disfrutemos de la vida y estemos en paz, mientras trabaja por nosotros haciendo lo que solo Él sabe hacer. Cada vez que te sientas tentado a preocuparte, te animo a decir en voz lo más alta posible, lo siguiente: "¡Dios está peleando por mí! Él está de mi lado y ninguna arma forjada contra mí prosperará". (Ver Isaías 54:17).

Tómate el tiempo en este instante para recordar una vez en tu vida en que tuviste un problema y Dios te ayudó. Deja que esa victoria te motive y confía en Él.

"Padre, Muéstrate poderoso en mi vida. No puedo resolver mis problemas, pero confío en que Tú sí. Gracias. En el nombre de Jesús. Amén".

¿TIENES SED?

En el último y gran día de la fiesta, Jesús se puso en pie y alzó la voz, diciendo: Si alguno tiene sed, venga a mí y beba. —JUAN 7:37

¿Alguna vez has pasado tiempo trabajando o haciendo ejercicio al aire libre en un día caluroso? ¡Te da sed! Y nada sacia más la sed que una buena bebida fría. Un gran vaso de agua helada saciará tu sed como ninguna otra cosa podría.

Tal como sabemos que el agua fría saciaría la sed física, sabemos cómo saciar la sed espiritual, esos sentimientos de necesidad o desesperación en nuestros corazones. Jesús nos dice en el versículo de hoy que todo el que tiene sed puede venir a Él y será saciado. Siempre que tengamos alguna necesidad, debemos simplemente acudir a Él y Él la satisfará. Nada es muy difícil para Él (Jeremías 32:27) y nunca se quedará sin recursos para ayudarnos (Filipenses 4:19). Él es como una fuente que nunca se seca.

El único requisito para que Jesús satisfaga tus necesidades, es que tengas una necesidad. Puedes estar seguro de que cuando acudas a él, te dará la bienvenida. En Juan 6:37, Él dice: "Todo lo que el Padre me da, vendrá a mí; y al que a mí viene, no le echo fuera [Yo nunca, jamás voy a rechazar a alguien que me siga]" (RVR 1960).

¿Tienes hoy alguna necesidad? Jesús saciará tu sed.

"Padre, gracias por satisfacer cada una de mis necesidades y por saciar hasta mi sed más profunda. En el nombre de Jesús. Amén".

DESACELERA

El alma sin ciencia no es buena, y aquel que se apresura con los pies, peca. —**PROVERBIOS 19:2**

La sociedad nos tiene a la mayoría de nosotros corriendo de una cosa a otra, y esperando que todos y todo se mueva tan rápido, que no tengamos que esperar por nada. Cuando sentimos frustración o impaciencia porque a la Internet le toma un par de segundos más extraer la respuesta a una pregunta que hemos hecho, podemos tomar eso como una señal que la vida se ha vuelto demasiado apresurada.

A pesar de que el mundo se mueve a un paso cada vez más apresurado, Dios no tiene apuro. Él es muy paciente. Si nuestra intención es avanzar al paso de Dios a lo largo de nuestra vida diaria, debemos bajar la velocidad. Tiendo a creer que mientras más nos apuremos, más nos perdemos de lo que Dios quiere mostrarnos y decirnos.

Te animo descansar un poco del apuro. Prueba a caminar más despacio haciendo respiraciones profundas varias veces al día, y enfócate en una cosa a la vez. Tómate tiempo para pensar y no decidas con premura, porque eso con frecuencia nos lleva a arrepentimientos.

"Padre, quiero caminar a Tu paso. Entiendo que hacer significa que debo ir más despacio. Por favor, ayúdame a hacer las cosas a tu ritmo, en vez de el del mundo. En el nombre de Jesús. Amén".

PREOCUPACIÓN Y ANSIEDAD

Así que, no os afanéis por el día de mañana, porque el día de mañana traerá su afán. Basta a cada día su propio mal. —MATEO 6:34

Estoy seguro de que ninguno de nosotros quiere preocupase o estar ansioso. Planeamos estar en paz, pero luego la vida ocurre. Me sorprende cuántas cosas inesperadas pueden ocurrir en una semana. Son situaciones que no hemos planeado y cosas con las que no queremos lidiar, pero ocurren, y no tenemos otra opción más que sortearlas.

Dios nos invita a entrar en Su reposo y a creer en Él (Hebreos 4:3, 10). Cada vez que un problema aparece, podemos preocuparnos y ponernos ansiosos o podemos creer que la voluntad de Dios nos ayudará a lidiar con él. Creo que mantener la calma durante las tormentas de la vida le da mucha gloria a Dios y a nosotros, una oportunidad para acrecentar nuestra fe. Esto no significa que disfruto de las complicaciones como tampoco reacciono perfectamente cuando aparecen, pero mi objetivo es un día lograrlo.

Te animo a permanecer dentro del reposo de Dios hoy y todos los días. Si complicaciones aparecen, recuerda que no van a durar para siempre y que Dios está a tu lado para ayudarte a lidiar con ellas.

"Padre, ayúdame a mantener la calma y estar tranquilo hoy sin importar lo que ocurra. Agradezco Tu presencia en mi vida. Me apoyo y confío en Ti. En el nombre de Jesús. Amén".

MIRA ALREDEDOR

Y Jehová dijo a Abram, después que Lot se apartó de él: Alza ahora tus ojos, y mira desde el lugar donde estás hacia el norte y el sur, y al oriente y al occidente. —GÉNESIS 13:14

Abram (luego llamado Abraham) y su sobrino Lot llegaron a un punto donde la tierra y sus recursos no eran adecuados para ambos, su gente y posesiones (Génesis 13:6). Abram decidió que él y Lot debían separarse (Génesis 13:8-9) y permitió que Lot escogiera la tierra que quisiera. Lot seleccionó la mejor tierra.

Podríamos pensar que Abram estaría decepcionado porque no obtuvo la mejor tierra, pero Dios habló con él sobre eso, como dice el versículo de hoy, y le dijo que le daría todo lo que podía ver en cada dirección. Incluso le prometió que sus hijos tendrían tierras (Génesis 13:15), a pesar de que en ese entonces Abram no tenía hijos.

Abram pudo haberse enfocado en el hecho que había perdido la mejor tierra, pero Dios no quería que él pensara en eso. Dios quería que mirara a su alrededor y viera una promesa mucho mayor que tierras fecundas para sus rebaños y manadas. Dios quería que él creyera en un gran y milagroso futuro.

No importa lo que hayas perdido o si sientes que otras personas reciben algo mejor de lo que tienes, Dios tiene un futuro brillante para ti. No veas lo que dejaste atrás, observa a tu alrededor y ve la promesa de Dios.

"Padre, ayúdame a no enfocarme en lo que he perdido. Ayúdame a levantar la mirada hacia Ti con la visión en el corazón de todo lo que tienes para mí en el futuro. En el nombre de Jesús. Amén".

FE

Es, pues, la fe la certeza de lo que se espera, la convicción de lo que no se ve. —**HEBREOS 11:1**

Nuestro andar junto a Dios es un camino de fe. Creemos que Él existe y que las promesas de Su Palabra son verdaderas. Depositamos nuestra confianza y esperanza en su realidad, a pesar de que no siempre la vemos o sentimos.

No sé qué dificultades puedas estar enfrentando en este instante, pero quiero asegurarte que Dios te ama y que Él tiene un buen plan para ti. Te urjo a creer en la Palabra de Dios más de lo que crees en las circunstancias que enfrentas ahora. A través de la fe y la paciencia, vas a recibir la manifestación de las promesas de Dios.

Dios suplirá tus necesidades y verás los resultados de tu fe si te aferras con fuerza sin rendirte o echarte para atrás. Tómate un momento ahora para recordar la vez que Dios hizo algo maravilloso por ti y deja que eso te dé el coraje para creer que lo hará de nuevo. Él está trabajando ahora mismo y vas a ver el resultado.

"Padre, deposito mi confianza en Ti. Creo que Tú eres fiel y que ahora mismo estás trabajando en mi beneficio. En el nombre de Jesús. Amén".

CADA PALABRA COMIENZA CON UN PENSAMIENTO

De la abundancia del corazón habla la boca. −LUCAS 6:45

Cada palabra que pronunciamos y cada acción que tomamos, comienza con un pensamiento. El pensamiento puede que sea fugaz o incluso incompleto o no bien desarrollado, pero no dirías o harías algo que no hayas pensado antes.

Ciertos pensamientos se convierten en palabras y acciones muy poderosas; por ejemplo, la creación del mundo primero estuvo en el corazón de Dios. Él sabía lo que quería y expresó cada aspecto de la creación. Cuando habló, Sus palabras tenían poder. Todo lo que salió de Su boca, comenzó a existir. Cuando Dios dijo: "Sea la luz", hubo luz (Génesis 1:3). Esto mismo ocurrió con el cielo, los mares, la vegetación, el sol, la luna, las estrellas y todo el mundo natural (Génesis 1:1-31).

Fuiste creado a la imagen de Dios (Génesis 1:27) y tus palabras también tienen poder (Proverbios 18:21). Tus palabras comienzan con tus pensamientos y ellos tienen un poderoso impacto en tu vida. Úsalos sabiamente y de acuerdo con lo que Dios ha dicho en Su Palabra.

"Padre, ayúdame a usar mis palabras con sabiduría, recordando siempre que son muy poderosas. En el nombre de Jesús. Amén".

CUANDO LAS COSAS NO OCURREN COMO LO PLANEAMOS

Porque mis pensamientos no son vuestros pensamientos, ni vuestros caminos mis caminos, dijo Jehová. —ISAÍAS 55:8

Queremos que las cosas nos ocurran de cierta manera, pero la experiencia nos enseña que no siempre recibimos lo que queremos. Tenemos un plan para el día, y de repente algo inesperado o no deseado ocurre y nuestro plan debe cambiar. En momentos como esos, podemos tomar la decisión de confiar en Dios o disgustarnos.

Ya que sabemos que nuestro enojo no va a cambiar nada, entonces ¿por qué perdemos el tiempo en él? Elije confiar en que Dios pudo obrar el cambio para tu bien y que hicieras algo incluso mejor de lo que habías planeado. Pídele lo que tú quieras, pero confía que te dará lo mejor.

"Padre, gracias por encaminar mi vida acorde a Tu plan y no al mío. En el nombre de Jesús. Amén".

PERDONADO

Y nunca más me acordaré de sus pecados y transgresiones.

—HEBREOS 10:17, RVR 1960

Cuando te sientas culpable o condenado, por favor recuerda que si te has arrepentido de tus pecados, tienes la promesa de Dios de estar perdonado. Jesús pagó por nuestros pecados y solo Él cargó con la pena por ellos. Él recibió nuestro castigo y nos liberó de la necesidad de agonizar por los errores pasados.

Satanás es el acusador de los hijos de Dios (Apocalipsis 12:10). Él disfruta intentando recordarnos nuestras faltas y busca hacernos miserables, pero no tenemos por qué creerle. Él es un mentiroso. Dios no solo perdona nuestros pecados, sino que los olvida. ¡Estas son estupendas noticias! Puedes dejar de recordar lo que Dios ha perdonado y viviendo alegremente el día que Dios te ha dado.

Enfócate en lo que se extiende frente a ti, no en lo que quedó atrás. Recuerda que tus pecados fueron perdonados y hoy es un nuevo comienzo.

"Padre, muchas gracias por tu perdón y bienaventuranza en mi vida. Ayúdame a soltar el pasado y disfrutar de este día. En el nombre de Jesús. Amén".

CUANDO VIVIR DUELE

Al cual resistid firmes en la fe, sabiendo que los mismos padecimientos se van cumpliendo en vuestros hermanos en todo el mundo. **–1 PEDRO 5:9**

Experimentamos muchas bendiciones en la vida, pero a veces atravesamos épocas dolorosas y desafiantes. A menudo nos sentimos aislados en nuestro dolor, pero no es así, porque muchas otras personas a nuestro rededor sufren también. No siempre vemos el dolor silencioso que la gente soporta, pero podemos permitir que nuestro propio dolor nos enseñe a ser compasivos con ella.

Escucha con atención lo que la gente dice cuando comparte contigo lo que atraviesan e intenta imaginar lo que podrías sentir en su situación. Jesús sufrió mucho en Su vida, pero también tenía gran compasión para quienes sufrían de cualquier manera. Puede que no seamos capaces de aliviar el dolor de alguien más, pero podemos aligerar su carga si nos preocupamos honestamente por ellos.

"Padre, ayúdame a brindar compasión a aquellos que sufren y aprender a ser una mejor persona cada vez que atraviese alguna dificultad. En el nombre de Jesús. Amén".

REGLA PARA VIVIR

Así que, todas las cosas que queráis que los hombres hagan con vosotros, así también haced vosotros con ellos; porque esto es la ley y los profetas.

—MATEO 7:12

El versículo de hoy es conocido también como La Regla de Oro. Cuando aplicamos La Regla de Oro, todo lo que damos a los demás, regresa a nosotros. Si brindamos generosidad a los demás, encontramos que la gente es generosa con nosotros. Si mostramos gentileza, cosechamos gentileza de retorno. Si somos amigables, recogeremos amistad. Con frecuencia debemos ser proactivos tratando bien a la gente antes de que los demás nos traten bien. También tenemos que decidir, algunas veces, tratar mejor a las personas de lo que ellas nos tratan a nosotros.

¿Quisieras que la gente te respetara más? Entonces respeta a los demás. ¿Te gustaría que la gente se comunicara mejor? Entonces mejora tu comunicación. ¿Te gustaría que alguien se ofreciera a cuidar a tus hijos para que tú y tu pareja puedan descansar o tener una cita? Entonces ofrece cuidar a sus hijos primero.

Cuando la Regla de Oro opera, puede que siembres algo en la vida de una persona y coseches de una relación completamente diferente. Por ejemplo, es posible que cuides a los hijos de tu hermana y ella no lo haga con los tuyos. Quizá tu vecino se ofrezca a hacerlo mientras tú cenas con tu esposo o esposa. La bondad que extiendes a otros puede que no regrese a ti por la misma vía y tampoco cuando lo esperes, pero siempre volverá.

"Padre, ayúdame a ser proactivo en tratar a la gente de la forma en que quiero ser tratado. En el nombre de Jesús. Amén".

GRATITUD EN LUGAR DE QUEJAS

Ni murmuréis, como algunos de ellos murmuraron, y perecieron por el destructor. **–1 CORINTIOS 10:10**

Si no seguimos la guía del Espíritu Santo, puede que murmuremos y nos quejemos de muchas cosas. Quejarse nos debilita y nos roba la fuerza ordenada por Dios. Pero cuando damos gracias, demostrando ser agradecidos por los muchos beneficios que Dios nos otorga, aumentamos nuestra fuerza.

Los israelitas rezongaron y sus enemigos los destruyeron. Se debilitaron a tal grado, que fueron incapaces de pelear la buena batalla de la fe. Ellos enfrentaron conflictos como todos lo hacemos, pero ellos también recibieron abundantes bendiciones. Sin embargo, tomaron la decisión de enfocarse en las dificultades y su descontento se manifestó en palabras de queja.

Una forma de verlo es que las quejas le abren una puerta al diablo para atacarnos, mientras la gratitud construye un muro de protección alrededor de nosotros; protección viene de Dios. Cuando nos enfrentamos a circunstancias que nos disgustan, es fácil quejarnos, en cambio debemos dar gracias con intención.

"Padre, perdón por las veces que me he quejado. Me arrepiento y recibo tu perdón. Otórgame la gracia para pronunciar solo palabras de gratitud por todas las bondades en mi vida. Gracias. En el nombre de Jesús. Amén".

FE PARA HEREDAR
LAS PROMESAS DE DIOS

A fin de que no os hagáis perezosos, sino imitadores de aquellos que por la fe y la paciencia heredan las promesas. —**HEBREOS 6:12**

Vivir por fe requiere paciencia. Ponemos nuestra fe en Dios y Él es fiel cumpliendo Sus promesas, pero nunca nos dice el momento exacto en que veremos nuestras circunstancias cambiar. Si le rogáramos algo a Dios y lo recibiéramos de inmediato, no tendríamos necesidad de verdadera fe. Es en la espera que nuestra fe es examinada y puesta a prueba.

Mientras esperamos, el diablo nos dirá muchas mentiras. Sugerirá que Dios no nos ama o que está furioso con nosotros por algo malo que hemos hecho, y que es por eso que nada está cambiando. Él trata de sembrar la semilla de la duda en nuestras mentes, insinuando que las promesas de Dios son falsas. Es en esos momentos cuando debemos aferrarnos con firmeza a nuestra fe en Dios.

En el momento justo, Dios responde a nuestras plegarias y vemos la manifestación de nuestra fe. Dios no siempre llega temprano, pero nunca llegará tarde, al menos no según Sus tiempos.

"Padre, otórgame la gracia para esperar pacientemente por Ti confiando que Tus tiempos son siempre perfectos. Gracias. En el nombre de Jesús. Amén".

TUS PENSAMIENTOS
PUEDEN FORTALECERTE

Por lo demás, hermanos, todo lo que es verdadero, todo lo honesto, todo lo justo, todo lo puro, todo lo amable, todo lo que es de buen nombre; si hay virtud alguna, si algo digno de alabanza, en esto pensad.

—FILIPENSES 4:8

Con frecuencia digo: "piensa en lo que estás pensando". Esto significa simplemente que pongas atención a tus pensamientos. El enemigo y el mundo a nuestro alrededor van a bombardear tu mente con cosas en las cuales pensar tratando de distraerte y tú decides o no si las sigues. Pensar en las cosas equivocadas te quitará fuerza y vigor, mientras pensar en las correctas de hecho te energizará.

Permíteme preguntarte hoy: ¿dónde pones tu mayor energía mental? ¿Tus pensamientos hacen que revivas circunstancias dolorosas o que te enfoques en situaciones que no resultaron como tú esperabas? ¿Recuerdas pecados o errores pasados? O, en contraste, ¿usas tu energía mental para enfocarte en lo bueno de tu vida, aprovechando el presente y preparándote para un gran futuro?

Ponle atención hoy a lo que dedicas tus pensamientos. No dejes que tu mente deambule por donde quiera. En cambio, disciplina tus pensamientos de tal manera que te ayuden y te fortalezcan en lugar de atrasarte y trasladarte a territorios negativos.

"Padre, no quiero dedicar ningún esfuerzo más a pensamientos negativos. Ayúdame a dirigir mi energía mental de una forma positiva que me fortalezca. En el nombre de Jesús. Amén".

DUDA

He aquí, yo estoy contigo, y te guardaré por dondequiera que fueres, y volveré a traerte a esta tierra; porque no te dejaré hasta que haya hecho lo que te he dicho. —**GÉNESIS 28:15**

Dios quiere que estemos seguros de que Él está con nosotros, trabajando en nuestro nombre en todo momento. Satanás quiere que dudemos del amor de Dios, Su presencia y Su ayuda. Nuestro enemigo quiere que pensemos que Dios nos ha abandonado y que estamos solos e indefensos.

Te quiero animar hoy a que creas en la Palabra de Dios más de lo que presumes sentir. Dios no siempre actúa en nuestros tiempos, pero mientras sigamos creyendo, Él continúa obrando. Te urjo a que creas en el versículo de hoy, que encuentres motivación en él y fortalezcas tu fe.

No te canses de hacer lo correcto, porque a su tiempo vas a cosechar los frutos de tu fiel obediencia (Gálatas 6:9).

"Padre, ayúdame a nunca dudar de Tu amor y a siempre confiar que Tú obras en mi vida para mi bien. Gracias. En el nombre de Jesús. Amén".

CONCENTRACIÓN

Por lo cual, levantad las manos caídas y las rodillas paralizadas.

—HEBREOS 12:12

La vida está llena de inesperados retos. No todas las tormentas están en los pronósticos. A veces planeamos disfrutar de un placentero día de sol y, de repente, sin aviso, la lluvia comienza a caer y el viento sopla recio. Cada vez que una tormenta llega a nuestras vidas, debemos decidir en qué nos vamos a enfocar.

Si nos enfocamos en nuestra decepción y pensamos mucho en nuestro problema, va a parecer más y más grande. Pero si nos enfocamos en la bondad de Dios y confiamos que todas las cosas obrarán para nuestro bien, eso nos va a permitir disfrutar nuestro día aun cuando no haya resultado como lo planeamos.

Cuando algo nos duele, si nos enfocamos en el dolor, empeorará cada minuto que pase. Pero prestando atención a otra cosa, casi siempre el dolor parece desaparecer. Piensa en las cosas que te beneficien, no en las que sumen a tus sufrimientos.

"Padre, ayúdame a enfocarme en las cosas buenas de mi vida en lugar de las desilusiones y desafíos. Gracias. En el nombre de Jesús. Amén".

MANTÉN TU PAZ

Pero se levantó una gran tempestad de viento, y echaba las olas en la barca, de tal manera que ya se anegaba. Y él estaba en la popa, durmiendo sobre un cabezal; y le despertaron, y le dijeron: Maestro, ¿no tienes cuidado que perecemos? **—MARCOS 4:37-38**

Es fácil mantener la tranquilidad cuando todo a tu alrededor está en calma y feliz. Lo desafiante es cuando tus circunstancias son amenazadoras o tienes rabia o miedo. Los discípulos perdieron la calma en el medio de una tormenta que se desató una noche cuando se encontraban en un bote en el Mar de Galilea (Marcos 4:35-41). Mucha gente podría entender por qué los apóstoles tenían miedo o estaban molestos en medio de tal borrasca mientras Jesús, que se encontraba en el bote con ellos, dormía durante la tormenta.

Cuando los discípulos le preguntaron a Jesús si se preocupaba por ellos, Él se levantó, aquietó al viento y a las olas y les preguntó algo importante: "¿Por qué estáis así amedrentados? ¿Cómo no tenéis fe?" (Marcos 4:40).

Porque Jesús estaba con ellos en la tormenta, no tenían razón para temer. Uno de los nombres de Jesús en la Biblia, es Príncipe de Paz (Isaías 9:6). Y el apóstol Pablo escribe que Jesucristo "es nuestra paz" (Efesios 2:14). Estos versículos nos dicen que Jesús siempre nos trae paz. Sin importar qué tipo de tormenta enfrentas hoy, recuerda que Jesús está contigo manteniendo tu paz.

"Padre, ayúdame a mantener mi paz frente a cada tormenta y a enfocarme en Jesús, el Príncipe de Paz. Ruego por ello en Su nombre. Amén".

CUANDO NO SABES QUÉ HACER

Y si alguno de vosotros tiene falta de sabiduría, pídala a Dios, el cual da a todos abundantemente y sin reproche, y le será dada. —SANTIAGO 1:5

En ocasiones, nos encontramos en la necesidad de tomar una decisión sin saber qué hacer. Comportarse emocionalmente no es la respuesta porque eso suele empeorar la situación.

Cuando no sabes qué dirección tomar, lo primero que debes hacer es rogarle a Dios por sabiduría, y reconocerlo a Él en todos tus caminos (Proverbios 3:6). Confiar en que Dios ciertamente te guiará a un lugar donde puedes hacer una pausa para encontrar lo que te funciona. Es comprensible que quieras asegurarte de estar en lo correcto antes de tomar acción, pero en mi experiencia, eso casi nunca ocurre. Normalmente debo trabajar con Dios para encontrar el curso de acción apropiado. Doy un paso en determinada dirección y veo si funciona. Si es así, doy otro paso y luego otro hasta saber si estoy en la senda apropiada.

Si doy un paso en una dirección y no funciona, simplemente doy un paso a atrás, rezo y pienso un poco más, y luego pruebo en otro sentido cuando siento que es el momento apropiado.

No te desanimes si intentas hacer algo y no funciona. Muchas veces, esa es la única manera de saber si la decisión es correcta. Cuando cuidadosamente pruebas diferentes opciones, rápidamente encuentras cuáles debes eliminar y eso finalmente te dejará con la acertada.

"Padre, creo que Tú me guías al tomar decisiones, pero también sé que la fe requiere de mí que me detenga a investigarlas. Te ruego por la confianza para detenerme sin miedo a cometer errores. En el nombre de Jesús. Amén".

TENTACIÓN Y PECADO

No os ha sobrevenido ninguna tentación que no sea humana; pero fiel es Dios, que no os dejará ser tentados más de lo que podéis resistir, sino que dará también juntamente con la tentación la salida, para que podáis soportar. **–1 CORINTIOS 10:13**

Satanás disfruta haciéndonos pensar que sentirse tentado a pecar es lo mismo que cometer un pecado, pero no lo es. Todos hemos sido tentados. Incluso Jesús lo fue, pero Él nunca pecó (Hebreos 4:15). Satanás puede poner en nuestras mentes una idea o una imaginación, tan malvadas, que pensemos que no podremos ser salvados. Cuidado, porque eso es exactamente lo que quiere que pienses. En cambio, puedes expulsar esa idea perversa y reemplazarla por algo bueno (2 Corintios 10:5).

El Espíritu Santo dirigió a Jesús hacia el desierto y donde el diablo lo tentó repetidamente. Él resistió cada tentación y cuando la prueba terminó, el diablo lo dejó en paz hasta un momento más oportuno (Lucas 4:1-13). Siempre seremos tentados a hacer el mal, pero no tenemos por qué ceder a la tentación.

Tan pronto sientas la tentación, comienza a rezar. También te sugiero que reces con regularidad sobre cualquier aspecto de tu vida, en el cual sepas que eres débil o susceptible al enemigo. Ser tentado a hacer el mal y tomar la decisión de hacer lo correcto, es de hecho una victoria. Cada vez que haces esto te vuelves más y más fuerte.

Recuerda, ser tentado a pecar no es un pecado; es apenas una prueba de fe.

"Padre, fortaléceme en todo momento para que pueda reconocer y resistir la tentación a pecar. Dependo de Ti para obtener la fuerza que requiero para hacer lo correcto. En el nombre de Jesús. Amén".

SÓLIDOS CIMIENTOS

Si fueren destruidos los fundamentos, ¿qué ha de hacer el justo?

−**SALMOS 11:3**

La parte más importante de un edificio son sus cimientos. Todo en un edificio se construye sobre sus cimientos, por ello, si no son sólidos, la estructura completa estará en riesgo de sufrir muchos problemas. Si no están nivelados o se agrietan, el edificio no es seguro. Bajo ciertas circunstancias, podría desmoronarse o colapsar.

Lo mismo que un edificio tiene cimientos físicos, tú tienes una base moral y espiritual y construyes tu vida sobre ella. El mundo ofrece muchas opciones para tu fundación. Puedes elegir construir tu vida sobre tu educación, tus habilidades y talentos, tu éxito profesional, tu familia, tus logros, tu reputación ante la gente y un sinnúmero de otros aspectos. Pero todos ellos resultarán defectuosos. En algún momento, se debilitarán o agrietarán.

La única base firme en la vida es la Palabra de Dios. Puedes construir cada aspecto de tu vida sobre Su Palabra y nunca va a agrietarse o perder fuerza. Nada puede destruirla y nada puede apartarte de ella. Mientras tengas esos cimientos, podrás caminar en verdad y poder todos los días de tu vida.

"Padre, ayúdame a construir mi vida sobre los firmes cimientos de Tu Palabra. En el nombre de Jesús. Amén".

DIOS UTILIZA GENTE COMÚN

Entonces viendo el denuedo de Pedro y de Juan, y sabiendo que eran hombres sin letras y del vulgo, se maravillaban; y les reconocían que habían estado con Jesús. —HECHOS 4:13

A veces la gente piensa que no tiene habilidad suficientes para servir a Dios, pero Él busca disponibilidad antes que habilidad. Si Dios quiere que hagamos algo, Él puede darnos cualquier habilidad necesaria para realizar la tarea. Nuestro Señor frecuentemente usa a gente que luce la menos calificada para una obra específica, pero Pablo nos enseña que Él escoge a los débiles y nimios para avergonzar a los sabios (1 Corintios 1:27-28). Él quiere que la gente se sorprenda de lo que Él puede hacer a través de quienes están simplemente disponibles.

No dejes al diablo convencerte de no tener calificación suficiente para que Dios te use. Dile a Dios que estás disponible para cualquier cosa que desee y está seguro de que la gracia y Su unción (poder y presencia), ayudarán a hacer cosas que te asombrarán y sorprenderán.

Pedro tenía tanto miedo que tres veces negó que conocía a Jesús. Pero poco después, que el Espíritu Santo vino sobre él, Pedro predicó con audacia en las calles de Jerusalén y mucha gente quedó sorprendida pues era conocido como un hombre común.

"Padre, quiero que me uses para Tu gloria. Sé que no estoy calificado, pero te pido que me des la habilidad que necesito. Me apoyo y confío en Ti y en nadie más. Gracias. En el nombre de Jesús. Amén".

¿QUÉ PASA CON LOS MALVADOS?

Tarde o temprano, el malo será castigado; más la descendencia de los justos será librada. **–PROVERBIOS 11:21**

Es difícil entender por qué los perversos con frecuencia prosperan mientras tratan injustamente a la gente piadosa. Puedes estar seguro de que no escaparán sin castigo. Nuestro objetivo debería ser continuar haciendo lo correcto, no importando lo que otros hagan, y confiar en Dios para encargarse de nuestra situación. Vamos a vencer el mal con el bien (Romanos 12:21), así que te urjo a nunca responder mal con mal, por el contrario, haz todo lo que puedas para bendecir a los demás (1 Pedro 3:9).

Dios prometió vindicarnos y recompensarnos por nuestra doble confusión y deshonra (Isaías 61:7). Mientras esperamos a que Dios cumpla Su promesa, es importante para nosotros perdonar, rezar y bendecir a aquellos que nos maltratan cada vez que tengamos oportunidad. A pesar de que parezca ilógico, refleja cómo Dios lidia con nosotros y Él espera de nosotros seamos igual con los demás.

Tal vez ahora mismo alguien está siendo injusto contigo. Si es así, te aseguro que Dios lo sabe, le importas y se las arreglará con tus enemigos.

"Padre, estoy agradecido de que me tengas a Tu cuidado y confío en Ti para lidiar con los que me abusen y maltraten. Ruego que conozcan la verdad y sean liberados. Gracias. En el nombre de Jesús. Amén".

ESCOGE LIBERTAD

El Espíritu del Señor está sobre mí, por cuanto me ha ungido para dar buenas nuevas a los pobres; me ha enviado a sanar a los quebrantados de corazón; a pregonar libertad a los cautivos, y vista a los ciegos; a poner en libertad a los oprimidos; a predicar el año agradable del Señor.
—LUCAS 4:18-19

Obviamente Jesús vino a liberarnos. Eso es lo que el versículo de hoy nos enseña. Pero siempre que la libertad empieza a reemplazar al cautiverio, una batalla se inicia en nuestras mentes. La libertad viene de Dios y el cautiverio es del enemigo. El enemigo no entrega su territorio con facilidad. Cuando él ve venir la libertad, comienza a susurrar mentiras como: "nunca serás libre de ese viejo hábito" o "nunca sanarás del dolor de tu pasado; lo que te pasó es tan terrible que ni siquiera Dios puede ayudarte" o "es imposible dejar la adicción; vas a tener deseos de esa sustancia (o ese comportamiento) el resto de tu vida".

No importa lo que el diablo intente para mantenerte cautivo influenciando tus pensamientos en tu contra, puedes elegir enfrentarte a él. Según Santiago 4:7, cuando te sometes a Dios y resistes al diablo, él huye. No tienes por qué estar de acuerdo con lo que quiere que pienses, puedes seleccionar el camino de libertad que Dios te ofrece. Llena tu mente con la verdad de la Palabra de Dios y cuando el diablo intente hacerte prisionero, expresa esas palabras de libertad. Sigue escogiendo libertad y la tendrás.

"Padre, gracias por enviar a Tu Hijo, Jesús, a liberarme. Ayúdame a abrazar la libertad que me has provisto. Amén".

¿QUIERES CAMBIAR?

Estando persuadido de esto, que el que comenzó en vosotros la buena obra, la perfeccionará hasta el día de Jesucristo. –**FILIPENSES 1:6**

Todo aquel que ama a Dios quiere crecer espiritualmente y ofrecerle lo mejor de sí mismo. Podemos desear cambiar, estudiar la Palabra de Dios y rezar por nuestras faltas, pero solo Dios puede cambiarnos. De hecho, Él está constantemente transformándonos a la imagen de Jesucristo y seguirá haciéndolo hasta Su regreso.

Oro para que aprendas a celebrar tus progresos en el Señor, en lugar de enojarte acerca de cuán lejos aún tienes que ir. Ninguno de nosotros ha alcanzado la perfección y nunca lo haremos hasta que dejemos nuestros cuerpos terrenales y estemos en casa junto al Señor. Satanás quiere que nos enfoquemos en nuestras faltas, pero Dios desea que nos fijemos en Él y en Su amor incondicional por nosotros.

Mientras más nos concentremos en Jesús y pasemos tiempo con Él, más cambiaremos. Dios está siempre con nosotros y mientras continuemos creyendo, Él seguirá obrando en y para nosotros. Cree hoy que Dios te está cambiando y estás volviéndote más y más parecido a Él.

"Padre, gracias por obrar en mí y cambiarme. Confío en que me ayudarás a ser lo mejor que pueda para Tu gloria. En el nombre de Jesús. Amén".

CUÍDATE A TI MISMO

No seas sabio en tu propia opinión; teme a Jehová, y apártate del mal;
porque será medicina a tu cuerpo, y refrigerio para tus huesos.

—PROVERBIOS 3:7-8

Dios quiere que seamos sanos y enérgicos, pero perdemos la buena salud si no nos cuidamos. Vivimos en tiempos de estrés y tensión, y aparentemente no cambiará, de modo que debemos tomar buenas decisiones sobre cómo tendríamos que vivir y administrar el tiempo que Dios nos ha dado. Si nos presionamos a hacer lo que todos quieren que hagamos, tarde o temprano nuestros cuerpos van a dejar de funcionar bajo presión y puede que enfermemos solo por hacer felices a otros.

Necesitamos usar nuestro juicio y vivir vidas balanceadas en las que trabajemos, descansemos, juguemos y adoremos al Señor. Si seguimos la voluntad de Dios, promoverá nuestra sanación y buena salud en cambio, si somos tontos, eventualmente pagaremos un alto precio por ello.

Tomarte el tiempo para cuidar de ti —descansar, disfrutar los frutos de tu labor y hacer cosas que te refresquen—, no es egoísta sino inteligente. Cuidar de ti te traerá grandes beneficios en el futuro.

"Padre, ayúdame usar la sabiduría para manejar mi tiempo y energía. Quiero ser saludable todos los días de mi vida y servirte con todo mi corazón. En el nombre de Jesús te doy gracias por ayudarme. Amén".

EL PELIGRO DE LA IRA

El que tarda en airarse es grande de entendimiento; más el que es impaciente de espíritu enaltece la necedad. **—PROVERBIOS 14:29**

Muchos de nosotros podríamos encontrar una razón cada día para estar furiosos con alguien o algo. La vida está llena de imperfecciones e injusticias, pero la ira no las soluciona. Eso solo nos hace miserables. La Palabra de Dios nos instruye a no permitir que el sol se ponga sobre nuestro enojo ya que, si lo permitimos, le estamos dando al diablo un punto de apoyo en nuestras vidas (Efesios 4:26-27).

La ira es una emoción que puede y debe ser controlada. El amor no es quisquilloso y tampoco se ofende con facilidad, en cambio es longánimo y generoso en misericordia. Una de las mejores formas de permanecer feliz, es evitando la ira. Según el autor del versículo de hoy, aquel que se apresura a encolerizarse es necio y el lento para el enojo, es grande en entendimiento.

Si estás disgustado con alguien, te urjo a que perdones completamente a esa persona. Al hacerlo te das libertad para disfrutar de tu día. Recuerda que la ira no mejora ninguna situación, solo te hace miserable.

"Padre, ayúdame a ser lento para encolerizarme y siempre rápido para el perdón. Gracias. En el nombre de Jesús. Amén".

CIERRA LA PUERTA DEL JUICIO

No juzguéis, para que no seáis juzgados. Porque con el juicio con que juzgáis, seréis juzgados, y con la medida con que medís, os será medido. **−MATEO 7:1-2**

La mayoría de nosotros sabe que, pensar críticamente con relación a los demás o juzgarlos, no es amable ni bondadoso. Pero ¿sabemos que hacerlo realmente nos perjudica y nos hace vulnerables al enemigo? Creo que eso es lo que nos enseña Mateo 7:1-6.

Este pasaje nos dice que simplemente no debemos juzgar o criticar a los demás. Esto también aplica a nuestras palabras y nuestros pensamientos. Cuando juzgamos a otros, Mateo 7:1 dice que también seremos juzgados.

En Mateo 7:2 vemos que seremos juzgados de la misma forma que juzguemos a los demás. La Biblia dice que "con la medida con que medís, os será medido". Por ejemplo, si eres duro y estricto en tu juicio hacia otros y no eres capaz de dejar pasar la más mínima imperfección, serán igual de duros contigo.

Creo que juzgar a otras personas le abre la puerta al diablo, nuestro enemigo, para que nos juzgue y nos acuse. Cuando los criticamos y juzgamos a ellos, mostramos que estamos de acuerdo con la crítica y el juicio. El enemigo toma ventaja de esa actitud y la revierte hacia nosotros.

Todos debemos esforzarnos en cerrarle la puerta de nuestras vidas al enemigo. Una forma de hacer esto es caminando en amor, misericordia y gracia hacia los demás, reusándonos a criticarlos y juzgarlos.

"Padre, ayúdame a mantener la puerta del juicio cerrada al enemigo, al no criticar a los demás. En el nombre de Jesús. Amén".

DIOS VE

Los ojos de Jehová están en todo lugar, mirando a los malos y a los buenos. —**PROVERBIOS 15:3, RVR 1960**

A veces nos parece que nadie ve o entiende por lo que pasamos y eso puede hacernos sentir muy solitarios. Hoy quiero animarte a recordar que Dios es omnipresente y todo lo ve. Él tiene un gran plan para tu vida y mientras continúes buscándolo a Él, ese plan se hará evidente. Incluso las dificultades que enfrentes van a resolverse para tu bien, acordes al plan Divino.

Ninguno de nosotros disfruta o entiende la injusticia, pero todos la hemos experimentado en nuestro viaje por la vida. La buena noticia es que nuestro Padre es un Dios de justicia, lo que significa que eventualmente corrige todos los errores, si confiamos en Él. No eres invisible ante Dios. Él ve dónde estás y te fortalecerá para que puedas seguir adelante apoyándote en Él. No estás solo.

"Padre, ayúdame a reconocer Tu presencia en mi vida. Confórtame en los tiempos difíciles. Pongo mi confianza en Ti. En el nombre de Jesús. Amén".

SEMBRANDO Y COSECHANDO

No os engañéis; Dios no puede ser burlado: pues todo lo que el hombre sembrare, eso también segará. –GÁLATAS 6:7

Empezando con el libro del Génesis y a lo largo de la Biblia, leemos sobre la ley de la siembra y la cosecha. El tipo de semilla que sembramos determina el tipo de cosecha que obtenemos. Algunas personas piensan que pueden sembrar malas semillas (tomar malas decisiones) y luego pedirle a Dios por un buen cultivo (buenos resultados y no sufrir consecuencias), pero esto no opera de esa manera.

Afortunadamente, Dios es misericordioso y paciente, y perdona nuestros pecados si nos arrepentimos de ellos. Pero aquellos que constantemente siembran semillas de ira, egoísmo, pereza y otros actos injustos, eventualmente cosecharán un cultivo que no disfrutarán. Me encanta la ley de la siembra y la cosecha porque me emociona pensar que puedo atraer bendiciones a mi vida, bendiciendo a otros. Cuando sembramos semillas de obediencia a Dios, podemos estar seguros de que Él enviará una cosecha de mil cosas buenas.

Nuestros pensamientos, palabras y obras equivalen a las semillas que sembramos. Te animo a examinar lo que siembras y a plantar según lo que desees cosechar en tu vida. La Biblia dice que, si sembramos para nuestra carne, cosecharemos corrupción, pero si sembramos para el Espíritu, segaremos vida eterna (Gálatas 6:8). Si siembras misericordia, cosecharás misericordia; si cultivas juicios, recogerás juicios; si plantas generosamente, vas a recibir una cosecha generosa. Empieza hoy a sembrar más semillas buenas que nunca.

"Padre, me arrepiento de todas las malas semillas que he plantado. Te ruego que me ayudes a comenzar hoy a sembrar buenas semillas, y así colectar para mi vida la mejor de las cosechas. Gracias. En el nombre de Jesús. Amén".

DETEN TU FUROR

La cordura del hombre detiene su furor, y su honra es pasar por alto la ofensa. **—PROVERBIOS 19:11**

Si queremos estar enojados, podemos encontrar cantidad de motivos para enojarnos o personas hacia quienes dirigir nuestro enojo. Pero Dios nos enseña que debemos ser lentos en nuestro furor y perdonar con rapidez. No nos pide algo que Él no haría. Dios es paciente con nosotros y nos perdona una y otra vez, a menudo por la misma ofensa.

El enojo nos hace miserables, y cuando estamos así, usualmente contagiamos a los demás. La furia no resuelve problemas. Es apenas una pérdida de tiempo que nos desgasta física, emocional y mentalmente, evitando que alcancemos la paz y la felicidad que Jesús nos procuró al morir por nosotros. ¿Puedes honestamente recordar una vez en que el enojo fuese una bendición y te trajera beneficios?

Si estás enojado por una injusticia, pregúntale a Dios qué puedes hacer para ayudar a cambiarla. Si estás disgustado con alguien, ora por esa persona y luego deja ir el resentimiento. Podemos estar seguros de que muchas veces otras personas hicieron justamente eso por nosotros. Detén tu furor recordando que el enojo te perjudica y nada cambia.

"Padre, necesito Tu gracia para ser rápido al perdonar y lento para la furia. Confío en Tu ayuda. En el nombre de Jesús. Amén".

COMPLETAMENTE SATISFECHO

En cuanto a mí, veré tu rostro en justicia; estaré satisfecho cuando despierte a tu semejanza. **—SALMOS 17:15**

Quizá alguna vez has caído en la trampa de pensar: "*si tan solo pudiera comprar esa cosa, estaría satisfecho*" o: "*si mis hijos se comportaran, estaría satisfecho*"; tal vez: "*si pudiera obtener ese trabajo, estaría satisfecho*"; o podría ser: "*si mi pareja solamente hiciera eso, estaría satisfecho*"; quizá: "*si pudiera tener una casa más grande, estaría satisfecho*".

La mayoría de nosotros podríamos hacer una lista de cosas que pensamos van a satisfacernos. Es fácil, pero no funciona. El problema es que la satisfacción que viene de algo o alguien que no es Dios, es pasajera. Puede hacerte feliz por unos días, pero nunca te dará un gozo profundo y duradero.

En el versículo de hoy, vemos que David halló la clave de la satisfacción en su relación con Dios. Ese es el único lugar donde cualquiera de nosotros será verdaderamente satisfecho. No importa lo que desees, el verdadero anhelo de tu corazón es Dios y nada más. Te animo hoy a que busques a Dios con todo tu corazón, lo mismo que a pasar tiempo en Su presencia. Háblale a lo largo del día y acércate cada día más a Él.

"Padre, solo Tú puedes satisfacerme completamente. Gracias por ser todo lo que quiero y necesito. En el nombre de Jesús. Amén".

¿POR QUÉ HACEMOS LO QUE HACEMOS?

Y si repartiese todos mis bienes para dar de comer a los pobres, y si entregase mi cuerpo para ser quemado, y no tengo amor, de nada me sirve. —1 CORINTIOS 13:3

A Dios le preocupa más por qué hacemos lo que hacemos, que nuestras mismas acciones. Él quiere que nuestros motivos (el porqué de nuestros actos) sean puros. Cuando damos algo, debemos hacerlo por amor a Dios mostrando el aprecio por lo que Él ha hecho por nosotros, no para obtener algo o por miedo a que, si no lo hacemos, seremos castigados.

Todo lo que hagamos debería estar guiado por el Espíritu Santo y Su Gloria, no para jactarnos ni sentirnos bien por lo logrado. Cualquiera con un horario muy ocupado, podría eliminar actividades sin importancia y hacer tiempo para cosas más fundamentales, si tan solo analizara por qué hace lo que hace.

Nuestros actos deberían complacer a Dios no a otras personas y menos aún, realizarlos por sentirnos obligados. Nuestra fe debería motivarnos, porque sin fe es imposible complacer a Dios (Hebreos 11:6). Debemos asegurarnos de que servimos a Dios porque lo amamos, no para hacer que Él nos ame. Dios ya nos ama y nada de lo que hagamos o dejemos de hacer cambiará eso. Tómate un momento y examina por qué haces lo que haces. Creo que esto te ayudaría a hallar más goce en tus actividades.

"Padre, quiero que todos mis motivos sean los correctos. Revélame cada motivo equivocado que pueda tener y ayúdame a hacer los ajustes necesarios. Gracias. En el nombre de Jesús. Amén".

DIOS ES BUENO

Gustad, y ved que es bueno Jehová; dichoso el hombre que confía en él.
—SALMOS 34:8

Es importante siempre recordar que Dios es bueno. Cuando tenemos problemas o estamos enfermos, o experimentamos una pérdida de algún tipo, Él sigue siendo bueno y va a ayudarnos en nuestras necesidades.

¿Cómo "vemos y comprobamos" que el Señor es bueno? Creo que debemos pensar y hablar más de las cosas buenas que Dios hace por nosotros en todo momento. A veces le otorgamos a la "coincidencia" el crédito por circunstancias creemos que Dios ha orquestado y planeado cuidadosamente para nuestro bien. Ayer, ocurrió que estaba en el lugar correcto en el momento correcto con la gente adecuada para ver una necesidad y ser capaz de satisfacerla. ¿Fue una casualidad haber estado allí? ¿Fue una casualidad que ellos estuvieran allí? ¿O Dios arregló aquella oportunidad? Prefiero pensar que Dios disfruta estar envuelto hasta en los más ínfimos detalles de nuestras vidas, y tengo la esperanza de aprender más y más la forma de "ver y comprobar" Su bondad.

Te animo a estar atento, y antes de que digas: "que estupenda coincidencia, ¿no?", considera que pudo haber sido la mano de Dios moviéndose en tu vida.

"Padre, ayúdame a darte crédito por todo lo que haces en mi vida y enséñame a "ver y comprobar" que Tú eres bueno. En el nombre de Jesús. Amén".

SÉ SABIO CON TUS PALABRAS

No lo que entra en la boca contamina al hombre; mas lo que sale de la boca, esto contamina al hombre. **—MATEO 15:11**

Desde que Dios nos dio una boca y dos oídos, supongo que eso significa que debemos escuchar más de lo que hablamos. Es fácil dejar escapar lo que sea que se nos venga a la cabeza pero eso con frecuencia causa problemas, especialmente en nuestras relaciones.

En el Antiguo Testamento, la ley judía incluía gran cantidad de restricciones sobre comidas que los judíos no podían consumir porque eran consideradas impuras. Pero cuando Jesús vino a la tierra, dijo que lo que sale de la boca (palabras) es lo que profana, no lo que entra a la boca (comida).

Mucha gente no entiende el poder de sus palabras. Por eso no actúa con cautela cuando habla de sí misma, su futuro, sus finanzas, sus hijos, otra gente, y probablemente cientos de otros tópicos.

"La muerte y la vida están en poder de la lengua", dice Proverbios 18:21 (RVR 1960). Ya que esto es cierto, debemos entrenarnos para no hablar sin antes pensar lo que diremos. Nuestras palabras pueden ser uno de nuestros mayores problemas. Comienza a ponerle más atención a lo que dices y ruégale a Dios ayuda para decir únicamente lo que le complazca. Creo que encontrarás esto enormemente beneficioso.

"Padre, lamento las palabras que haya expresado que no fueran acordes con Tu voluntad. Por favor ayúdame a ser más cuidadoso de ahora en adelante, comenzando ahora mismo. En el nombre de Jesús. Amén".

BENDECIR A DIOS EN TODO MOMENTO

Bendeciré a Jehová en todo tiempo; su alabanza estará de continuo en mi boca. —SALMOS 34:1

Cuando experimentamos una prueba de algún tipo por un tiempo prolongado, bendecir a Dios en medio de aquello puede hacerse más y más difícil a causa de nuestro dolor físico o emocional. Pero bendecirlo o alabarlo, realmente nos ayuda a liberar la presión que sentimos y a aliviar nuestro dolor. Dios es el "Padre de misericordias y Dios de toda la consolación" (2 Corintios 1:3-4, RVR 1960).

El Señor no está en nuestra vida para asegurarse de que no tengamos dificultades, sino para ayudarnos con ellas mientras las enfrentamos. Mientras más nos quejemos, más tiempo permaneceremos en la situación que no nos gusta. Pero en cambio, mientras más bendigamos y alabemos al Señor, todo mejorará, incluyendo nuestra actitud.

No importa qué tan malas sean las circunstancias, siempre encontraremos algo por lo que estar agradecidos. Esta mañana conversé con un compañero de trabajo quien recientemente tuvo que soportar una dolorosa crisis de cálculos renales. Él ha lidiado con la misma situación, que viene y va, por más de treinta años y me comentó: "preferiría no padecerlos, pero doy gracias a Dios por los doctores y la medicina que me ayudan a superarlos". Este es el tipo de actitud que glorifica a Dios.

"Padre, ayúdame a bendecirte en todo momento, porque de continuo eres bueno. Siempre hay algo beneficioso en mi vida por lo cual estar agradecido. En el nombre de Jesús. Amén".

NUESTRO PRIVILEGIO MÁS GRANDE

Orando en todo tiempo con toda oración y súplica en el Espíritu, y velando en ello con toda perseverancia y súplica por todos los santos.

—EFESIOS 6:18

Desde hace tres días, he tenido la urgencia de meditar en las mañanas sobre el poder y gran privilegio de la oración. Nunca deberíamos sentirnos obligados a rezar; en cambio, deberíamos regocijarnos de ser invitados por Dios a hacerlo. Él escucha nuestras oraciones, disfruta de ellas y las responde.

Podemos rezar en cualquier lugar, en cualquier momento. A través de la oración, podríamos hacer solicitudes (hacer peticiones), interceder por los demás, dar gracias y depositar todas nuestras preocupaciones en las manos de Dios. Además, orando en el nombre de Jesús, nos resistimos al poder del diablo. Debemos ser diligentes y sacar provecho del enorme privilegio de la oración.

Rezar no tiene que ser complicado. Es simplemente tener una conversación con Dios. Puedes hablarle de lo que sea que te concierna, y estar seguro de que Él siempre estará interesado. Puede ser simple, frecuente y poderoso. Rezar nos da fortaleza sobrenatural para cada día.

"Padre, gracias por el gran privilegio de la oración. Creo que me escuchas y respondes a mis oraciones. Enséñame a velar y a orar todo el tiempo. Oro en nombre de Jesús. Amén".

LA FIDELIDAD DE DIOS

Mas yo en tu misericordia he confiado; mi corazón se alegrará en tu salvación. **—SALMOS 13:5**

David escribió el versículo de hoy rodeado de enemigos amenazantes. Tuvo que haber sido totalmente pavoroso y desalentador para él. Tal vez sabes lo que se siente. Quizá ahora mismo te sientas rodeado por fuerzas que trabajan en tu contra. Tal vez tienes un hijo descarriado que se resiste a todo consejo sensato que le ofreces. Acaso estés en medio de problemas económicos o de salud. Puedes estar enfrentado un futuro que luce desolado.

Cuando sientas que tus enemigos te tienen rodeado, sin importar cuales sean —tal vez personas o circunstancias y situaciones que parecen alinearse en tu contra—, podrías sentirte tentado a preocuparte. Pero eso no fue lo que David hizo. Él se recordó a sí mismo la fidelidad de Dios y estuvo determinado a regocijarse en Su salvación. La única forma en que podemos recordarnos a nosotros mismos algo, es habiéndolo experimentado primero. Te animo a que confíes en Dios ante cualquier circunstancia que enfrentes ahora y así podrás ver su fidelidad. Cada vez que el Padre pruebe Su lealtad, te será más y más fácil confiar en Él en el futuro.

"Padre, elijo confiar en Ti a pesar de sentir que mis enemigos me rodean. Ayúdame a recordar siempre lo fiel que eres. En el nombre de Jesús. Amén".

UNA COSA DESPUÉS DE OTRA

Hermanos míos, tened por sumo gozo cuando os halléis en diversas prue-
bas. —SANTIAGO 1:2

Enfrentar una eventual prueba no tendría por qué ser tan malo;
solo que con frecuencia vivimos momentos en que sentimos que
las dificultades vienen unas detrás de otras. Hemos escuchado a
gente decir: "si no es una cosa, es otra", lo que significa que han
experimentado un flujo constante de decepcionantes y complicadas circunstancias.

Naturalmente, una serie de problemas resulta más complicada
que uno por aquí y otro por allá; sin embargo, mientras más espiritualmente maduros seamos, lograremos mantenernos calmados
y agradecidos inclusive en esos momentos.

He estado lidiando con un problema físico que ha dura-
do varios meses. Algunos días después de comenzar a sentirme bien de nuevo, me lastimé la espalda y allí estaba otra vez
adolorida por esa razón. Me vi tentada a enojarme y comenzar a
quejarme, pero tanto la experiencia como la Palabra de Dios, me
han enseñado que ninguna de esas dos cosas lo glorifican a Él o
me ayudan.

La Biblia dice que debemos ser agradecidos en todo momento y por todas las cosas (1 Tesalonicenses 5:18; Efesios 5:20).
Fijemos el objetivo de dar gracias por algo cada vez que estemos
tentados de quejarnos. Así derrotamos al diablo, glorificamos a
Dios y aliviamos nuestra carga.

"Padre, me arrepiento de quejarme. Te pido perdón. Me propongo agra-
decerte en lugar de quejarme, pero necesito Tu gracia. Gracias por ayu-
darme. En el nombre de Jesús. Amén".

SIGUE PRESENTE

No nos cansemos, pues, de hacer bien; porque a su tiempo segaremos, si no desmayamos. —GÁLATAS 6:9

Nuestra obediencia a Dios no debe estar basada en nuestras circunstancias, porque las circunstancias de nuestra vida no son siempre ideales. Estoy determinada a estar presente, aun cuando esté atravesando un mal momento. Esto significa que seguiré haciendo lo que haría si no tuviera problemas. Cumplo con mis compromisos, paso tiempo con Dios como de costumbre, y mantengo el hábito de ser amable y bondadosa con la gente a mi alrededor.

¿Es fácil? No, no es fácil. Hacer lo que está bien es siempre más fácil si sentimos deseos, pero estamos para dar gracias y "bendecir a Dios en todo tiempo" (Salmos 34:1). Además, debemos continuar obedeciéndolo en todo momento.

Hacer lo correcto cuando es duro nos ayuda siempre a fortalecer nuestro carácter cristiano. Jesús hizo esto regularmente y hemos sido llamados a transformarnos en Su imagen y permitir que Él sea nuestro ejemplo en todas las cosas. Si hoy atraviesas algo difícil, te animo a presentarte y hacer lo correcto. En su momento, tu apuro eventualmente pasará y habrás resultado triunfador frente al enemigo.

"Padre, ayúdame a ser fuerte en Ti, a estar presente y hacer lo correcto sin importar lo que sienta o cuáles sean mis circunstancias. Gracias. En el nombre de Jesús. Amén".

EL VICTORIOSO PODER DE DIOS

Ahora conozco que Jehová salva a su ungido; lo oirá desde sus santos cielos con la potencia salvadora de su diestra. **–SALMOS 20:6**

Hoy tienes la oportunidad de enfocarte en muchas cosas. Puedes enfocarte en las cosas que no tienes o en las que tienes. Puedes enfocarte en lo que te causa miedo o en lo que te da valor. Puedes enfocarte en lo que no sabes o en lo que sí sabes. Puedes vivir el hoy como una víctima de tus circunstancias o derrotarlas, y todo depende de donde te enfoques.

En el versículo de hoy, David declara "Ahora *conozco…*" (el énfasis es mío). Él está completa e inquebrantablemente confiado en el hecho de que Dios le da la victoria a Su pueblo. Esta es una promesa en la que también puedes confiar.

Hoy puedes tomar escoger enfocarte en áreas de tu vida en las cuales parece que estás perdiendo o puedes enfocarte en el hecho que Dios te dará la victoria, no importa cual batalla estés peleando. Sé que las luchas de la vida pueden ser muy intensas a veces. Ellas pueden drenar tus fuerzas y hacer que quieras darte por vencido. Pero te animo a que seas más como David y tengas confianza total en el hecho de que el triunfante poder de Dios obra a tu favor.

"Padre, ayúdame a enfocarme en Ti y tener confianza inquebrantable en Tu victorioso poder. En el nombre de Jesús. Amén".

¿ESTÁS DESANIMADO CONTIGO MISMO?

Mas la senda de los justos es como la luz de la aurora, que va en aumento hasta que el día es perfecto. **—PROVERBIOS 4:18**

Todos tenemos fallas que, por amor a nuestro Señor, queremos superar. Pero cada vez que obtenemos una victoria sobre una de nuestras debilidades o faltas, pareciera que algo más se hace evidente; algo que inclusive no habíamos considerado siquiera como un problema. Esto ocurre, porque el Espíritu Santo no aborda todas nuestras debilidades y fallas al mismo tiempo. Si lo hiciera, sería demasiado para cualquiera de nosotros soportarlo, sin el deseo de darnos por vencidos. Él nos libera de nuestros enemigos y problemas poco a poco (Deuteronomio 7:22).

Mientras el Espíritu Santo lidia con nosotros, fácilmente podríamos desanimarnos con nosotros mismos, especialmente, si continuamos bregando con ciertas fallas largo tiempo después de que creíamos haberlas superado. La buena noticia es que Dios seguirá obrando en nosotros mientras continuemos creyendo en Sus promesas, y siempre tendremos la opción de observar lo lejos que hemos llegado, en lugar del camino que nos falta por recorrer.

Mientras más nos enfoquemos en Jesús, en lugar de en lo que está mal con nosotros, más pronto seremos cambiados a Su imagen. Jesús trabajará con nosotros y en nosotros, justo hasta el momento de Su regreso, así que agradece que Él nunca se dará por vencido contigo, por lo que debes ser determinante en no darte por vencido contigo mismo.

"Padre, gracias por los cambios que ya has obrado en mí y por todos los cambios aun por venir. Ayúdame a mantenerme enfocado en Ti en lugar de en mis faltas. En el nombre de Jesús. Amén".

ERES ÚNICO

Porque de la manera que en un cuerpo tenemos muchos miembros, pero no todos los miembros tienen la misma función. **–ROMANOS 12:4**

Todos somos únicos, al igual que cada parte de nuestro cuerpo físico es única y tiene una función única. Todos somos diferentes y tenemos distintos temperamentos, habilidades y talentos. Nuestro enemigo, Satanás, con frecuencia intenta hacernos sentir que hay algo malo en nosotros si no somos iguales a la gente que nos rodea, pero eso es totalmente incierto.

Dios nos ha creado a cada uno de nosotros de manera única, con Su propia mano y con un propósito, y debemos abrazar lo que somos sin intentar ser como alguien más. Aunque otras personas puedan dar buenos ejemplos que queramos seguir, es un terrible error rechazar nuestra esencia y tratar de ser otro.

La Palabra de Dios claramente dice que Él nos da diferentes dones y debemos usarlos (Romanos 12:6). No podríamos ser alguien más e intentarlo sería muy frustrante. Te animo a no compararte con los demás y en cambio, adueñarte completamente de tu especial y único ser.

"Padre, gracias te doy por hacerme único. Ayúdame a usar mis habilidades para Tu gloria y ser una bendición para otros. En el nombre de Jesús. Amén".

RAZONAMIENTO

Fíate de Jehová de todo tu corazón, y no te apoyes en tu propia pru-
dencia. —PROVERBIOS 3:5

Como seres humanos, somos de naturaleza curiosa y deseamos
saber lo próximo que ocurrirá en nuestras vidas. Podemos fácilmente malgastar nuestro tiempo intentando razonar o adivinar las respuestas a preguntas que solo Dios conoce. No habría
necesidad de fe si no tuviéramos preguntas sin respuesta. Poseemos algo mucho mejor que respuestas; tenemos una invitación a
confiar en Dios, quien es siempre fiel y nunca nos deja llevando
nuestras cargas sin su ayuda.

Algunas respuestas nos serán reveladas con el tiempo y otras
quizá nunca vendrán. No nos corresponde entenderlo todo, en
cambio sí, confiar en Dios para todo. Naturalmente que vamos a
ponderar cosas que no comprendemos en busca de respuestas,
pero cuando nos encontremos confundidos y frustrados, habre-
mos ido demasiado lejos y tendremos que parar de cuestionar,
confiar en Dios, y conservar nuestra paz.

Si tuviéramos todas las respuestas que queremos, eso le qui-
taría el misterio a la vida y creo que Dios nos creó para amar e
incluso necesitar un poco de misterio. Te animo a confiar en Dios
más y en la razón menos. Todo lo que no entiendes se resolverá
para tu bien, si mantienes tu fe en Dios (Romanos 8:28).

"Padre, hay muchas cosas que no comprendo, pero afortunadamente Tú
lo entiendes todo. Te ruego que me ayudes a mantener mi confianza en
Ti hasta que sepas que ha llegado el momento de darme entendimiento.
En el nombre de Jesús. Amén".

ADORAR PRIMERO

Y he aquí vino un leproso y se postró ante él, diciendo: Señor, si quieres, puedes limpiarme. —**MATEO 8:2**

Algunas veces la gente lee el versículo de hoy y se salta la parte más importante. Primero se enfocan en el hecho de que el hombre tenía lepra, una horrible enfermedad que requeriría de un milagro para ser curada. Luego vuelven el interés a la pregunta del hombre y se cuestionan si Jesús estará dispuesto a ayudarlo. Pero también necesitamos prestar atención al hecho de que el hombre "se postró ante Él".

El acto de arrodillarse frente a Jesús, pone de manifiesto la condición de su corazón. El hombre fue humilde en presencia del Señor y primero lo adoró y honró, antes de pedirle un milagro.

Cuando necesitamos algo de Dios, podemos tan fácilmente centrarnos de tal manera en nuestra situación, que pasemos por alto completamente la importancia de adorar y honrar al Señor. Saltamos directamente a hablar de lo que necesitamos de Él, olvidando agradecerle primero por ser quién es.

No importa lo que necesites hoy, sea grande o pequeño, Dios puede ayudarte. Pero antes de pedirle a Él hacer nada por ti, tómate el tiempo de elogiarlo, adorarlo y honrarlo por ser quién Él es.

"Padre, ayúdame a adorarte antes de rogarte hacer cualquier cosa por mí. En el nombre de Jesús. Amén".

¿CUÁNDO LLEGARÁ MI OPORTUNIDAD?

En tu mano están mis tiempos. —SALMOS 31:15

Dios nos da sueños y visiones (esperanza) para nuestras vidas, pero oculta el momento exacto de su manifestación. Se reserva el conocimiento de los detalles. ¿Por qué Dios esconde de nosotros el momento de nuestro progreso? Esperar es sin duda una prueba para nuestra fe, que nos ayuda a desarrollar paciencia. Moisés esperó cuarenta años (Hechos 7:30), José esperó trece años (Génesis 37:2; 41:46), y Abraham esperó veinticinco años (Génesis 12:1-4; 21:5).

Yo esperé muchos años para ver mis sueños hechos realidad. Durante ese tiempo le pregunté miles de veces: "¿cuándo?, Dios, ¿cuándo?" y nunca obtuve respuesta excepto que mis tiempos estaban en Sus manos (Salmos 31:15). Eventualmente aprendí a confiar en que los tiempos de Dios serán perfectos, pero hasta que lo hice, estuve muy frustrada y ansiosa.

Dios debe hacer de todo preparándonos para las buenas cosas que ha organizado para nosotros, y deberíamos confiar en Su proceso. Si hoy estás esperando por algo y la espera te frustra, te animo grandemente a disfrutar del viaje, porque Dios no puede ser apresurado. Cada día que pasa te acerca un día más a ver tus sueños realizados, así que disfruta la espera y recuerda que a través de la fe y la paciencia heredaremos las promesas de Dios (Hebreos 6:12).

"Padre, ayúdame a ser paciente mientras espero por Ti. Gracias. En el nombre de Jesús. Amén".

RECIBIENDO EL PERDÓN

Y nunca más me acordaré de sus pecados y transgresiones. Pues donde hay remisión de estos, no hay más ofrenda por el pecado.

—HEBREOS 10:17-19

¿Eres bueno recibiendo de Dios el perdón por tus pecados? O te arrepientes de ellos y luego continúas sintiéndote culpable. Si es así, entonces estás pidiendo pero no recibiendo. La Biblia dice que debemos pedir y recibir para que nuestro "gozo sea cumplido" (Juan 16:24).

Jesús pagó por todos nuestros pecados de una vez y para siempre y no hace falta ningún otro sacrificio. Cuando te arrepientes de tus pecados Dios quiere que recibas Su perdón, en vez de sacrificar tu gozo o dejar de disfrutar la vida, castigándote a ti mismo por tus errores. Yo hice eso por años, hasta que Dios me reveló que estaba usando la culpa y rehusándome a disfrutar la vida, como medio para intentar pagar por mis pecados. También me mostró que todos mis pecados habían sido saldados por completo y que no podía agregar nada más a lo que Cristo ya había hecho por nosotros.

Según la Biblia, Dios no solo perdona nuestros pecados sino que los olvida (Isaías 43:25; Hebreos 10:17). Esto es algo difícil de aceptar y creer completamente para nosotros, pero es la verdad. Como humanos, con frecuencia tenemos dificultad olvidando cosas hirientes que nos han hecho. Afortunadamente Dios no es como nosotros. Te animo a asegurarte no solo de pedir sino de recibir enteramente el perdón de Dios, siempre que admitas tus pecados y te arrepientas.

"Padre, gracias por la misericordia que manifiestas a través del perdón de los pecados. Por favor, ayúdame a recibirlo completamente y a comprender que no necesito continuar castigándome por mis errores, porque Jesús asumió el castigo que yo merecía. En el nombre de Jesús. Amén".

ACABAR CON EL MIEDO

Mira que te mando que te esfuerces y seas valiente; no temas ni desmayes, porque Jehová tu Dios estará contigo en dondequiera que vayas.
—JOSUÉ 1:9

En lo más profundo de nosotros, creo que todos deseamos una vida que incluya aventura. En cambio, con frecuencia el miedo es la fuerza dominante de nuestras existencias, manteniéndonos atrapados dentro de una monotonía aburrida. Quizá el miedo ha estado contigo en todo lo que has realizado; si es así, te ha robado el disfrute de ello. Ahora es el momento de recuperar tu vida y comenzar a vivirla siguiendo al Espíritu Santo.

Dios es extremadamente creativo, como puedes haber notado observando Su creación. Si lo sigues nunca te guiará hacia el aburrimiento. Sin embargo, esto requerirá dar pasos de fe y decirle adiós al miedo. La fe consiste en dar el primer paso antes de saber cuál será el segundo. Te animo a seguir tu corazón y a vivir valerosamente; lo que con frecuencia significa: "¡hacerlo asustado!".

"Padre, ayúdame a ser valiente y guíame hacia el siguiente paso que quieres que dé en mi vida. En el nombre de Jesús. Amén".

SILENCIO ÚTIL

Venid vosotros aparte a un lugar desierto, y descansad un poco.

—MARCOS 6:31

El mundo en el que vivimos hoy resulta muy ruidoso. A la luz de esto, pienso que debemos buscar intencionalmente tomarnos tiempo para momentos de quietud. Adoro el silencio; él me ayuda a restaurarme cuando estoy cansada. Obtener un descanso de calidad es imposible sin un poco de silencio solidario. Podemos estar sentados en una silla o acostados en una cama para descansar nuestros cuerpos; sin embargo, si nuestras almas están ocupadas preocupándose y no tenemos paz, al levantarnos no estaremos descansados.

El versículo de hoy nos dice que necesitamos tiempo a solas. Tiempo tranquilo y reparador. He encontrado que cuando no hay quietud, desarrollamos estrés hasta el punto de enfermarnos o ser infelices. Un entorno tranquilo nos ayuda a calmar nuestras almas.

Mantener balanceadas nuestras existencias es vital. La Biblia dice: "Vuestra gentileza sea conocida de todos los hombres" (Filipenses 4:5). El exceso es una puerta abierta para que el diablo cause estragos en nuestras vidas; siempre conduce a problemas de algún tipo. Debemos pensar y planificar, pero hacerlo en exceso se convierte en un problema. Necesitamos actividad, pero también descanso.

Dios nos ha dado el fruto del autocontrol (Gálatas 5:22-23) y deberíamos usarlo para mantener nuestras vidas balanceadas. Entre todo lo que haces y mientras vives una ocupada existencia, te urjo a planear momentos para estar a solas y en silencio.

"Padre, por favor ayúdame a descansar internamente, lo mismo que externamente. Enséñame a amar y disfrutar los momentos de silencio en Tu presencia. En el nombre de Jesús. Amén".

MIRA HACIA ADELANTE

Tus ojos miren lo recto, Y diríjanse tus párpados hacia lo que tienes delante. **—PROVERBIOS 4:25**

Muchas personas se sienten molestas por cosas de su pasado. A veces, esto es simplemente el trasfondo de sentirse incómodos e incapaces de relajarse por completo. Otras veces, es un arrepentimiento persistente o una decepción continua las que infectan el corazón y la mente de las personas. Ya sea que pienses que tu pasado tiene poca influencia o mucho impacto en tu presente, déjame decirte que nuestro pasado no tiene por qué tener un efecto negativo en nuestra vida actual. Dios redime. Dios sana. Dios restaura.

El versículo de hoy ofrece una clara orientación sobre cómo lidiar con nuestro pasado. Básicamente dice: "no mires hacia atrás". Si tu pasado te pesa y te impide disfrutar de tu presente o que mires hacia adelante en tu futuro, dedícale algo de tiempo a Dios, permitiéndole que te ayude a superar tu pasado o puedes también buscar consejo profesional. Lo que tengas que hacer para dejar atrás tu pasado, te insto a hacerlo. No pierdas un día más mirando hacia atrás, mira hacia adelante, como dice el versículo de hoy, hacia el gran futuro que Dios ha planeado para ti.

"Padre, ayúdame a mover mi enfoque lejos de mi pasado y permite a mis ojos mirar directo al frente, hacia lo que tienes planeado para mí. En el nombre de Jesús. Amén".

DIOS ESTÁ DE NUESTRO LADO

¿Qué, pues, diremos a esto? Si Dios es por nosotros, ¿quién contra nosotros? —ROMANOS 8:31

Es muy reconfortante recordar que Dios, quien todo lo puede, está para nosotros. Él está de nuestro lado. Todos tenemos enemigos; aquellos que nos desaprueban, quienes nos juzgan, critican, traicionan o hieren. Además, el diablo está en contra nuestra y es él quién opera a través de la gente que nos lastima. ¡Pero Dios está de nuestro lado! Esto significa que, para que algo o alguien nos derrote, tiene que derrotar primero a Dios.

Halla fortaleza en el hecho de que Dios está contigo y te ama incondicionalmente. Busca coraje en saber que Él está a tu lado, siempre luchando por ti. El salmista dice: "Jehová está conmigo; no temeré lo que me pueda hacer el hombre" (Salmos 118:6).

Si hoy estás sufriendo o lidiando con la decepción, entiendo cómo te sientes. Si has esperado mucho tiempo por tu oportunidad y no ha llegado todavía, también sé cómo te sientes. Pero mejor aún, Dios sabe cómo te sientes y quiere que recuerdes que Sus tiempos en tu vida son perfectos. Hay cosas buenas en tu futuro.

"Padre, gracias por recordarme que Tú estás de mi lado. Deposito mi confianza en Ti y te pido que me ayudes a descansar en Ti. En el nombre de Jesús. Amén".

UN CORAZÓN PERFECTO

Y cuando Salomón era ya viejo, sus mujeres inclinaron su corazón tras dioses ajenos, y su corazón no era perfecto con Jehová su Dios, como el corazón de su padre David. **–1 REYES 11:4**

¿Cómo puede David tener un corazón perfecto ante Dios, si había cometido adulterio y homicidio? Hechos 13:22 dice que David fue un hombre conforme al corazón del propio Dios. Con este ejemplo es obvio que tener un corazón perfecto no significa tener una conducta perfecta. A través de la Palabra de Dios vemos ejemplos de débiles y pecadores, hombres y mujeres, a quienes Dios usó poderosamente. Pedro es un ejemplo de esto. Él negó tres veces que siquiera conociese a Jesús, sin embargo, se convirtió en un gran apóstol y líder de la iglesia primitiva.

Podemos ver que "debilidad", es algo muy diferente de "malicia". David, Pedro y otros tenían debilidades, pero sus corazones eran perfectos ante Dios. ¿Qué significa esto? Pienso que, primero y ante todo, significa que amaron a Dios con todas sus fuerzas. Jesús dijo que el mandamiento más importante es amar a Dios con todo nuestro corazón, alma y mente (Mateo 22:37-38). También dijo que, si amamos a Dios, vamos a amar a los otros como nos amamos a nosotros mismos, lo cual es el segundo mandamiento, luego de amar a Dios con entusiasmo (Mateo 22:39-40). Si amamos a Jesús, vamos a obedecerlo (Juan 14:15).

Dios no busca a gente que se comporta de forma impecable cuando quiere usar a alguien, sino aquellos cuyos corazones son perfectos para con Él (2 Crónicas 16:9). Si no eres perfecto (como todos en esta tierra), pero amas a Dios con todo tu corazón, quieres complacerlo y te arrepientes de tus pecados, entonces estás en la posición de ser usado por Dios de forma poderosa.

"Padre, perdóname por mis pecados, me arrepiento de ellos. Sin embargo, te amo con todo mi corazón. Tengo debilidades, pero mi corazón orientado a Ti no es malvado. Ayúdame a enfocarme en amarte más y más cada día. En el nombre de Jesús. Amén".

DISFRUTA LO QUE TIENES

Yo he conocido que no hay para ellos cosa mejor que alegrarse, y hacer bien en su vida. –ECLESIASTÉS 3:12

Salomón, el autor de Eclesiastés, nos recuerda varias veces que debemos gozar la vida, diciendo que no hay nada mejor que disfrutarla y hacer el bien. ¿Disfrutas de tu vida? o apenas vas en automático cumpliendo con tus tareas sin detenerte a deleitarte con alguna de las bendiciones que te ha dado Dios. Cada día que pasa es uno que jamás tendrás de vuelta, y la única forma de vivir sin remordimientos, es sacar provecho de cada momento que tienes.

El trabajo es una parte importante de nuestras vidas y Salomón nos pide disfrutar de nuestro trabajo y del fruto de nuestra labor. Como padre, me deleito viendo a mis hijos disfrutar sus vidas. Me entristezco cuando están tristes, y estoy segura de que nuestro Padre celestial siente lo mismo con respecto a nosotros.

Decídete a disfrutar las bendiciones que tienes, en lugar de andar siempre persiguiendo lo que no tienes. ¡Goza de tu existencia hoy! Regocíjate en Dios, en ti mismo y disfruta de la gente en tu vida. Cada día que tienes es un regalo del Señor; te animo a no desperdiciar este.

"Padre, ¡gracias por este día! Ayúdame a ver lo bendecido que soy y a disfrutar todo lo que Tú das. En el nombre de Jesús. Amén".

UN PASO NECESARIO
EN LA MADUREZ ESPIRITUAL

Y llamando a la gente y a sus discípulos, les dijo: Si alguno quiere venir en pos de mí, niéguese a sí mismo, y tome su cruz, y sígame. —**MARCOS 8:34**

El proceso de maduración espiritual es excitante en muchos aspectos. Nos sentimos felices cuando estamos cerca de Dios. Nos sentimos fuertes cuando nuestra confianza en Él es alta. Nos complacemos de ser capaces de elegir la paz en lugar de preocuparnos, a medida que nos establecemos sólidamente en nuestra fe, y experimentamos gozo en la presencia de Dios. Pero alcanzar la madurez espiritual tiene sus desafíos y el versículo de hoy menciona uno de ellos.

Uno de los pasos para crecer espiritualmente es negarse a sí mismos. Nunca he conocido a alguien que disfrute negarse a sí mismo, pero para seguir a Jesús, debemos disciplinarnos para hacerlo. Negarnos a nosotros mismos requiere, entre otras cosas, seguir la voluntad de Dios aun cuando no la entendamos y prefiriéramos no obedecerle. También requiere superar actitudes impías, incomodarnos a nosotros mismos con el fin de ayudar a quien lo necesite, poner a un lado nuestros deseos personales o planes para atender a un llamado de Dios a realizar los que nos pida, y alinear nuestros pensamientos y palabras con los pensamientos y palabras que Dios nos haría pensar y hablar. Requiere que perdonemos a quienes nos han perjudicado y rezar y ser amables con nuestros enemigos.

Seguir a Jesús no es siempre fácil, pero siempre trae enormes recompensas.

"Padre, ayúdame a estar dispuesto a negarme a mí mismo y a renunciar a cualquier cosa que me pidas que sacrifique, con el fin de seguirte. En el nombre de Jesús. Amén".

EL ALMA DESCANSADA

La congoja en el corazón del hombre lo abate; más la buena palabra lo alegra. –**PROVERBIOS 12:25**

Cuando pensamos en Jesús, imaginamos una escena llena de calma y paz. A pesar de que muchas veces enfrentó situaciones que pudieron haberlo enojado, Él siempre mantuvo la calma. Esto fue posible porque Él confió en Su Padre, con todo lo que había en Su vida. Hoy parece que la mayoría de nosotros nos apresuramos, corremos y nos preocupamos por multitud de cosas. Pero curiosamente, todo ese ajetreo y ansiedad son una pérdida de tiempo que nunca consigue nada bueno.

Te invito hoy a volcar tu preocupación en Dios y permitir que Él cuide de ti (1 Pedro 5:7). Deja de pensar incesantemente y hablar de tus problemas y sigue con el negocio de vivir y disfrutar tu vida, mientras Dios se ocupa de tus dificultades. Si preocuparnos sirviera de algo, te empujaría a que lo hicieras, pero cada resultado de la preocupación y la ansiedad es negativo. Puede causar problemas de salud, problemas con nuestras relaciones sociales y problemas emocionales.

En vez de preocuparte, la Palabra de Dios nos invita a estar "ansiosos por nada" y ante todas las cosas, rezar y ser agradecido (Filipenses 4:6). El resultado de esto es paz. En lugar de pensar en tus problemas, comienza a pensar en las bendiciones de tu vida y pronto verás que no es tan mala, después de todo. Dios te ha ayudado en el pasado y lo volverá a hacer una y otra vez.

"Padre, lamento el tiempo que he perdido preocupándome. Perdóname y otórgame la gracia para comenzar de nuevo hoy. Quiero que mi vida esté llena de gratitud y libre de quejas. En el nombre de Jesús. Amén".

SOBRECARGA DE OPCIONES

Vuestra gentileza sea conocida de todos los hombres. El Señor está cerca.
—FILIPENSES 4:5

En la actualidad, un supermercado estándar alberga un promedio de 48,750 artículos. Solamente el pasillo de los cereales es suficiente para confundir a cualquiera. Una misionera que conozco vino de visita a Estados Unidos luego de haber servido varios años en África. Cuando fue a comprar cereal, regresó a casa con las manos vacías ya que el sinnúmero de opciones la confundió por completo. Donde vivía en África, solo tenían un cereal disponible en la tienda de alimentos.

Con frecuencia me detengo largo rato en mi closet intentando decidir qué vestir. La decisión es difícil porque tengo demasiada ropa. Cuando era adolescente, tenía ocho trajes y dos pares de zapatos. No había confusión con relación a qué vestir. Vestía de azul los lunes, café los martes, rojo los miércoles, y así sucesivamente. La vida era entonces más simple.

Hoy día, la tecnología nos ofrece muchos beneficios, pero también complica nuestras vidas de distintas maneras. Cada uno de nosotros debe escoger cuánta complicación quiere en su vida y no permitirse más de la que pueda manejar con tranquilidad.

¿Qué tan seguido te paras frente al refrigerador abierto, incapaz de encontrar algo que realmente quieras comer? En la mayor parte del mundo, especialmente en países pobres, las personas pensarían que tu refrigerador era una mina de oro y felices devorarían todo lo que hay en él.

Te animo a simplificarte intencionalmente. Minimiza por el bien de tu salud mental. Ten lo que necesitas y un poco de lo que quieras, pero no colecciones más y más artículos, solo por el hecho de tener más.

"Padre, ayúdame a hacer todas las cosas con moderación. No quiero frustrarme por exceso de opciones en mi vida. Ayúdame a ser una persona decisiva guiada por Tu sabiduría. Gracias. En el nombre de Jesús. Amén".

EL ESTRÉS DE LA COMPARACIÓN

Te alabaré; porque formidables, maravillosas son tus obras; estoy maravillado, y mi alma lo sabe muy bien. −SALMOS 130:14

Dios nos hizo a cada uno único y maravilloso. No debemos nunca compararnos con otras personas, porque el intentar ser uno diferente de quien somos, solo causa estrés.

Satanás trabaja diligentemente para atraernos a la trampa de la comparación y tiene un propósito para ello. Mientras intentemos ser alguien que nunca seremos, no podremos disfrutar ser quienes somos.

Puede que no tengas el mismo don que alguien más, pero tú tienes algo que esa persona no tiene y Dios quiere que lo uses. Todos nos beneficiamos de los talentos de los demás, pero solo cuando nos enfocamos en expresar nuestra única y sorprendente identidad. ¡Sí! ¡Dije que eres sorprendente! Nadie más en el universo es exactamente igual a ti. Eres especial.

Cada vez que intentamos hacer algo que Dios no nos ha dado la habilidad de hacer, invitamos al estrés a nuestras vidas, porque el Padre nunca nos va a ayudar a ser alguien más que nosotros mismos. Nada bueno viene de intentar imitar, competir o superar a otro. Mientras más compares tu vida con las de los que te rodean, menos vas a disfrutar de la que Dios te ha dado a ti.

"Padre, gracias por hacerme un ser único. Ayúdame a ser completa y auténticamente yo mismo y a nunca compararme con los demás, pensando que necesito ser igual a ellos de alguna manera. En el nombre de Jesús. Amén".

NO PARES DE CREER

Tampoco dudó, por incredulidad, de la promesa de Dios, sino que se fortaleció en fe, dando gloria a Dios. —ROMANOS 4:20

El versículo de hoy se refiere a Abram (más tarde llamado Abraham) y la promesa milagrosa que recibió de Dios. Dios le dijo que le daría una vasta extensión de tierra, hasta donde pudiera tender la vista en cada dirección, y que haría su descendencia tan numerosa como el polvo de la tierra (Génesis 13:14-18). Este tipo de promesas sería mucho para la comprensión de cualquiera, pero fue particularmente difícil para Abram, porque él y su esposa Saraí eran ancianos, demasiado como para tener hijos. Además, pasaron veinticinco años entre el momento en que Dios realizó su promesa a Abram y cuando finalmente fue cumplida.

Pero Abram no permitió que sus circunstancias naturales o el paso del tiempo afectaran negativamente su fe en Dios. Incluso Pablo, quien escribió el libro de Romanos unos dos mil años después de que Abram dejara de vivir, sabía la fortaleza de la fe de este último.

Te animo hoy a no vacilar en tu fe. No permitas al diablo llevarte a la incredulidad. Fortalécete en tu fe estudiando la Palabra de Dios, profesándola en voz alta y recordando que Dios todavía hace milagros hoy en día, tal cual hizo en tiempos de Abram. Incluso si tienes que esperar más de lo deseado, lo mismo que Abram, ten en mente que los tiempos de Dios son perfectos.

"Padre, creo firmemente en que Tú aún eres un Dios hacedor de milagros. Fortalece mi fe de modo que no vacile o caiga en la incredulidad. Amén".

EL PRIMER DÍA DEL RESTO DE TU VIDA

Por la misericordia de Jehová no hemos sido consumidos, porque nunca decayeron sus misericordias. Nuevas son cada mañana; grande es tu fidelidad. —LAMENTACIONES 3:22-23

¿Alguna vez te has detenido a pensar que hoy es el primer día del resto de tu vida y que lo que hagas con él es muy importante? Tú tienes la capacidad de escoger qué tipo de día será este para ti. No permitas que los remordimientos de ayer arruinen tu hoy, recibiendo la misericordia de Dios. Dios adora los nuevos comienzos y Su misericordia se renueva cada día. Suelta todo lo que esté atrás y enfócate en esta estupenda oportunidad.

Escoge hoy vivir con esperanza. La esperanza es una agresiva expectativa de que algo bueno está por ocurrir. La otra opción es la desesperación, la amargura y la negatividad, pero ¿por qué alguien querría vivir de esa manera? A veces la escogemos porque Satanás nos engaña, haciéndonos creer que somos los únicos que podemos solucionar nuestros problemas y nos esforzamos intentando hacer algo que solo Dios puede hacer.

Dios te regaló este día para disfrutarlo, no para sentirte miserable, frustrado o negativo. Si has caído en esas tentaciones en el pasado, hoy puede ser el punto de inflexión para ti. El Señor quiere obrar en tu vida, pero no puede operar a través de una actitud negativa. Dios trabaja a través de tu fe. Pon tu fe en Él y persigue las cosas buenas de la vida. Haz de esto un hábito comenzando hoy.

"Padre, perdón por los días que he desperdiciado siendo negativo y desanimado. Hoy es un nuevo día y escojo, con Tu ayuda, la esperanza, estar positivo y ser una bendición donde quiera que vaya. En el nombre de Jesús. Amén".

NO PUEDO HACERLO SIN TI

Separados de mí nada podéis hacer. —JUAN 15:5

Nos desgastamos intentando hacer cosas que solo Dios puede hacer o que solo Él puede ayudarnos a hacer. Necesitamos de Su fortaleza en todo momento y quienes esperan en Él (quienes pasan tiempo con Él) renuevan su fuerza (Isaías 40:31). Te insto a que cada mañana te tomes el tiempo necesario para decirle a Dios que estás indefenso sin Él y que quieres que esté involucrado en cada cosa que hagas.

Los niños pequeños están felices de permitir a sus padres u otras personas hacer todo por ellos, pero eventualmente crecen y quieren hacer cosas por su cuenta, incluso las que nunca lograrían realizar. Esto es todo parte del crecimiento y no debería ser desalentado, pero podríamos establecer un paralelo con este ejemplo y preguntarnos: "¿qué estoy intentando hacer por mi cuenta que no puedo sin la ayuda de Jesús?".

Nuestra desilusión viene del forcejeo con cosas que queremos que ocurran y que no importa lo que hagamos, se mantienen iguales. La frustración y el sobre esfuerzo deberían ser señales de que estamos actuando fuera de la voluntad Divina. Puede que queramos algo que no es Su deseo, o puede que tratemos de obtenerlo en nuestro tiempo o a nuestra manera. Esto es una receta para el sufrimiento. Quizá hoy sea el día que te abandones por completo a Dios y comprendas que, si Él no te ayuda, vas a fallar en todo lo que trates de hacer. Pero si te rindes y permites que sea tu ayudante, te sorprenderás de las cosas que puede hacer y la paz que traerá a tu vida.

"Padre, no quiero nunca más sentirme frustrado por intentar vivir sin invitarte a todo lo que hago. Me arrepiento de las veces que Te ignoré y hoy me rindo por completo a Su Señoría. Espero en Ti por fortaleza y apoyo. Gracias. En el nombre de Jesús. Amén".

TODO DEPENDE DE MÍ

Dios es nuestro amparo y fortaleza, nuestro pronto auxilio en las tribulaciones. **–SALMOS 46:1**

¿Alguna vez has intentado sugerirle a una persona muy estresada que debería aprender a delegar algunas de sus responsabilidades en otros? Si ha sido así, quizá le has escuchado responder lo siguiente: "si no lo hago yo, nadie lo hará". He escuchado esas palabras antes y también me he sentido yo misma de ese modo.

Es muy fácil continuar asumiendo responsabilidades mientras vamos por la vida, solo que a veces tenemos un falso sentido de responsabilidad, y al final es solo estrés, el cual puede ser causa de muchos problemas. La falta de alegría es apenas una de una larga lista de dificultades relacionadas con el estrés. Si sientes que tu horario te controla y abruma, recuerda que eres quien lo organiza y solo tú puedes cambiarlo.

Algunas personas mantienen la actitud "todo depende de mí", porque les hace sentir importantes y necesitados. Pero nuestro sentido de valoración y dignidad personal no debería nunca nacer de lo que hacemos; viene de quiénes somos en Cristo.

Pregúntate si deberías dejar ir algunas cosas para poder disfrutar de tu vida. Es cierto que depender de otros resulta con frecuencia decepcionante, porque ellos no siempre hacen aquello de lo que tú dependes, pero hay muchas personas leales y estupendas en las que puedes confiar y nunca van a decepcionarte. Si tus primeros intentos delegando no funcionan, sigue intentándolo hasta que encuentres lo que opere para ti.

"Perdón, Padre, por pensar que todo en mi vida depende de mí. Veo ahora que esa mentalidad me ha causado estrés y robado alegría. Otórgame la gracia para soltar y confiar en que otros pueden realizar algunas cosas que he estado haciendo. En el nombre de Jesús. Amén".

UNA CLAVE VITAL PARA ALIVIAR EL ESTRÉS

Y llamando a la gente y a sus discípulos, les dijo: Si alguno quiere venir en pos de mí, niéguese a sí mismo, y tome su cruz, y sígame. —MARCOS 8:34

Gastamos demasiada energía intentando cuidarnos y obteniendo lo que deseamos y necesitamos. Lo creas o no, esto es muy estresante. ¿Por qué? Pues porque Dios no nos diseñó para ser egoístas y enfocarnos en nosotros mismos. Él quiere cuidarnos mientras nos enfocamos en ser una bendición para otros.

John Bunyan dijo: "no has vivido hoy hasta que haces algo por alguien que nunca podrá pagarte". ¿Qué tanto piensas en lo que puedes hacer por alguien más? Podemos decir: "mientras más, mejor". En otras palabras, mientras menos te enfoques en ti mismo y más en los demás, más feliz serás.

La obsesión con uno mismo es caldo de cultivo para el estrés, la presión y la ansiedad. Pero bendecir a alguien y preocuparte por ti mismo al mismo tiempo, es casi imposible. La Palabra de Dios está llena de instrucciones sobre cómo debemos tratar a los otros. Ya es hora de que comencemos a tomar seriamente estas indicaciones, entendiendo que si Jesús menciona seguido nuestro trato con los demás, es porque debe querer que le prestemos atención a eso. La razón por la que hace tanto énfasis en la forma cómo nos relacionamos con otras personas es porque Él quiere que disfrutemos de la vida que nos ha dado y sabe que no podremos hacerlo nunca si estamos enfocados en nosotros mismos.

Dile a Dios lo que quieres y necesitas, y luego déjalo en sus manos mientras utilizas tu tiempo bendiciendo a los demás.

"Padre, ayúdame a enfocarme menos en mí mismo y más, siendo una bendición para los demás. Gracias por ayudarme. En el nombre de Jesús. Amén".

CONFIANZA INQUEBRANTABLE

Dios mío, en ti confío; no sea yo avergonzado, no se alegren de mí mis enemigos. **—SALMOS 25:2**

En el versículo de hoy leemos acerca de tener "fe inquebrantable" y "confianza firme" en el Señor. Muchos de nosotros pensaríamos: *¡Oh, sí, quiero fe inquebrantable y confianza firme en Dios!* Inmediatamente sabemos que algo como aquello aumentaría nuestra paz y estabilidad. Pero obtener este tipo de certeza y confianza no se logra de la noche a la mañana. Toma tiempo.

Conforme viajamos a través de la vida, con frecuencia desarrollamos los hábitos de la preocupación, la ansiedad y el temor. Puede que incluso nos convirtamos en personas auto suficientes, apoyándonos en nuestras propias habilidades en vez de confiar en Dios. Puede que aprendamos a buscar certidumbre en las cosas del mundo, a pesar de que una y otra vez se muestren defectuosas. Superar hábitos arraigados en nuestros pensamientos y emociones, es un proceso y destejerlos, requiere de múltiples pasos que toman semanas, meses y hasta años.

Es por esto que la perseverancia es tan importante. Cuando tu confianza en Dios vacile, no te sientas condenado. Solo arrepiéntete y elige confiar de nuevo en Él. Cada vez que confíes y que actúe a través de ti, tu crédito y confianza en Él serán fortalecidos.

"Padre, ayúdame a alimentar continuamente una certeza y una confianza inquebrantables en Ti. En el nombre de Jesús, Amén".

SÉ RESPONSABLE POR TU ALEGRÍA

Regocijaos en el Señor siempre. Otra vez digo: ¡Regocijaos!
—FILIPENSES 4:4

Cuando somos infelices, usualmente culpamos a algo o alguien más. Raramente se nos ocurre que podamos ser responsables por nuestra propia alegría, pero eso es precisamente lo que debemos hacer. Si mi felicidad se basa en tener a toda la gente alrededor haciendo lo que me plazca y siempre vivir circunstancias agradables, es poca la esperanza de disfrutar muchos días. Sin embargo, si soy responsable por mi alegría y entiendo que puedo elegir ser feliz independientemente de mis circunstancias, entonces podré disfrutar cada día de mi vida.

Mientras más vivo, más convencida estoy de que todo en la vida es una elección. Mi disfrute de la vida no depende de lo que me pase, sino de cómo responda a ello. No podemos controlar lo que hacen los demás, como tampoco cuáles serán nuestras circunstancias cada día, pero podemos controlarnos a nosotros mismos con la ayuda de Dios. Él nos ha dado el regalo del autocontrol como uno de los frutos del Espíritu Santo (Gálatas (5:23).

Por muchos años, si no era feliz, usualmente acusaba de mi estado emocional a algo que Dave hacía o dejaba de hacer. Pero Dios me enseñó que mi alegría es mi responsabilidad, no de alguien más. Culpar a otros por nuestros problemas solo atrasa lo inevitable. Tarde o temprano tendremos que asumir responsabilidad por nuestra vida si queremos disfrutarla. Mientras más pronto, más días de disfrute habrá en nuestro futuro. Dejemos de poner excusas por nuestro comportamiento impío; en lugar de ello adueñémonos de él y pidámosle a Dios ayuda para cambiarlo a mejor.

"Padre, ayúdame a tomar responsabilidad por mi propia alegría, dejando de culpar a otros si soy infeliz. Reconozco que tengo el regalo del autocontrol que me has dado y te pido que me ayudes a usarlo regularmente. Gracias. En el nombre de Jesús. Amén".

ES INJUSTO

Porque yo Jehová soy amante del derecho, aborrecedor del latrocinio
para holocausto; por tanto, afirmaré en verdad su obra, y haré con ellos
pacto perpetuo. —ISAÍAS 61:8

Cuando sentimos que hemos sido maltratados, el siguiente paso
usualmente son la ira y el resentimiento. Esto es particularmente
cierto si la situación no se resuelve a nuestra satisfacción. Quizá
los ofensores no admitan que estaban equivocados, o tal vez te
culpen por su actitud. Si eres cristiano, sabes que, según la Palabra de Dios, Él espera que perdones a quienes te hayan abusado
o maltratado. Allí es cuando nuestra alma grita: "¡no es justo!".

    No voy a discutir acerca de lo que es o no justo. Solo puedo decirte que mucho de lo que ocurre en la vida es injusto,
pero la buena noticia es que nosotros amamos y servimos a un
Dios de justicia. Esto significa que si somos obedientes a Él, en
su momento corregirá lo incorrecto. Esperar que perdonemos a
quienes nos hacen daño y quizá ni siquiera se disculpen o hagan
responsables por lo que han hecho, luce injusto, pero eso es
precisamente lo que Dios nos manda a hacer. ¿Por qué? Porque
cuando perdonamos, no le estamos haciendo un favor a nuestros enemigos, nos hacemos un favor a nosotros mismos.

    Mientras nos aferremos al resentimiento, la ira y la amargura, seguiremos atormentados. En realidad, estamos permitiendo
que quien nos hirió, siga lastimándonos hasta que finalmente soltemos la situación y confiemos en Dios para enderezarla.
Por tu propio bien, si tienes algo en contra de alguien, por favor
suéltalo y déjalo ir, y perdona como Dios te ha perdonado.

"Padre, ayúdame a perdonar a quienes me han lastimado y a
orar por ellos y bendecirlos como Tú ordenas. Elijo confiar en que traerás justicia a mi vida. En el nombre de
Jesús. Amén".

CELOS

Cruel es la ira, e impetuoso el furor; mas ¿quién podrá sostenerse delante de la envidia? **–PROVERBIOS 27:4**

Con frecuencia nos referimos a los celos como "el monstruo de los ojos verdes". Es un monstruo porque devora la vida de quienes lo dejan entrar en su corazón. Dios tiene un plan diseñado individualmente para cada uno de nosotros. Sentir celos de otra persona, no tiene sentido porque, no importa qué tanto lo deseemos no podremos jamás tener su vida. Como tampoco tendremos los aspectos específicos de esa vida que nos hacen sentir celos de ellos.

Una persona celosa y envidiosa nunca estará satisfecha, y Dios quiere que siempre estemos satisfechos y confiemos en que Él obra —y seguirá obrando—, grandes cosas en nuestras vidas. Sentir celos de lo que otros tienen o hacen, puede impedirnos ver las bendiciones en nuestras propias vidas. La envidia no es algo nuevo, ha estado rondando desde que las personas empezaron a habitar la tierra. Al principio de Génesis, Caín estaba celoso de Abel y por eso lo mató. En 1 Samuel, el Rey Saúl estaba tan celoso de David que continuamente intentaba matarlo y a veces esos sentimientos lo llevaron al borde de la locura. Además, algunos de los doce apóstoles de Jesús sentían celos entre ellos y le preguntaban a Jesús cuál era el mejor.

La Biblia nos dice que la envidia puede incluso enfermarnos: "El corazón apacible es vida de la carne; más la envidia es carcoma de los huesos" (Proverbios 14:30). Sentir envidia o celos es algo tonto y una total pérdida de tiempo. La sabiduría nos recomienda vivir en paz, sentirnos satisfechos con lo que tenemos y ser agradecidos por todas las cosas.

"Padre, perdón por sentir celos o envidia de otras personas. Tú me has bendecido y quiero ser siempre muy agradecido por lo que has hecho y sigues haciendo en mi vida. Ayúdame a resistir la envidia, en el futuro, con el poder del Espíritu Santo. En el nombre de Jesús. Amén".

LA RECOMPENSA DE DIOS

Pero sin fe es imposible agradar a Dios; porque es necesario que el que se acerca a Dios crea que le hay, y que es galardonador de los que le buscan. —**HEBREOS 11:6**

Dios nos recompensa. Me encanta ese pensamiento, ¿a ti no? En vez de ver al Señor como alguien esperando castigarnos por cada error que cometemos, deberíamos verlo como realmente es. Él es el que premia nuestra lealtad y las buenas elecciones que hacemos. Puede enojarse, pero no es un Dios iracundo. Él está lleno de misericordia y bondadoso amor, y siempre está dispuesto a perdonar. Dios es amor y su amor es incondicional.

Algunas de las cosas que Dios nos pide hacer son difíciles, como perdonar a nuestros enemigos mientras esperamos que Él traiga justicia a nuestras vidas en vez de buscar venganza nosotros mismos. Pero tenemos la promesa de una recompensa. He experimentado las recompensas de Dios, igual que muchas otras personas, y las recompensas de Dios son maravillosas. Es asombroso cuando ves que Dios hace algo por ti, que tú sabes que no podrías hacer por tu cuenta. Su justicia es dulce.

Si estás atravesando dificultades en este momento de tu vida, recuerda que Dios nos recompensa. Esta poderosa verdad puede elevarte del foso del desánimo y la desesperación. Por supuesto, debes esperar por las recompensas de Dios y no sabes Sus tiempos exactos, pero vendrán porque Dios nos ha hecho esa promesa y para Él es imposible mentir.

"Padre, me anima comprender que traes recompensas a nuestras vidas y estoy esperando la mía. Mantenme fuerte, confiando en tus tiempos perfectos. Mientras espero, permíteme servirte con todo mi corazón. En el nombre de Jesús. Amén".

ESTOY ENOJADO CONMIGO MISMO

Gracia y paz a vosotros, de Dios nuestro Padre y del Señor Jesucristo.
—FILIPENSES 1:2

¿Estás molesto contigo mismo? Mucha gente lo está. Han cometido errores y a pesar de que han pedido perdón a Dios, se rehúsan a perdonarse a sí mismos. En realidad esto significa, que se rehúsan a recibir el regalo del perdón que Dios les ofrece. Nuestro Padre celestial ya castigó a Jesús por nuestros errores y pecados; Él no quiere que nos castiguemos por una deuda que no debemos. Seguramente, si Dios quien es perfecto puede perdonarnos, nosotros podemos recibir Su regalo y perdonarnos a nosotros mismos.

Déjame animarte hoy: no seas tan duro contigo y no vivas con expectativas poco realistas de ti mismo. Vas a cometer errores y precisamente por eso necesitas a Jesús, quien te ofrece libremente Su gracia y paz.

Cualquier enojo dentro de tu corazón saldrá de ti de una u otra manera. Conozco a una mujer que tiene un temperamento explosivo y eso hacía que todos a su alrededor estuvieran incómodos. Cuando ella finalmente encontró la raíz de su ira, descubrió que no estaba enojada con alguien más, sino consigo misma. Todos los días se imponía metas poco realistas y, por tanto cada día se sentía fracasada, de modo que eso la enojaba más y más. Ella tuvo que encarar su perfeccionismo y aprender que su valor no se basaba en finalizar su lista de pendientes, sino en Cristo. Si estás molesto contigo mismo, esa misma libertad está disponible para ti y puedes tener acceso a ella en este momento.

"Padre, oro para recibir siempre Tu perdón y no estar molesto conmigo mismo por mis debilidades, mis pecados y fracasos. Ayúdame a saber que Tu amor es incondicional y otórgame la gracia para amarme a mí mismo de una forma piadosa y balanceada. Gracias. En el nombre de Jesús. Amén".

EL PAVOR TE QUITA FUERZAS

Pues antes que mi pan viene mi suspiro, y mis gemidos corren como aguas. Porque el temor que me espantaba me ha venido, y me ha acontecido lo que yo temía. No he tenido paz, no me aseguré, ni estuve reposado; no obstante, me vino turbación. –**JOB 3:24-26**

¿Cuántas veces has dicho algo como: "Ay, qué terrible tener que trabajar en el jardín este fin de semana", o "temo mucho la reunión del viernes con mi jefe"? La mayoría de nosotros ha hecho comentarios como estos, cuando sabemos que tenemos que hacer algo que no disfrutamos. Lo que realmente estamos diciendo, es que no esperamos con ansias realizar la tarea asignada y preferiríamos no hacerla. Pero cuando tememos cosas, nos drenamos de fortaleza quizá sin entender lo que estamos haciendo.

El temor es síntoma de actitud negativa, no el fruto de una actitud positiva; esto afecta nuestro gozo. El temor es pariente cercano del miedo.

No podemos sentir temor y alegría al mismo tiempo. Todos disfrutamos hacer algunas cosas más que otras, pero podemos escoger permanecer alegres y optimistas incluso cuando hacemos cosas que no disfrutamos particularmente. Cuando estamos felices y positivos, usualmente terminamos las cosas pronto y mejor, así podemos mudarnos a otra actividad.

Sea lo que sea que necesites hacer hoy, incluso si no tienes ganas de hacerlo, decide ahora mismo que no vas a temer hacerlo. En vez de eso, pídele a Dios que te ayude a ocuparte de ello con actitud positiva. No dejes que un pendiente en tu lista "por hacer" disminuya tu alegría, y "no os entristezcáis, porque el gozo de Jehová es vuestra fuerza" (Nehemías 8:10).

"Padre, ayúdame a no temer a ninguna cosa y a tener una actitud positiva hacia todo lo que tengo que hacer. En el nombre de Jesús. Amén".

LA SOLUCIÓN PARA EL PECADO

En quien tenemos redención por su sangre, el perdón de pecados según las riquezas de su gracia, que hizo sobreabundar para con nosotros en toda sabiduría e inteligencia. **—EFESIOS 1:7-8, RVR 1960**

¿Vives cada día sabiendo que eres justo ante Dios por tu fe en Jesús, lo que significa que tienes una buena relación con Él? Uno de los roles del Espíritu Santo en la vida de un creyente, es convencer del pecado y la virtud. Él nos recuerda y hace cumplir el hecho de que somos virtuosos porque Jesús derramó Su sangre para el perdón de nuestros pecados y para que estemos bien con Dios, quien nos ama incondicionalmente.

Debemos entender que no perdemos nuestra relación con Dios cuando pecamos, pero necesitamos arrepentirnos y recibir su perdón cuando sentimos la convicción del Espíritu Santo. La solución para el pecado, es que Cristo murió por ellos pagando la totalidad de la pena que debería haber recibido cada uno. Esa es la realidad en la cual necesitamos vivir.

La gracia de Dios nos encuentra donde estamos, pero nunca nos deja en el mismo lugar. Cuando te sientas culpable de pecado, arrepiéntete, recibe el perdón de Dios, y sigue adelante en el camino de la virtud que Jesús te entregó al morir.

"Padre, gracias por enviar a Tu Hijo a brindarme la solución para mis pecados y ponerme en buena relación contigo. En el nombre de Jesús. Amén".

¿ESTÁS PERMITIENDO A UN INFELIZ HACERTE INFELIZ?

No te entremetas con el iracundo, ni te acompañes con el hombre de enojos, no sea que aprendas sus maneras, y tomes lazo para tu alma.

—PROVERBIOS 22:24-25

Te aconsejo no entrar en íntimas relaciones personales con gente iracunda o temperamental, pero si ya estás en una y no puedes salir de ella, intenta aprender a no permitirle a esa infeliz persona escamotear tu felicidad. El iracundo puede ser tu jefe, tu pareja, uno de tus hijos, un padre o alguien más. En el mundo de hoy, no hay escasez de personas así.

No puedes controlar lo que otros hacen, pero puedes aprender, con la ayuda de Dios, a no permitir que te controlen a ti. De hecho, lo peor que puedes hacer con un iracundo, es permitirle controlar tu vida, porque eso lo mantendrá atado a esa postura.

Cuando Dave y yo nos casamos, yo era una mujer iracunda a causa del abuso que sufrí durante mi infancia. Él intentó por un tiempo hacerme feliz y finalmente decidió que, sin importar lo que él hiciera, yo no iba a serlo, de modo que me manifestó que se había cansado de intentarlo y agregó que él iba a ser feliz y a disfrutar su vida, y esperaba que yo decidiera acompañarlo, pero si no, él no iba a permitir que eso lo afectara.

Claro, lo que me dijo, por un tiempo me hizo enojar aun más de lo que ya estaba, pero eventualmente provocó en mí el deseo de llegar a la raíz de mi problema y dejar que Dios me ayudara a cambiar. Dave siempre me amó, pero nunca consintió que yo lo controlara a él. Si estás lidiando con una persona iracunda, te recomiendo hacer lo mismo.

"Padre, dame la fuerza para mantenerme en calma y alegre, no importa cómo se comporten las personas a mi alrededor. Ayúdame a mostrarles Tu amor sin permitirles afectar mi felicidad con sus malas actitudes. Gracias. En el nombre de Jesús. Amén".

EL AMOR ES BONDADOSO

Vestíos, pues, como escogidos de Dios, santos y amados, de entrañable misericordia, de benignidad, de humildad, de mansedumbre, de paciencia. —**COLOSENSES 3:12**

¡La bondad es algo maravilloso! Cuando somos bondadosos, somos generosos, amigables y considerados. Las personas bondadosas son así con todos, no solo con quienes aman y admiran. De hecho, los pequeños actos de bondad son lo más beneficiosos. Ser bondadoso con un amigo o miembro de nuestra familia es esperable, pero ser bondadoso con un extraño es aún mejor. Un acto de bondad puede ser el gesto que toque e incluso cambie y suavice el corazón de una persona.

Recuerdo haber sido amable con una extraña en una cafetería. Luego ella me vio en otro lugar y me dijo: "¿por qué eres la persona más amable que he conocido?". Ella me dio la oportunidad de testificarle sobre Jesús y fue muy receptiva al mensaje. Como hijos de Dios, somos sus representantes en esta tierra, y nos ha dado la tarea de mostrarle al mundo cómo es Él.

Es fácil ser dura y áspera, especialmente cuando la gente comete errores o nos enoja, pero la bondad es un rasgo piadoso que va más allá de nuestras tendencias y sentimientos naturales. Te insto a ser amable con todos. Sé generoso, amigable y considerado. Trata a los otros como quieres ser tratado.

"Padre, quiero ser bondadoso igual que Tú. Ayúdame a desarrollar este fruto del Espíritu Santo dándome oportunidades para mostrar amabilidad en vez de rudeza. En el nombre de Jesús. Amén".

LA EMOCIÓN DE LA IRA

Airaos, pero no pequéis; no se ponga el sol sobre vuestro enojo.

—EFESIOS 4:26-27

La ira es una emoción, y aunque es una fuerte, no tenemos por qué permitir que nos controle o dicte cómo vamos a comportarnos y a tratar a la gente. Dios dijo que no debemos permitir al sol ponerse sobre nuestro enojo, por tanto, sí tenemos opciones sobre qué hacer cuando estamos enojados. Podemos permanecer enojados o podemos soltar esa ira y confiar a Dios el cuidado de lo que sea que nos esté molestando.

Las emociones pueden estallar de repente. Nadie espera no tenerlas, lo que sí se espera de nosotros es no permitirles gobernarnos. Podemos controlar nuestras emociones y aprender a vivir más allá de lo que sentimos. A veces, cuando estamos enojados, nos sentimos justificados a ello, pero eso es un gran error. Siempre que justifiquemos o busquemos excusas por algo, probablemente continuaremos haciéndolo.

La ira incontrolada ha sido causa de que mucha gente haga cosas de las que más tarde se ha arrepentido profundamente, sin posibilidad de corregirlas. El asesinato es resultado de la ira, lo mismo que muchos otros crímenes y tratos abusivos en contra de otros. En un momento de ira, todos hemos expresado cosas que desearíamos en lo más profundo poder borrar, pero una vez pronunciadas, podrán ser perdonadas, pero nunca habrá manera de hacerlas desaparecer.

Si te enojas con facilidad, comprende que eres una nueva criatura en Cristo (2 Corintios 5:17, 21), no una persona iracunda sino un justo en Él. Tan pronto te observes a ti mismo como la nueva criatura que eres en Cristo, tu comportamiento comenzará a cambiar.

"Padre, cuando estoy enojado, ayúdame a soltar esa ira rápidamente antes de que perjudique mi salud, mi relación Contigo y mi trato con las personas que amo. En el nombre de Jesús. Amén".

APROVECHA EL DÍA

Y los bendijo Dios, y les dijo: Fructificad y multiplicaos; llenad la tierra, y sojuzgadla. —GÉNESIS 1:28

Cuando aprovechamos algo, lo agarramos de repente y a la fuerza, controlamos ese algo y lo sometemos; lo ponemos bajo nuestro control.

Cada día que Dios nos da es un regalo, y si lo desperdiciamos, nunca podremos recuperarlo y hacerlo útil. Todos disponemos de la misma cantidad de horas al día, pero algunas personas parecen hacer más con su tiempo que otros, porque algunos aprovechan su día y otros no. Los sabios hacen algo productivo con cada día.

¿Qué quieres hacer con tu vida? La madre Teresa dijo: "El ayer se fue. El mañana no ha venido. Solo nos queda el hoy. Comencemos". Te animo a no procrastinar, sino a aprovechar el tiempo que tienes ahora y a comenzar a trabajar hacia tus metas.

Fija metas a largo y corto plazo para ti mismo. Cuando hayas alcanzado una de ellas, tómate el tiempo para celebrar el logro, incluso si eso significa relajarte por una media hora con tu bebida favorita. ¡Eres capaz de grandes cosas, pero debes comenzar!

No te estoy apremiando a trabajar todo el tiempo. Una meta para hoy puede ser terminar un proyecto que tengas pendiente, pero también puede ser un día completo del descanso que necesitas desesperadamente. Deja que Dios te guíe y búscale un propósito a tu tiempo.

"Padre, no quiero malgastar mi tiempo. Guíame a diario para hacer lo que debiera. Una vez haya tomado una decisión, ayúdame a perseverar en ella sin caer en distracciones. Gracias. En el nombre de Jesús. Amén".

¿DÓNDE FUE EL TIEMPO?

Hazme saber, Jehová, mi fin, y cuánta sea la medida de mis días; sepa yo cuán frágil soy. **–SALMOS 39:4**

Cuán seguido a fin de año expresamos cosas como: "¡no puedo creer que este año terminó!" o "¡el tiempo vuela!". A veces, en una graduación o boda decimos: "¡mis hijos ya están grandes y apenas puedo recordar sus años de crecimiento!". Decimos cosas como estas porque el tiempo pasa muy rápido, especialmente para aquellos de nosotros que estamos muy ocupados. Recordemos que Dios nunca nos mandó a estar ocupados sino a ser productivos. Podemos estar ocupados haciendo nada, o atareados haciendo algo que agregará valor a nuestra vida o a la de alguien más.

Considera estas palabras que Pablo escribió en Efesios acerca de cómo vivir: "Mirad, pues, con diligencia cómo andéis, no como necios sino como sabios, aprovechando bien el tiempo, porque los días son malos. Por tanto, no seáis insensatos, sino entendidos de cuál sea la voluntad del Señor" (Efesios 5:15-17).

Quiero ser una persona con propósito, una que piensa qué quiere hacer y qué quiere Dios que haga, y luego disciplinarme a mí misma para hacerlo. Es muy frustrante para mí tener un buen plan de acción para el día y luego encontrar, al final del día, que no he hecho nada de lo que me propuse hacer y en cambio he perdido el tiempo en cosas que ni siquiera soy capaz de recordar haber hecho.

Tengamos un propósito y roguémosle a Dios ayuda para mantener el rumbo y enfocados cada día.

"Padre, ayúdame a ser una persona con propósitos. Guíame para usar mi tiempo con sabiduría y ser productivo. En el nombre de Jesús. Amén".

RESISTE AL DIABLO

Someteos, pues, a Dios; resistid al diablo, y huirá de vosotros.

—SANTIAGO 4:7

Para resistir al diablo, debemos reconocer sus ataques. Él personifica al mentiroso. Solo sabe cómo mentir y lo que nos dice, poniendo pensamientos en nuestras mentes, nunca está de acuerdo con la Palabra de Dios, a menos que la ponga fuera de contexto.

Mientras más conocemos la Palabra de Dios, más pronto somos capaces de reconocer las mentiras de Satanás. Si nos sometemos a Dios, honrando Su Palabra sobre todas las cosas, podremos resistir al diablo y él huirá de nosotros.

Romanos 12:21, donde dice que podemos vencer al mal con el bien, es uno de mis versículos favoritos. El diablo solo roba, mata y destruye (Juan 10:10), pero no importa lo que trate de hacer, si continuamos obedeciendo a Dios y haciendo el bien a los demás, siempre lo derrotaremos.

"Padre, ayúdame a reconocer y a resistir el trabajo del enemigo en mi contra, y a vivir cada día según la verdad de Tu Palabra. En el nombre de Jesús. Amén".

EMPEZAR BIEN EL DÍA

Yo amo a los que me aman, Y me hallan los que temprano me buscan.

—PROVERBIOS 8:17

Buscar a Dios "temprano", en este proverbio, probablemente signifique buscarlo en la hora temprana de cada día, pero también creo que es recomendable buscar a Dios "temprano" o al principio de cualquier proyecto. Hudson Taylor escribió: "No ofrezcas un concierto y luego afines tus instrumentos. Comienza el día con la Palabra de Dios y la oración, y entra primero que nada en armonía con Él".

Dios es nuestro recurso (1 Corintios 8:6), y por esa razón, buscarlo y pasar tiempo con Él a diario, no es una devota obligación sino un privilegio divino. Todos los días son un viaje con Dios y hallamos fortaleza para ese tránsito, pasando tiempo con Él. Nada es más vital para una existencia efectiva, intencional, con propósito, que pasar tiempo a diario con Dios.

Cuando comienzas tu día correctamente estando con Dios, es más probable que vaya bien y termine bien. Solo imagínate cuán diferentes nuestras vidas serían, si cada uno pasara tiempo con Dios antes de dejar su casa y comenzar a interactuar con otra gente. Eso pondría fin a los sufrimientos que nacen del egoísmo, el crimen, la violencia, la injusticia y la opresión, solamente por nombrar a algunos.

No esperes a encontrar tiempo para Dios. Haz tiempo para Él y tu vida mejorará enormemente.

"Padre, me arrepiento de todas las veces que te ignoré. Perdóname y ayúdame a ser diligente para empezar bien cada día pasando tiempo Contigo. Gracias. En el nombre de Jesús. Amén".

PERSPECTIVA

No mirando nosotros las cosas que se ven, sino las que no se ven; pues las cosas que se ven son temporales, pero las que no se ven son eternas.
—2 CORINTIOS 4:18, RVR 1960

Ayer tuve lo que yo llamaría un día muy desafiante. Cuatro cosas decepcionantes me ocurrieron una tras otra. Continué entregándoselas al Señor, pero regresaban a mis pensamientos inquietándome. Estoy segura de que también has tenido momentos así. Cuando vienen días así, ¿qué debemos hacer?

Algo que realmente parece ayudarme, es poner mis problemas en perspectiva. Puede que tenga un problema (o tres o cuatro), pero afortunadamente, también tengo el privilegio de rezarle al Creador de todas las cosas y la garantía de que Él me escucha y responde. También me ayuda recordarme a mí misma que estos desafíos no duran para siempre. Mientras espero que los asuntos mejoren cuento mis bendiciones, las cuales sobrepasan con holgura a mis problemas.

Podemos confiar en Dios para hacer lo que es mejor para nosotros cuando le pedimos ayuda. Puede que no siempre nos dé lo que queremos, pero Él siempre nos dará lo que necesitamos. Te animo hoy a recordar que tus problemas son transitorios y Dios está trabajando en ellos ahora mismo.

"Padre, ayúdame a no preocuparme cuando algún problema asome, sino a ponerlo en adecuada perspectiva comparado con el resto de mi vida. En el nombre de Jesús. Amén".

LA VIDA SIN PRISAS

Y dije: ¡Quién me diese alas como de paloma! Volaría yo, y descansaría.
—SALMOS 55:6, RVR 1960

En el Salmo 55, David pareciera estar cansado de lidiar con enemigos y retos vitales. Quiere estar en reposo. Uno de los principales obstáculos para nuestro sosiego es, por supuesto, la preocupación y otra, la prisa. Cuando pienso en Jesús, nunca se me ocurre apurado de un lado a otro. Pienso en Él como alguien reposado. Jesús fue siempre sosegado sin importar lo que estuviera haciendo.

Sabemos que confiar en Dios nos ayuda a entrar en reposo. También he notado que no correr internamente, no permitir a mi mente volar de una cosa a otras miles durante el día, me ayuda a serenarme. Además, he descubierto que no ir de prisa externamente es vital para disfrutar del sosiego. He tenido el mal hábito de estar apurada y he notado que montones de otra gente hace igual. La pregunta es, ¿qué estamos apurados por hacer? ¿No podemos ir un poco más despacio y aun así llegar a nuestro destino?

Encuentro que disminuir mi ritmo físicamente me ayuda a ralentizar mi mente. Esto me ayuda a estar más sosegada que apurada interna y exteriormente la mayoría del tiempo. Te animo también a ir más despacio —externa e internamente—, para ver si eso te ayuda a sentirte más tranquilo.

"Padre, quiero vivir sin prisas y necesito de Tu ayuda para hacerlo. Cuando me apure, recuérdame ir más despacio. Te pido esto en el nombre de Jesús. Amén".

SOLO REZA

Pedro y Juan subían juntos al templo a la hora novena, la de la oración.
—HECHOS 3:1, RVR 1960

Vemos en el versículo de hoy que, en los días de la iglesia temprana, las tres de la tarde era la hora designada para orar. Me pregunto ¿incluye tu horario una hora determinada para orar? ¿Tienes
una cierta porción de cada día reservada para hacer una pausa en
lo que estés haciendo y rezar? No tiene que ser a las tres de la tarde. Ni siquiera tiene que ser a la misma hora, todos los días, de
modo que no te sientas culpable si tu horario no lo permite. Dios
se regocija en el hecho que tú quieras rezar y buscarlo, y si bien
es importante tener un horario establecido para rezar; tu horario
para hacerlo no tiene que convertirse en una norma que se te difi-
culte seguir.

Rezar es simplemente hablar con Dios y hacerlo todos los
días, te beneficiará enormemente. Efesios 6:18 dice: "orando
en todo tiempo con toda oración y súplica en el Espíritu". Yo
digo: "reza a lo largo del día", lo que significa que a mí me gusta
tener una vida de oración, ofreciendo plegarias en todo momento y alabando a Dios dentro de mi corazón donde quiera que me
encuentre, además de apartar tiempo específico para orar y adorarlo cada día.

La cosa más importante con relación a la oración, es que
debemos hacerlo seguido y evolucionar con ella, para así sentirnos más y más seguros de que Dios nos escucha y responde a
nuestras plegarias.

*"Padre, fortaléceme en mi vida de oración mientras Te busco cada día.
En el nombre de Jesús. Amén".*

ACEPTADO

El que en él cree, no es condenado; pero el que no cree, ya ha sido condenado, porque no ha creído en el nombre del unigénito Hijo de Dios.

—JUAN 3:18, RVR 1960

Si eres como la mayoría, quieres ser aceptado. Cuando la gente escucha que ha sido aceptada en cierta escuela u organización, a menudo se entusiasma. Algo acerca de ser aceptados nos hace sentirnos seguros y satisfechos de nosotros mismos.

El versículo de hoy nos recuerda que, cuando creemos en Jesucristo y confiamos en Él como nuestro Salvador, no estamos condenados. En otras palabras, somos aceptados. No tenemos que trabajar para ser aceptados. De hecho, no podemos ganar el favor de Dios o su aceptación a través de buenas obras o algún esfuerzo humano.

La gente que piensa que la aceptación de Dios está basada en buenas obras o hacer todo de manera impecable, se siente condenada porque intenta ser perfecta y no lo logra. Todos cometemos errores. Pero no importa cuántos errores cometamos, si nuestros corazones son puros hacia Dios y nos arrepentimos sinceramente de nuestros pecados, Él nos perdona.

Cuando creemos en el Hijo de Dios y reconocemos que Él es nuestro Salvador, podemos estar seguros del amor incondicional de Dios y de Su aceptación, los cuales no están basados en algo que hagamos o dejemos de hacer. Se sustentan en lo que Jesús ya hizo al morir por nuestros pecados.

"Padre, gracias por enviar a Tu Hijo, Jesús, a morir por mis pecados. Porque creo en Él como mi Salvador, sé que Tú me amas y aceptadas sin reparos. En el nombre de Jesús. Amén".

EVITAR EL ENGAÑO

El que en él cree, no es condenado; pero el que no cree, ya ha sido condenado, porque no ha creído en el nombre del unigénito Hijo de Dios.
—1 PEDRO 5:8 RVR 1960

Es importante para nosotros recordar que el diablo es un enemigo real que trabaja constantemente intentando engañarnos y cautivarnos con sus mentiras. Mientras más conocimiento tengamos de la Palabra de Dios, menos probable será que el enemigo tenga éxito mintiéndonos. Ser engañado significa creer una mentira. Lo que creemos se convierte en nuestra realidad, incluso si no es cierto.

Por ejemplo, puedes creer que no le gustas a alguien, pero la verdad es, que esa persona no tiene una opinión de ti en un sentido u otro. Satanás quiere que pensemos que las personas están en nuestra contra, con la esperanza de que estemos tan enfocados en tratar de ganar su favor que apartemos nuestros ojos de Jesús y del propósito que tiene para nosotros.

Pídele a Dios que te muestre cuáles mentiras, si las hay, has podido haber creído. Protege tu corazón con toda diligencia y pon atención a lo que pasa por tu mente. Si tus pensamientos no están de acuerdo con la Palabra de Dios, entonces aparta o rechaza esas imágenes negativas y reemplázalas con la Palabra de Dios (2 Corintios 10:4-5). Jesús murió para que pudiéramos disfrutar de nuestras vidas y vivirlas plenas y abundantes (Juan 10:10). Siempre que tengamos pensamientos que se opongan o prevengan lo que Jesús quiere para nosotros, debemos examinarlos muy de cerca para determinar su origen.

"Padre, ayúdame a mantener mi mente libre de mentiras que engañan y a llenarla de la verdad de Tu Palabra. Gracias. En el nombre de Jesús. Amén".

ELEVAR A LOS OTROS

Por lo cual eres inexcusable, oh hombre, quienquiera que seas tú que juzgas; pues en lo que juzgas a otro, te condenas a ti mismo; porque tú que juzgas haces lo mismo. —**ROMANOS 2:1, RVR 1960**

Nuestro enemigo, el diablo, quiere que seamos criticones, enfocándonos en las deficiencias de los demás mientras nos hacemos ciegos a nuestros propios errores. Si no vemos nada malo en nosotros mismos y muchas cosas malas en los otros, entonces el diablo ha ganado, porque estamos abriéndole las puertas para que trabaje en nuestras vidas a través de nuestro desamor. Jesús dijo: "Saca primero la viga de tu propio ojo, y entonces verás bien para sacar la paja del ojo de tu hermano" (Mateo 7:5).

Podemos y debemos rezar por los demás, pero no podemos cambiarlos. Solo Dios puede cambiar a la gente. Podríamos, sin embargo, trabajar con el Espíritu Santo para hacer cambios positivos en nuestras vidas, si no estamos demasiado centrados en lo que creemos que está mal con el resto.

La crítica es fruto del orgullo. El diablo quiere que seamos orgullosos y arrogantes, pensando con mayor altura con relación a nosotros mismos que sobre otros. Puede que con frecuencia nos sintamos superiores a otras personas y sea causa de que los minimicemos y tratemos de forma denigrante.

Deberíamos elevar a los demás y hacerlos sentir bien. Si elegimos hacer eso, seguro encontraremos algún cumplido para cada persona con la que entremos en contacto. Entonces seremos personas alegres y cosecharemos cosas buenas para nuestras vidas.

"Padre, quiero agradarte en todo lo que haga. Ayúdame a tener buenos pensamientos acerca de los demás y nunca juzgarlos críticamente. Enséñame a rezar por ellos y a amarlos como Tú lo haces. En el nombre de Jesús. Amén".

LA UNCIÓN DE DIOS

Ahora conozco que Jehová salva a su ungido; lo oirá desde sus santos cielos con la potencia salvadora de su diestra. —SALMOS 20:6, RVR 1960

La unción de Dios es Su presencia y poder. Su unción nos permite hacer grandes cosas. El profeta Samuel le dijo a Saúl que cuando la unción de Dios viniera sobre él, sería convertido en otro hombre (1 Samuel 10:6), esto significa que él tendría nuevas habilidades y poderes. La unción de Dios es muy valiosa y debe ser protegida. El Salmo 133 dice que donde hay unidad, también estarán unción y bendiciones.

Creo que Hechos 10:38 es muy claro en decir que la unción de Dios y Su generosidad obran juntos. Deseo una mayor unción en mi vida y he aprendido que, para obtenerla, necesito trabajar constantemente por la unidad y ser agresivamente generosa. Te insto a aprender todo lo que puedas sobre la unción de Dios y a hacer todo lo que puedas por protegerla y aumentarla en tu vida.

"Padre, necesito Tu manifestación y poder en mi vida. Ruego que me enseñes a ser consciente de Tu presencia y sensible a Ti en todo momento. Gracias. En el nombre de Jesús. Amén".

PRIMERO PERDONAR, LUEGO ORAR

Si en mi corazón hubiese yo mirado a la iniquidad, el Señor no me habría escuchado. —**SALMO 66:18, RVR 1960**

El diablo no quiere que recemos, porque la oración es más poderosa de lo que creemos. Orar invita a Dios y Su poder a las situaciones de nuestras vidas. A través de la oración, también podemos invitarlo a obrar en las vidas de otras personas. Podemos lograr más en cinco minutos de oración sincera, que en cinco años de esfuerzo intentando hacer las cosas ocurrir por nuestra cuenta.

Dios responde a nuestras plegarias, pero hay obstáculos para que sean respondidas. El versículo de hoy menciona uno de ellos. No podemos tener pecados escondidos o sin confesar en nuestros corazones y esperar que Dios responda a nuestras oraciones al mismo tiempo. Preguntémonos: ¿Estamos albergando algún enemigo de Dios en nuestros corazones? ¿Quizá pecado, duda, enojo hacia otra persona, falta de deseo de perdonar, celos o envidia?

Mientras nos acercamos a Dios en oración, creo que primero debemos arrepentirnos de nuestros pecados, conocidos e incluso desconocidos. El Rey David le rezó a Dios para que lo perdonara por sus pecados inconscientes (Salmos 19:12). Cuando oramos, debemos estar seguros de que no hay rencor en nuestro corazón hacia alguien. Seamos honestos con nosotros mismos en la presencia de Dios, y acerquémonos a Él con nuestras peticiones solo después de un examen de conciencia, arrancando de raíz todo lo que pueda obstaculizar nuestras oraciones.

"Padre, ayúdame a comenzar cada día examinando mi espíritu y abriéndote mi corazón, dándote la oportunidad de hablarme de lo que desees. Gracias por el privilegio de la oración. En el nombre de Jesús. Amén".

DIOS RESPONDERÁ

Porque en ti, oh, Jehová, he esperado; Tú responderás, Jehová Dios mío.
—SALMO 38:15, RVR 1960

Cuando llamas a un amigo o familiar por el teléfono, esperas que esa persona atienda tu llamada si es posible. Si no responden, puedes dejar un mensaje y ellos usualmente te regresan la llamada. Si necesitas una respuesta pronta a una duda, siempre puedes enviarles un mensaje de texto. Incluso si no pueden hablar en el teléfono, quizá puedan responder tu pregunta y quedas libre de continuar con tu día. La tecnología ha permitido que recibamos respuestas en muchos casos instantáneas.

Pero Dios no trabaja igual que la tecnología. Puede que Él no nos responda inmediatamente. En Su sabiduría, Él nos responde según Su tiempo perfecto, no acorde con nuestro horario. Él sabe y ve todo, incluso cosas que no podemos imaginar, de modo que Él sabe mejor que nosotros cómo y cuándo respondernos. Te animo a esperar pacientemente por el Señor hoy, confiando en que Él responderá cuando sea el momento justo.

"Padre, gracias por escuchar mis oraciones. Esperaré por Ti a que respondas en tu tiempo perfecto. En el nombre de Jesús. Amén".

EXTREMOS

Sed sobrios, y velad; porque vuestro adversario el diablo, como león rugiente, anda alrededor buscando a quien devorar. —1 PEDRO 5:8, RVR 1960

Satanás busca empujarnos hacia los extremos en todo momento. Él quiere que estemos, bien sea desprevenidos, o demasiado enfocados en él. Desea que no seamos conscientes de nuestras faltas, o que estemos obsesionados con ellas. Una vez que te des cuenta de un pecado o falta en tu vida, confiésaselo al Señor, arrepiéntete y pídele que te ayude a superarlo. No te enfoques en lo que pueda estar mal contigo, porque en Cristo hay más correcto que incorrecto en ti. Si te enfocas solo en tus faltas, puede que comiences a pensar que no haces nada bien y caigas en la condenación de ti mismo, y esa no es la voluntad de Dios.

Vemos extremos de todo tipo en situaciones prácticas de nuestra vida diaria. Una persona podría trabajar muy duro y no descansar lo suficiente, lo que conduce a todo tipo de problemas, mientras otra, puede que no trabaje lo suficiente y se hunda en la pasividad y la pereza. Algunas personas gastan demasiado dinero y acumulan deudas, mientras otros viven miserablemente y no están dispuestos a gastar cuando tienen que hacerlo.

Mantener el equilibrio puede ser algo difícil porque, nuestra tendencia humana es a pensar que si un poco de algo es bueno, mucho debería ser mejor. Pero no siempre es el caso. Comer ocasionalmente un pequeño postre, es sabroso y agradable, pero en exceso, agregará libras indeseadas a nuestro peso y puede ponernos letárgicos.

La única forma de mantener el balance, es examinando regularmente tu vida a la luz de la Palabra de Dios. Si algo está desbalanceado, busca Su ayuda para restaurarlo donde le corresponde.

"Padre, perdóname por ser a veces extremista. Ayúdame a mantener siempre un balance perfecto en mi vida haciendo lo suficiente de todo, pero nunca demasiado de nada. Gracias. En el nombre de Jesús. Amén".

EMOCIONES

Porque por fe andamos, no por vista. –2 CORINTIOS 5:7

Las personas que viven de acuerdo a sus emociones, nunca disfrutarán realmente de sus vidas. Los sentimientos pueden ser buenos a veces, y también pueden ser malos. Siempre digo que aparecen cuando menos los queremos, y desaparecen cuando los necesitamos. La gente comparte sus sentimientos conmigo más que cualquier otra cosa, y probablemente yo hago lo mismo con los demás.

Nuestra tendencia natural es a seguir nuestras emociones, pero Dios quiere que nos guiemos por el Espíritu Santo. Los sentimientos nunca desaparecerán; tenemos que lidiar con su flujo y reflujo toda nuestra vida. Las emociones parecen tener mente propia y cambiar sin previo aviso. Podemos tener sentimientos, pero no debemos permitir que nos sometan. No podemos dejar que tomen la rienda o decidan por nosotros. Podemos aprender a manejar nuestras emociones y vivir más allá de nuestros sentimientos.

Debemos hacer lo que sabemos que es correcto, en lugar de lo que nos provoque. Yo cumplo con muchas responsabilidades que no podría realizar, si siempre hiciera lo que se me antoja. Estoy segura de que tú eres igual. Las emociones son el enemigo número uno de los hijos de Dios. Nos mienten, y si las seguimos sin examinar si son o no saludables, experimentaremos muchas dificultades en nuestra vida. Podemos manejar nuestras emociones con la ayuda de Dios y aprender a reconocer cuando el diablo las está usando para conducirnos por el camino equivocado.

"Padre, ayúdame a no dejar que mis emociones me dominen. Quiero seguir a Tu Espíritu Santo, no a mis sentimientos, pero necesito de Tu ayuda para hacerlo. En Ti confío para enseñarme a caminar por fe en Ti, no en mis sentimientos. En el nombre de Jesús. Amén".

EL SEÑOR, MI FORTALEZA

Te amo, oh, Jehová, fortaleza mía. Jehová, roca mía y castillo mío, y mi libertador; Dios mío, fortaleza mía, en él confiaré; mi escudo, y la fuerza de mi salvación, mi alto refugio. **–SALMOS 18:1-2**

Permíteme animarte a releer el versículo de hoy. David simplemente dice: "Te amo, Oh, Jehová, fortaleza mía". Luego declara quién es Dios para él. Cuando pensamos cuidadosamente acerca de estas verdades, le damos tan solo una mirada a la grandeza y el poder de Dios, y fácilmente podemos ver por qué David diría: "Te amo, Oh, Jehová, fortaleza mía".

Lo que es verdad para David, es verdad hoy para ti y para mí. Cuando enfrentes una situación difícil y no estés seguro de cómo rezar, te aliento a que busques este pasaje y lo recites al Señor desde tu corazón. Dile que lo amas. Declara que Él es la piedra donde buscas refugio, tu fortaleza, tu libertador, tu escudo, el cuerno de tu salvación y tu baluarte. Este tipo de alabanza y declaración de la verdad, es muy poderosa en el reino espiritual y acarrea cambios en el reino natural.

"Te amo, Señor, mi fortaleza. En el nombre de Jesús. Amén".

¿QUÉ ES EL AMOR?

El que no ama, no ha conocido a Dios; porque Dios es amor. —1 JUAN 4:8

Dios es amor y Su amor fue derramado en nuestros corazones por el Espíritu Santo (Romanos 5:5). Él quiere que fluya a través de nosotros hacia los demás.

Recientemente alguien me preguntó: "¿qué es el amor?". Es una palabra que usamos frecuentemente, pero inapropiadamente. Decimos que amamos el helado o nuestro auto nuevo, la luz del sol, a Dios e incontables otras cosas. Pero el tipo de amor del que habla la Biblia no puede ser aplicado a un helado o a un auto. El amor de Dios es paciente y amable; no es envidioso; no es orgulloso o jactancioso; no deshonra a otros y no es egoísta o se enoja con facilidad. El amor no conserva un récord de nuestros errores; se regocija en la verdad y siempre protege; cree lo mejor de todos, siempre tiene esperanza y nunca se da por vencido. El amor nunca falla (1 Corintios 13:4-8).

Dios demuestra Su amar por nosotros por la forma en que nos trata y nosotros mostramos nuestro amor por los demás, por cómo los tratamos a ellos. He escuchado y repetido esto muchas veces: las personas no siempre recuerdan lo que les dijiste, pero siempre recuerdan cómo les hiciste sentir. Dios nos ha dado la habilidad de hacer que todos los que contactemos se sientan apreciados y especiales, y deberíamos esforzarnos por hacerlo. Es fácil amar a quienes te aman o hacen lo que tú quieres que ellos hagan, pero es mucho más difícil amar a un enemigo o a alguien que te ha decepcionado.

Jesús nos dio un nuevo mandamiento: amar a los otros cómo Él nos amó (Juan 13:34). Siempre que te relaciones con gente, pregúntate qué haría Jesús y cómo los trataría y sigue Sus pasos.

"Padre, sé que amarte a Ti y amar a los demás es Tu mayor mandamiento. Me arrepiento por todas las veces que fallé en cumplirlo. Perdóname; ayúdame a crecer en el tipo de amor que Tú me das. En el nombre de Jesús. Amén".

SÉ GENTIL

Y ahora permanecen la fe, la esperanza y el amor, estos tres; pero el mayor de ellos es el amor. **–1 CORINTIOS 13:13**

Este mundo necesita gentileza y ser gentil es una de las mejores maneras que tenemos para demostrar nuestro amor a los demás. Vi en la Internet la definición de amor de un niño de ocho años. Dijo que amor es, cuando tu abuela adora las uñas de sus pies pintadas pero tiene artritis y no puede inclinarse, entonces tu abuelo las pinta por ella todo el tiempo, aun después de desarrollar artritis en sus manos.

La amabilidad no es solo una palabra o un sentimiento de empatía, es acción. Ella hace cosas por los demás, de seguido, sin motivo y sin razón. En otras palabras, la persona que recibe el gesto, no ha tenido que hacer algo para merecerlo.

Te animo a que esta semana realices algunos actos espontáneos de gentileza. Sé amable con alguien que ni siquiera conozcas. Ayuda a un anciano o a una embarazada a llevar sus compras desde la tienda hasta su auto. Cuando notes a alguien en un restaurante que pareciera poder beneficiarse de una bendición en su vida o alguien en una cafetería que luzca triste o frustrado, anónimamente paga por su comida o su bebida.

La Biblia nos enseña: "seguid siempre lo bueno unos para con otros, y para con todos" (1 Tesalonicenses 5:15). Me encanta la palabra "seguir". Me dice que necesito ser gentil y buena intencionalmente; que debo buscar oportunidades para mostrar mi amabilidad. Esas oportunidades se encuentran en todas partes si tan solo las buscamos. Cuanto más felices hagamos a los demás dejando de esforzarnos tanto en complacernos a nosotros mismos, más felices seremos.

"Padre, no me permitas dejar pasar alguna oportunidad de ser gentil con otra persona. Tú eres amable conmigo y yo quiero ser bueno con los demás. Gracias. En el nombre de Jesús. Amén".

LA SABIDURÍA HABLA

La sabiduría clama en las calles, alza su voz en las plazas; clama en los principales lugares de reunión; en las entradas de las puertas de la ciudad dice sus razones. **–PROVERBIOS 1:20-21**

Sabiduría, es la aplicación adecuada del conocimiento. ¿De qué sirve saber algo si no empleamos ese conocimiento en el momento y lugar que los necesitamos? Veo a la sabiduría de dos maneras. Primero, es sentido común santificado y segundo, sabiduría significa hacer ahora aquello con lo que estaremos satisfechos mañana. La necedad es el antónimo de la sabiduría. Busca inmediata gratificación y vive como si no hubiera un mañana. De un necio se dice que es moralmente deficiente. La gente necia es crédula, sin dirección moral y propensa al mal.

El Libro de Proverbios nos urge repetidamente a ser sabios y a evitar la locura si queremos tener una vida buena y agradable. A medida que he estudiado el Libro de Proverbios y he analizado más profundamente a la sabiduría, estoy convencida de que a la sabiduría hay que esperarla. No podemos ir de prisa y apurados por la vida esperando escuchar a la sabiduría. Puede que de momento e impulsivamente pensemos que queremos hacer algo, pero luego nos damos cuenta de que no era lo correcto de hacer.

Toma tiempo permitirle a la sabiduría —ya sea de la Palabra de Dios o de la experiencia que ganamos en nuestro viaje por la vida— que nos hable. Considera las decisiones que tomas y pregúntate si estás escuchando a la sabiduría. A pesar de que seguirla puede inicialmente no ser fácil, siempre será lo mejor.

"Padre, perdón por todas las veces que he actuado neciamente. Te ruego que me otorgues la gracia para en el futuro seguir siempre a la sabiduría. Gracias. En el nombre de Jesús. Amén".

CONSTRUYE TU ARSENAL

Porque la palabra de Dios es viva y eficaz, y más cortante que toda espada de dos filos; y penetra hasta partir el alma y el espíritu, las coyunturas y los tuétanos, y discierne los pensamientos y las intenciones del corazón. —**HEBREOS 4:12**

Hablo y escribo con frecuencia sobre el poder de la Palabra de Dios. Sé que es una de las más poderosas herramientas en la tierra, y si la usamos adecuadamente y de continuo, nunca seremos derrotados. Nuestro enemigo, el diablo, usa muchas estrategias para robarnos la alegría, nuestra fuerza y nuestra confianza. Hoy simplemente quiero recordarte tres verdades bíblicas que puedes usar para rebatir las mentiras del enemigo, junto con los versículos correspondientes que puedes pronunciar en voz alta para recordarte la verdad de Dios.

Primero debes saber que Dios te ama (Efesios 3:17-19).

Segundo, recuerda que tus batallas le pertenecen al Señor (2 Crónicas 20:15, 17).

Tercero, confía en que Dios te dará la victoria en cada situación. El apóstol Pablo escribe en 1 Corintios 15:57: "Mas gracias sean dadas a Dios, que nos da la victoria por medio de nuestro Señor Jesucristo".

Te animo a marcar esta página o a que le tomes una foto y guardarla en tu teléfono, y así puedas referirte a ella rápidamente cuando lo necesites. De esta manera, puedes construir un arsenal de la Palabra de Dios y usarlo para derrotar al enemigo.

"Padre, gracias por el poder de Tu Palabra. Ayúdame a usarla seguido sabiendo que nunca falla. En el nombre de Jesús. Amén".

NADA BUENO OCURRE POR ACCIDENTE

Así que, según tengamos oportunidad, hagamos bien a todos, y mayormente a los de la familia de la fe. **–GÁLATAS 6:10**

Tragedias que han causado dolor y sufrimiento, son muchas veces atribuidas a un accidente, como un choque de automóvil, una caída, un miembro roto o cualquier otra situación aleatoria. Pero nunca he escuchado a alguien decir de algo bueno que "fue un accidente". Las cosas buenas ocurren intencionalmente. Alguien decide ser bondadoso con alguien más y realiza la acción correspondiente.

Muchas personas en el mundo están hambrientas de amor. Necesitan afirmación, bondad, ser elogiados, cualquier cosa que los haga sentir valorados. Por lo que Jesús ha hecho por nosotros, tenemos la habilidad de hacer eso por otra gente y creo que debería ser uno de nuestros grandes propósitos en la vida en lugar de algo que hacemos solo a veces.

Podemos vivir a propósito para un propósito. Amar a Dios y amar a otras personas es el mayor propósito de nuestras vidas. Cuando pasas tiempo con gente, pregúntate cómo podrías elogiarla y hazlo. Cuando vas de compras o comes fuera, dile a quien te sirvió que ha hecho un buen trabajo. Y siempre recuerda que nunca decir "gracias" serán demasiadas veces.

"Padre, quiero hacer que todas las personas con las que haga contacto se sientan queridas y valoradas. Te pido que me ayudes a tomar acción decisiva en esta área de mi vida. Gracias por Tu ayuda. En el nombre de Jesús. Amén".

AMIGOS

Nadie tiene mayor amor que este, que uno ponga su vida por sus amigos. Vosotros sois mis amigos, si hacéis lo que yo os mando. Ya no os llamaré siervos, porque el siervo no sabe lo que hace su señor; pero os he llamado amigos, porque todas las cosas que oí de mi Padre, os las he dado a conocer. **–JUAN 15:13-15**

Es un gran honor ser llamado amigo del soberano todopoderoso Dios. La Biblia nos enseña que debemos sentir un temor reverencial de Dios y asombrarnos de Él (Proverbios 1:7). También nos enseña, en el versículo de hoy, por ejemplo, que además somos llamados "Sus amigos", por lo tanto, Dios puede ser nuestro amigo.

Algunas personas nunca experimentan una relación íntima con Dios por la forma en que lo ven. Él no está sentado en el cielo esperando castigarnos cada vez que cometemos un error. A pesar de que pueda enfurecerle el pecado, no es un Dios iracundo. Dios es amor, ¡y Él te ama! El Señor perdona con rapidez y es generoso en su misericordia.

Puedes hablar con Dios sobre absolutamente cualquier cosa. Ten la certeza de que te va a entender y nunca te va a rechazar. Te animo a ser más consciente del hecho de que Dios está contigo en todo momento y a desarrollar el hábito de hablar con Él a lo largo del día, con relación a todo lo que haces.

"Padre, estoy agradecido de saber que me ves como Tu amigo y quiero verte del mismo modo. Por favor, acércame a Ti y enséñame a desarrollar nuestra amistad. En el nombre de Jesús. Amén".

EL PODER DE LA ADORACIÓN

Entonces Josafat se inclinó rostro a tierra, y asimismo todo Judá y los moradores de Jerusalén se postraron delante de Jehová, y adoraron a Jehová. —**2 CRÓNICAS 20:18**

Una de mis historias favoritas del Antiguo Testamento, es la historia de Josafat, un rey que guio al pueblo de Dios a una poderosa victoria, porque entendió dos principios fundamentales: primero, supo que esa no era su batalla sino de Dios, por lo tanto, sabía que Dios iba a luchar por él (2 Crónicas 20:15). Segundo, entendió el poder de la adoración.

Mientras Josafat y su pueblo se preparaban para la batalla, el Espíritu de Dios les habló diciendo: "No habrá para qué peleéis vosotros en este caso; paraos, estad quietos, y ved la salvación de Jehová con vosotros. Oh, Judá y Jerusalén, no temáis ni desmayéis; salid mañana contra ellos, porque Jehová estará con vosotros" (2 Crónicas 20:17). Podríamos pensar que en respuesta a este discurso la gente tomó sus armas y corrió a ocupar sus puestos en el campo de batalla, pero no lo hicieron; Josafat y toda su gente se postraron ante Dios y lo adoraron. Además, los levitas comenzaron a alabarlo "con fuerte y alta voz" (2 Crónicas 20:19). Y, por supuesto, ganaron la batalla, justo como les dijo el Espíritu de Dios que ocurriría.

Sea cual sea la contienda que enfrentes hoy, toma tu posición, alabando y adorando al Señor. Alabar y adorar a Dios te dará fortaleza y derrotará al enemigo. Hay verdadero poder —poder espiritual—, en la adoración.

"Padre, hoy elijo encarar mis luchas con alabanza y adoración. Gracias por pelear por mí, por estar conmigo y por darme la victoria. En el nombre de Jesús. Amén".

CREYENDO EN DIOS

Y se cumplió la Escritura que dice: Abraham creyó a Dios, y le fue contado por justicia, y fue llamado amigo de Dios. **–SANTIAGO 2:23**

Creer en Dios es muy importante. No hablo solo de creer que Dios existe, pero creer en todo lo que dice y ser obediente a lo que pide que hagas. Abraham fue obediente incluso cuando Dios le pidió sacrificar a su hijo (Génesis 22:2). Después de esto, la Biblia se refiere a él como "el amigo de Dios". Además, quien escribió Hebreos entendió que creer en Dios es la clave para entrar en el tipo de descanso que Dios nos ofrece (Hebreos 4:2-3, 9).

Jesús fue a visitar a María y Marta porque su hermano Lázaro había muerto (Juan 11:1-44). Había estado muerto en su tumba por cuatro días, pero Jesús les ordenó de todas maneras que rodaran la piedra de la puerta. Marta expresó su incredulidad diciendo que ya era muy tarde para hacer cualquier cosa y Jesús le dijo: "¿No te he dicho que si crees, verás la gloria de Dios?" (Juan 11:40).

Dios nos pide que creamos, y si lo hacemos, veremos Su gloria, entraremos a Su reposo y seremos llamados Sus amigos. La confianza de Abraham le fue acreditada como "justicia" y nuestra fe en Dios nos hace "justicia de Dios en él" (2 Corintios 5:21).

Te animo hoy a que entres al reposo de Dios, te relajes en Su presencia y disfrutes tu relación con Él.

"Padre, ayúdame a entrar en Tu reposo y a creer todo lo que dices en Tu Palabra, sin importar mis circunstancias. En el nombre de Jesús. Amén".

CRISTO EN TI

A quienes Dios quiso dar a conocer las riquezas de la gloria de este misterio entre los gentiles; que es Cristo en vosotros, la esperanza de gloria.

—COLOSENSES 1:27

Muchas personas que sinceramente aman a Dios, a veces sienten que Él está muy lejos en un lugar donde no pueden alcanzarlo. Pero Él en realidad está en nosotros y con nosotros, en todo momento. Él quiere tener una relación cercana e íntima contigo. Santiago escribe que, si nos acercamos a Dios, Él se acercará a nosotros (Santiago 4:8). Jesús no murió para que fuéramos religiosos, sino para que pudiéramos tener una relación personal y confortable con Dios.

¿Deseas estar cerca de Dios? ¿Acaso tu alma anhela y está sedienta de Dios, como dice el salmista en Salmo 42:1-2? Si es así, entonces comienza a decirle a Él cuan desesperadamente requieres de Su presencia en tu vida. Comprende que Él está contigo en todo momento y está interesado en todo con respecto a ti y lo que haces. Invítalo a compartir tu vida o, como me gusta decir: "haz vida con Dios".

La cercanía a Dios requiere pasar tiempo con Él. No exclusivamente una vez al día por un rato, sino a lo largo de todo el día, aparte del tiempo establecido para estudiar la Biblia y tus plegarias especiales. Dios nunca está a más de un pensamiento de distancia, así que piensa en Él constantemente y háblale en voz alta o en silencio durante el día.

Dios te ama profundamente y quiere ser el centro de tu vida. Cuando pones a Dios primero, todo lo demás funcionará mucho mejor.

"Padre, anhelo estar cerca de Ti y experimentar una amorosa amistad Contigo. Otórgame Tu presencia en todo momento. En el nombre de Jesús. Amén".

PERMANECE EN CRISTO

Yo soy la vid, vosotros los pámpanos; el que permanece en mí, y yo en él, este lleva mucho fruto; porque separados de mí nada podéis hacer.
—JUAN 15:5

Morar en Cristo significa vivir, habitar y permanecer en Él. Morar con alguien, no es juntarse ocasionalmente o una corta visita diaria, sino cohabitar constantemente con esa persona. Dave y yo moramos (vivimos, habitamos y permanecemos) juntos y lo hemos hecho por cincuenta y cuatro años. Sabemos todo del otro y nuestras vidas están intrínsecamente entrelazadas a tal punto que sería muy difícil separarlas. Ese es el tipo de relación que Jesús quiere tener contigo.

El versículo de hoy dice que, si permaneces en Cristo, cosecharás muchos frutos. También, si permaneces en Cristo, puedes pedirle lo que quieras y "os será hecho" (Juan 15:7). Mientras permanecemos en Cristo, llegamos a conocerlo más profunda e íntimamente, y su influencia continua nos modela cada vez más a Su imagen.

Un cambio verdadero no ocurre cuando te debates para modificar tu comportamiento, sino por permanecer tan profundamente en Cristo que te conviertes en alguien como Él y comienzas a cosechar la misma buena fruta que Él cosecha. Haz todo lo que haces con Él y para Él, y te sorprenderás de los cambios positivos en tu vida.

"Padre, enséñame a permanecer en Ti en todo momento. Te deseo más que cualquier otra cosa y alejado de Ti, nada puedo hacer. Ruego por el regalo de Tu manifiesta presencia. Gracias te doy en el nombre de Jesús. Amén".

QUE NADA SEA DESPERDICIADO

Y cuando se hubieron saciado, dijo a sus discípulos: Recoged los pedazos que sobraron, para que no se pierda nada. —JUAN 6:12

Igual que los discípulos tenían restos de comida que sobraron luego de alimentar a cinco mil personas, creo que todos tenemos fragmentos de nuestras vidas que quedaron luego de experimentar dolor físico o emocional. También creo que, si le entregamos esos trozos de dolor a Dios, Él va a encontrar un buen uso para ellos en nuestras vidas. Fui abusada sexualmente por mi padre largos años, pero Dios ha usado la historia de mi recuperación para ayudar a muchos otros a encontrar su libertad.

El señor quiere usarte a ti y todas tus experiencias de vida. Puede que veas a tu pasado y pienses: "he desperdiciado tantos años", pero no tienen por qué desperdiciarse si los colectas y los entregas a Dios para Su uso. Él promete darte gloria en lugar de cenizas (Isaías 61:3), pero no puedes quedarte con las cenizas y también obtener la belleza. Suelta tu dolor y las injusticias en tu vida, suelta los rechazos, el abandono y todo lo que te lastime y comienza a observar lo que Dios hará.

Dios obra para bien de quienes Le aman y quieren Su voluntad en sus vidas (Romanos 8:28). Los corazones destrozados pueden ser reparados, y las relaciones rotas pueden ser restauradas para bien de tu vida futura. Deja de huir del dolor de tu pasado. Toma la mano de Dios y deja que Él te encamine a la libertad.

"Padre, te ofrezco todos los trozos de mi vida. Ruego que Tú no permitas que se desperdicien. En el nombre de Jesús. Amén".

FORTALECE TUS FORTALEZAS

Mas ahora Dios ha colocado los miembros cada uno de ellos en el cuerpo, como él quiso. Porque si todos fueran un solo miembro, ¿dónde estaría el cuerpo? Pero ahora son muchos los miembros, pero el cuerpo es uno solo.

—1 CORINTIOS 12:18-20

¿No te alegra saber que nadie en el mundo es igual a otro? Todos tenemos diferentes habilidades, preferencias, opiniones, fortalezas y debilidades. Sin embargo, algunas personas no confían en su individualidad e intentan hacer lo que otros hacen bien, incluso si no tienen el talento para hacerlo. Es triste de ver, porque esas personas tienen sus propias aptitudes. Cuando ignoran sus capacidades e intentan desarrollar las de otros, solo se frustran consigo mismas. Si resistieran la tentación de ser como otros, disfrutarían más de su vida.

Te animo hoy a que reconozcas tus fortalezas y debilidades. Enfócate en desarrollar tus aptitudes y en usarlas para servir a Dios y a otros, tan bien como puedas. Dios te ha dado tus talentos particulares por una razón y quiere que saques el mayor provecho de ellos. Algunas personas pueden sugerirte que intentes mejorar tus debilidades, pero yo te digo que no pierdas el tiempo haciendo algo para lo que no estés dotado y te requiera de un gran sacrificio para lograr el éxito. Si necesitas ayuda en un área en la cual no estés fuerte, Dios enviará personas a ayudarte.

"Padre, ayúdame a evaluar con precisión mis fortalezas y debilidades y a desarrollar mis fortalezas. En el nombre de Jesús. Amén".

ADOPTADO POR DIOS

Aunque mi padre y mi madre me dejaran, con todo, Jehová me recoge-
rá. —SALMOS 27:10

Mis padres me abandonaron. No me dejaron físicamente, pero ciertamente no me trataron como un niño debería ser tratado. Mi madre sabía que mi padre me abusaba sexualmente y no hizo nada para frenarlo porque le temía. Así que, en esencia, ella me abandonó en mi momento de necesidad. Sin embargo, recuerdo desde muy niña hablar con Dios y tener conciencia de Él, aunque ya era una adulta antes de comprender que Él estaba allí consolándome en mis malos momentos y dándome la gracia para atravesarlos.

Sin importar por lo que hayas pasado, puedes estar seguro de que el Señor está contigo y te acepta y le importas, sin que interese lo que hagan los demás. No estamos solos porque el Señor prometió que nunca iba a dejarnos o desampararnos (Hebreos 13:5). Sé lo difícil que es cuando sientes que las personas que deberían ayudarte y consolarte, te descuidan. Pero en lugar de enojarte con ellos, entrégale la situación al Señor y permítele hacerse cargo de ti.

Dios puede hacer más por nosotros en un instante, de lo que una persona es capaz en una vida entera. Todas las cosas son posibles con Dios; en cambio las personas están limitadas en su facultad de ayudarnos. Incluso si lo desean, no siempre podrán hacerlo. Te animo a que te entregues al Señor y le ruegues que se encargue de ti.

"Padre, me entrego a Ti con toda mi alegría y mi dolor; todo lo
que soy y lo que no. La gente me ha decepcionado, pero aho-
ra confío en Ti para cuidarme. Gracias. En el nombre
de Jesús. Amén".

PROTEJE TU INTIMIDAD CON DIOS

Porque si perdonáis a los hombres sus ofensas, os perdonará también a vosotros vuestro Padre celestial; más si no perdonáis a los hombres sus ofensas, tampoco vuestro Padre os perdonará vuestras ofensas.

—MATEO 6:14-15

Perdonar cuando nos hacen daño u ofenden no es fácil. De hecho, puede ser tan difícil y doloroso que muchas veces las personas deciden no hacerlo. Esto es un serio error. La razón por la escoger no perdonar es un error tan grande porque albergar resentimiento para nada afecta a la persona que nos hizo daño, pero si lo hace con nuestra relación con Dios. De hecho, la ausencia de perdón, es una de las más rápidas y efectivas formas que conozco para que una persona disminuya su intimidad con Él.

La palabra de Dios dice que, cuando nos rehusamos a perdonar a los demás, Dios no nos perdona a nosotros (Mateo 6:14-15). Cuando Él no nos perdona, nuestros pecados se ubican entre Él y nosotros dificultando que escuchemos Su voz y sintamos Su presencia. Nos sentimos lejos de Él y esa es una terrible forma de sentirse.

Aferrarse a la falta de perdón previene que escuchemos la voz de Dios y funciona como bloqueo para las plegarias respondidas. Nos roba nuestra paz y alegría y tiene un impacto negativo en nuestra salud general y nuestro bienestar. Cuando Jesús nos dice que debemos perdonar a los otros, nos ofrece esta instrucción para nuestro beneficio, no el de los demás. Permanecer en estrecha comunión con Dios, es siempre lo mejor para nosotros. De modo que, protege tu corazón contra la falta de perdón, y cuando sientas que se está filtrando, aborda ese problema rápidamente.

"Padre, incluso cuando perdonar a alguien no es fácil para mí, dame la gracia para hacerlo en obediencia a Tu Palabra. No quiero que nada interfiera entre Tú y yo. En el nombre de Jesús. Amén".

ESPERANDO POR DIOS

Aguarda a Jehová; esfuérzate, y aliéntese tu corazón; sí, espera a Jehová. —SALMOS 27:14

Esperar a Dios no necesariamente significa sentarse en algún lado y hacer nada. Significa esperar expectantes a Dios. Te animo hoy a tener la expectativa de que Dios va a hacer algo espectacular en tu vida en cualquier momento.

Esperar a Dios puede incluir pasar tiempo con Él, decirle que esperas que Él se muestre fuertemente en tu vida y que haga lo que nadie más puede hacer por ti. Pasar tiempo con Dios es muy importante para desarrollar una relación con Él. Durante ese tiempo puedes leer y estudiar la Biblia. Puedes leer libros que te llenan espiritualmente o que expliquen lecciones de la Biblia. Puedes solo sentarte a mirar por la ventana y dar gracias a Dios por Su creación. Lo bueno de pasar tiempo con Dios es que no hay reglas de cómo hacerlo.

El tiempo que le brindas a Dios es mucho más importante que lo que haces en ese tiempo. Solo enfoca tu corazón en el Señor y disfrútalo. A veces a mí me gusta sentarme a pensar en todas las cosas que puedo recordar que Dios ha hecho por mí en mi vida y darle gracias. A veces, prefiero simplemente sentarme en silencio y disfrutar de Su presencia.

Esperar a Dios te da la fortaleza y el coraje para atravesar cualquier situación mientras esperas por tu oportunidad.

"Padre, gracias por invitarme a esperar por Ti. Ayúdame a desarrollar el hábito de hacerlo con regularidad. Estoy entusiasmada de ver lo que vas a hacer con mi vida mientras espero por Ti expectante. En el nombre de Jesús. Amén".

MÁS CERCA DE LO QUE PIENSAS

En aquel día vosotros conoceréis que yo estoy en mi Padre, y vosotros en mí, y yo en vosotros. —JUAN 14:20

Jesús está más cerca de ti de lo que crees. No solo está contigo, sino que vive dentro de ti. Tú eres el templo del Espíritu Santo (1 Corintios 6:19). Cada vez que pienso en esta verdad espiritual, me maravilla más y más, y saber que Él está cerca de mí me hace sentir cercana a Él.

Con demasiada frecuencia pensamos que Dios está muy lejos, en Su lugar sagrado y lejos de nosotros, que intentamos alcanzarlo. A pesar de que nuestro Padre está en el cielo y que Jesús está sentado a Su derecha, Él también vive dentro de nosotros a través de Su Espíritu. Nunca deberíamos dudar de que Dios está siempre cerca de nosotros y listo para ayudarnos.

Te animo a que habites en la promesa de Dios de nunca abandonarte (Hebreos 13:5). Medita específicamente en el versículo de hoy, que nos recuerda que Jesús está en el Padre, que tú estás en Jesús y Jesús está en ti. Practica pensando en lo cerca que Él está de ti y habla con Él a lo largo del día, como hablarías con otro cualquiera que esté contigo todo el tiempo. Desarrolla una amistad sagrada con Él, siendo siempre respetuoso y reverente, pero también estando relajado y confortable en Su presencia.

"Padre, gracias por nunca abandonarme y estar cerca de mí todo el tiempo. Me maravilla el hecho de que elegiste vivir en mí y estoy agradecido por mi relación Contigo. En el nombre de Jesús. Amén".

LA OBRA DE LAS MANOS DE DIOS

Los cielos cuentan la gloria de Dios, y el firmamento anuncia la obra de sus manos. —**SALMOS 19:1**

Te animo hoy, a simplemente notar y apreciar la belleza de la creación de Dios a tu alrededor. Si no tienes una bonita vista desde tu casa u oficina, tómate un momento para buscar en la Internet fotos de montañas, océanos, desiertos, amaneceres, atardeceres, planicies o lo que sea que represente belleza natural para ti. Mirar documentales sobre la naturaleza es otra buena manera de recordar y apreciar todo lo que Dios ha creado y lo esplendoroso que es.

El versículo de hoy nos recuerda que la gloria de Dios —Su excelencia—, está exhibida a nuestro rededor. Incluso el cielo sobre nosotros proclama el asombroso trabajo de Sus manos. Genesis 1 nos enseña sobre el proceso de la creación y nos muestra con cuánto cuidado Dios hizo los cielos y la tierra. Él los hizo para que los disfrutemos tú y yo, y nos invita a tenerlo a Él presente siempre que veamos algo bello en la naturaleza.

"Padre, gracias por la belleza de Tu creación. Ayúdame a verte donde sea que mire. En el nombre de Jesús. Amén".

NO DEJES QUE TU CORAZÓN SE TURBE

No se turbe vuestro corazón; creéis en Dios, creed también en mí.

—JUAN 14:1

Las razones por las que podemos preocuparnos —si así lo decidimos—, son infinitas. El mundo es un lugar complicado y a menudo es difícil tratar con las personas, por lo que podemos sentirnos ansiosos. Nuestras familias y seres queridos puede que estén tomando malas decisiones y nos preocupemos por ellos. La presión de nuestros problemas financieros nos aplasta causándonos angustia. Pero afortunadamente, preocuparnos no es nuestra única opción. Podemos echar nuestra inquietud sobre Dios, sabiendo que Él está ansioso de cuidar de nosotros (1 Pedro 5:7).

¿Por qué no intentamos reemplazar la preocupación y la ansiedad con la oración? Si lo haces, veras que es una mejor opción. Cuando nos preocupamos, no ayudamos a nada ni a nadie, pero cuando oramos, Dios puede ayudarnos a cada uno y hacer cualquier cosa. Lo que es imposible para los seres humanos, es posible para Dios (Lucas 18:27). Te urjo a darle a Dios una oportunidad para obrar en tu vida y en las vidas de aquellos que amas, a través de la oración. Siempre que tengas un problema o veas una necesidad, lo primero que debes hacer es orar.

La oración pone a nuestra disposición un poder tremendo (Santiago 5:16) y le abre la puerta a la obra de Dios. Reza en fe, creyendo y esperando ver a Dios moverse y hacer lo que solo Él puede. Cuando oramos, puede que no veamos un cambio instantáneo, pero Jesús dice que cuando pedimos y seguimos pidiendo "se os dará" (Mateo 7:7). Mientras estás esperando que Dios trabaje en tu nombre, habla con Él sobre cómo te sientes y recuerda que Él siempre te entiende (Hebreos 4:15).

"Padre, gracias por el enorme privilegio de la oración. Tener la capacidad de hablar contigo sobre cualquier cosa sabiendo que Te importa, es una gran bendición. En el nombre de Jesús. Amén".

PRIMERO BUSCA EL REINO DE DIOS

Mas buscad primeramente el reino de Dios y su justicia, y todas estas cosas os serán añadidas. —MATEO 6:33

Cuando tienes una pregunta, una necesidad o un dilema, —o cuando estás dolido porque alguien fue injusto contigo—, ¿qué es lo primero que haces? ¿Corres hacia Dios?, o ¿levantas el teléfono, escribes en tu diario o vas a dar una caminata, repitiendo la situación en tu mente a cada paso? ¿Y qué haces tan pronto recibes tu salario? ¿Vas de compras? o le das una porción de tus recursos a Dios. Las personas manejan sus circunstancias en muchas formas diferentes, pero siempre deberíamos poner primero a Dios. La Palabra de Dios es muy clara al respecto.

El versículo de hoy nos enseña a buscar primero el reino de Dios. Buscar el reino de Dios significa esforzarse en conocer a Dios y sus caminos. Lo que sea que pase en tu vida, primero ve a Dios con ello y busca conocer Su voluntad y cómo lidiaría con esa situación. Cuando tienes una pregunta, primero busca en Él y en Su Palabra la respuesta. Cuando estés decidiendo en qué invertir tu dinero, tu tiempo o cualquiera de tus otros recursos, primero dale un poco a Dios. Cuando primero buscamos el reino de Dios, Él va a atender todas nuestras necesidades.

"Padre, en cualquier situación, ayúdame a buscarte a Ti y a Tu reino primero, antes de hacer nada más. En el nombre de Jesús. Amén".

SÉ GENEROSO CON TU AGRADECIMIENTO

Dad gracias en todo, porque esta es la voluntad de Dios para con vosotros en Cristo Jesús. —1 TESALONICENSES 5:18

Cuando expresamos gratitud y damos gracias, podemos estar seguros de que estamos obedeciendo la voluntad de Dios para nosotros. Mientras más nos enfocamos en las cosas buenas que Dios nos ha dado y hecho por nosotros, más felices estaremos y Dios será así glorificado. Tan pronto te despiertes en la mañana, empieza a expresar gratitud dándole gracias a Dios por un día más. Cuando te levantes, pon atención a todas las cosas con que Dios te ha provisto: agua corriente, calefacción y aire acondicionado, ropa que vestir, comida que comer y otras mil cosas. Cuando nunca hemos tenido que prescindir de ciertas cosas, es fácil tomarlas por sentado, pero podemos proponernos prestarles atención y ser agradecidos porque las tenemos.

Debemos ser generosos de muchas maneras, tal como Dios lo es. Ser generosos con nuestra gratitud es algo hermoso. La gratitud nos mantiene positivos y abre nuestro corazón a recibir más aún de Dios. La falta de gratitud demuestra inmadurez espiritual y alimenta el egocentrismo, pero la gratitud muestra lo contrario.

La Biblia nos dice que debemos ser agradecidos y decirlo en voz alta (Salmo 107:1-2). Ser agradecido es algo bueno, pero expresar nuestra gratitud en voz alta a las personas y al Señor, es aún mejor. Nosotros "entramos por sus puertas con acción de gracias" (Salmos 100:4), de modo que sabemos que dar gracias a Dios nos lleva a Su presencia y nos permite experimentar intimidad y cercanía con Él.

Comienza hoy mismo a formar el hábito de ser generoso con tu gratitud. Esto pondrá una sonrisa en tu rostro y en el rostro del Señor.

"Padre, has sido muy bueno conmigo y me arrepiento de cualquier queja que he expresado. Por favor, ayúdame a formarme el hábito de ser generoso. Gracias. En el nombre de Jesús. Amén".

EVITAR CONFLICTOS

Y que procuréis tener tranquilidad, y ocuparos en vuestros negocios, y trabajar con vuestras manos de la manera que os hemos mandado.

—1 TESALONICENSES 4:11

El versículo de hoy nos dice que debemos ocuparnos de nuestros asuntos, y estoy segura de que todos experimentaríamos muchos menos conflictos y menos problemas de relación, si fuéramos obedientes a Dios en este aspecto de nuestras vidas. La gente suele decir: "tengo derecho a mi opinión", y esto es cierto, pero no tenemos derecho a dar nuestra opinión a menos que nos la pidan. Proverbios 18:2 dice que solo un necio eliminar se deleita en manifestar todas sus opiniones.

El orgullo es lo que nos hace querer ofrecer nuestros consejos y opiniones, pero humildad es lo que Dios quiere. Podemos brindar una opinión si tratamos de evitar que alguien se haga daño a sí mismo, pero incluso en ese momento, si la persona rechaza nuestro argumento, no debemos presionarlo. Esta es a menudo una transición difícil para los padres cuando sus hijos han crecido y quieren tomar sus propias decisiones. A menos que los padres puedan hacer el cambio con gracia, esto suele ser causa de que los hijos adultos los resientan.

Yo misma admito que soy de fuertes opiniones, pero he logrado un gran progreso manteniéndolas para mí misma a menos que alguien las pida. Esto ha hecho mi vida mucho más pacífica. Quiero seguir creciendo en esta área y espero que tú hagas lo mismo.

"Padre, ayúdame a ocuparme de mis propios asuntos y ser lo suficientemente humilde para no ofrecer mi opinión donde no sea requerida. Ayúdame a vivir una vida tranquila que esté llena de paz. En el nombre de Jesús. Amén".

VERDADERA ALEGRÍA

Me mostrarás la senda de la vida; en tu presencia hay plenitud de gozo; delicias a tu diestra para siempre. —SALMOS 16:11

A veces pensamos que seremos felices cuando ocurran ciertas cosas, cuando nos casemos, cuando obtengamos nuestro trabajo soñado, cuando compremos nuestra casa ideal, cuando bajemos de peso, cuando vayamos de vacaciones, cuando tengamos hijos, cuando nuestros hijos se vayan de casa… la lista es eterna.

Es entendible depender de ciertas circunstancias para sentirnos felices. Mucha gente lo hace, pero centrarnos demasiado en eventos futuros, pude provocar que nos perdamos la alegría de cada día. Conforme crecemos espiritualmente, aprendemos a apreciar cada día más y más, mirando al futuro con actitud positiva, sin permitir que nuestras metas y objetivos para el futuro, roben nuestra felicidad en el presente.

En los primeros días de mi ministerio, tuve ciertos hitos en mente y creía que sería feliz cuando los alcanzara. Pero Dios me demostró que no sería realmente feliz alcanzando marcas o logrando objetivos. Tenerlos no está mal, pero ponerlos por delante de Dios, sí lo está. La verdadera alegría solo se encuentra en la presencia de Dios y sirviéndole según Su voluntad. ¿Te has dado cuenta de que las actividades mundanas no te han dado la alegría que anhelabas? Entonces, pasa tiempo con Dios y deja que Él te muestre lo que es la verdadera alegría.

"Padre, no busco alegría en mis circunstancias. En Tu presencia es donde encuentro el verdadero gozo. En el nombre de Jesús. Amén".

MIRA HACIA EL FUTURO

Antes bien, como está escrito: cosas que ojo no vio, ni oído oyó, ni han subido en corazón de hombre, son las que Dios ha preparado para los que le aman. **–1 CORINTIOS 2:9**

El versículo de hoy es muy emocionante. ¡Los planes que Dios tiene para nosotros son tan maravillosos que no podemos siquiera imaginarlos! Creer en esto nos permite vivir con esperanza; en entusiasta expectativa de que algo bueno va a pasar.

Durante demasiados años viví con malos presentimientos, que es la expectativa de que algo malo con certeza ocurrirá. Este tipo de pensamiento puede apoderarse fácilmente de alguien que ha sufrido mucho dolor y desgracias en la vida. Como había sido víctima de abuso cuando niña y luego a los dieciocho años me casé con el hombre equivocado, los primeros veintitrés años de mi vida estuvieron plagados de decepciones. Crecí esperando problemas, afortunadamente, Dios me enseñó que Él es bueno y está listo para hacer cosas buenas en mi vida, igual que en la tuya.

¿Qué es lo más maravilloso que imaginarías a Dios haciendo por ti? Ahora recuerda que Él puede hacer incluso más que eso. Dios tiene buenas cosas para Sus hijos y te animo a esperarlas expectante.

"Padre, eres bueno más allá de lo que puedo describir y estoy agradecido por Tus bendiciones. Me entusiasma ver lo que harás en mi futuro. En el nombre de Jesús. Amén".

LIDIAR CON LA DECEPCIÓN

Clamaron a ti, y fueron librados; confiaron en ti, y no fueron avergonzados. —**SALMOS 22:5**

¿Estás lidiando con una decepción en este momento? ¿Esperabas que una situación resultara de una manera, pero terminó de otra? ¿Esperabas escuchar un sí y terminaste con un no? ¿Le has estado pidiendo a Dios por una cosa y es obvio que Él ha elegido hacer algo distinto? Si es así, es entendible que te sientas decepcionado.

Todos nos enfrentamos a decepciones. Algunas son decepciones menores mientras que otras son más grandes e importantes. No es algo inusual ni está mal de ninguna manera, pero la forma en que lidiamos con esos sentimientos hacen una gran diferencia en nuestras vidas.

El versículo de hoy contiene una clave para lidiar con la desilusión. El pueblo que clamaba a Dios: "confiaron en ti, y no fueron avergonzados". El remedio para la decepción es confiar en Dios. Confía en que Él conoce cada detalle de tu situación. Confía en que Él se preocupa por ti más de lo que puedes imaginar. Confía en que Él siempre está trabajando en tu mejor interés, incluso cuando no puedas verlo.

"Padre, ayúdame a lidiar con la decepción confiando en Ti y creyendo en que Tú siempre obras por mi bien. En el nombre de Jesús. Amén".

LAS DECISIONES DE DIOS
NOS SORPRENDEN

Sino que lo necio del mundo escogió Dios, para avergonzar a los sabios; y lo débil del mundo escogió Dios, para avergonzar a lo fuerte; y lo vil del mundo y lo menospreciado escogió Dios, y lo que no es, para deshacer lo que es, a fin de que nadie se jacte en su presencia. **–1 CORINTIOS 1:27-29**

¿A veces te sorprende la gente que Dios escoge usar y a través de quiénes obra? Me sorprendió que me eligiera y puede que tú sientas lo mismo. Dios escoge personas que lo aman y cuyos corazones están con Él, y no siempre son las más educadas o talentosas.

La unción de Dios (Su presencia y poder en nuestras vidas) nos califica para Su uso. No a quién conocemos, las cosas que poseemos, cuánta educación tenemos o cuan naturalmente talentosos seamos. Estas son buenas noticias, porque significa que Dios puede y utilizará a todos los que estén disponibles. No es necesario tener alguna habilidad, solo disponibilidad. Cuando nos damos cuenta de que Dios elige a aquellos que tienen menos posibilidades de ser elegidos, hace que le demos a Dios toda la gloria por lo que Él hace a través de ellos. También nos impide jactarnos de nosotros mismos.

Nunca te descartes. Solo entrégate a Dios y pídele que te use como Él desea, y luego prepárate para cualquier cosa. ¡Todo es posible con Dios!

"Padre, siendo sinceros, no tengo mucho que ofrecer, pero te doy todo lo que soy y lo que no. Te pido que me uses como Te complazca. En el nombre de Jesús. Amén".

CÓMO MANEJAR LA CRÍTICA

Y si alguno no os recibiere, ni oyere vuestras palabras, salid de aquella casa o ciudad, y sacudid el polvo de vuestros pies. —**MATEO 10:14**

Jesús expresó las palabras del versículo de hoy a Sus discípulos cuando los envió de dos en dos a ministrar a la gente. Él era consciente de que no todos los recibirían o serían amables con ellos. Sabía que algunos se burlarían o criticarían rechazando su mensaje.

Puede que tú también encuentres críticas y rechazo y la instrucción que Jesús dio a sus discípulos, es un buen consejo para ti también. Básicamente dijo: "¡Sacúdetela de encima!".

Jesús sabía de críticas y rechazos. Isaías predijo, mucho antes de que Jesús naciera, que Él sería "despreciado y desechado entre los hombres, varón de dolores, experimentado en quebranto" (Isaías 53:3). Cuando fue criticado y sufrió burlas durante Su vida en la tierra, Él siempre los ignoró (Mateo 27:11-12).

Muchas veces, la mejor manera de manejar la crítica es guardando silencio y siguiendo adelante. Te animo a mantener la calma y no enojarte, conociendo que la paz es una poderosa arma espiritual. Resiste la tentación de ponerte a la defensiva, pues Dios es tu vindicador y camina en perdón hacia aquellos que traten de lastimarte o dañar tu reputación, pues el perdón es el deseo de Dios para ti (Mateo 6:14-15).

"Padre, ayúdame a sacudirme las críticas y el rechazo. Cuando tenga que lidiar con ellas, ayúdame a hacerlo sabiamente según Tu voluntad. En el nombre de Jesús. Amén".

EL INGENIOSO ATAQUE DEL ENEMIGO

Pero la serpiente era astuta, más que todos los animales del campo que Jehová Dios había hecho; la cual dijo a la mujer: ¿Conque Dios os ha dicho: No comáis de todo árbol del huerto? **–GÉNESIS 3:1**

Una manera en que tu enemigo, el diablo, intentará mantenerte débil e inefectivo, es hacerte dudar de la Palabra de Dios. La primera vez que él atacó a la mente humana, le dijo a Eva: "¿Conque Dios os ha dicho?". El primer error fue morder el anzuelo del diablo y entrar en conversación con él.

Como dice el versículo de hoy, el diablo es astuto; no siempre ataca nuestras mentes con ideas que son explícitamente impías donde reconozcamos que él está obrando. Es más astuto de lo que pensamos. En vez de burlarse o desafiar directamente lo que Dios había dicho a Eva, simplemente Lo cuestionó. Cuando Eva respondió, él contraatacó con mentiras, apelando a su ego (Génesis 3:4-5).

Te animo hoy a ser tan fuerte en la Palabra de Dios que una pregunta del enemigo no te desvíe. Tan pronto el pensamiento venga a tu mente: "¿Conque Dios os ha dicho?", responde citando la Palabra. No te enganches con el enemigo. Fortalece tus pensamientos y palabras con la verdad de la Biblia.

"Padre, ayúdame a no morder el anzuelo del enemigo cuando él cuestiona Tu Palabra, en cambio, ayúdame a mantenerme firme en lo que Tú has dicho. En el nombre de Jesús. Amén".

CUÍDATE

¿O ignoráis que vuestro cuerpo es templo del Espíritu Santo, el cual está en vosotros, el cual tenéis de Dios, y que no sois vuestros? **–1 CORINTIOS 6:19**

Es fabuloso pensar que Dios hace Su hogar dentro de Sus hijos. Cuando aceptamos a Cristo como nuestro Salvador, Él viene a vivir en nosotros y nuestros cuerpos se convierten en Su templo. Por lo tanto, es prudente y sabio para todos nosotros cuidar bien de nuestros cuerpos.

Me duele tener que aceptar que pasé tantos años castigándome tan duramente a mí misma e ignorando la atención de mi cuerpo, un templo de Dios, antes de darme cuenta lo importante que es.

Espero evitarte los mismos errores que cometí. Te insto a respetar tu cuerpo y darle un descanso adecuado, suficiente sueño, hidratación, y nutrición. Dios quiere no solo vivir *en* ti, sino obrar *a través* de ti. Por lo tanto, si te sientes mal todo el tiempo porque no cuidaste bien de ti mismo, Él no va a ser capaz de hacerlo.

Te animo a meditar en cuan asombroso es que Dios viva en ti. Tú eres el hogar de Dios. En oración, esto te impulsará a guardar la casa de Dios —tu cuerpo—, en buenas condiciones. Somos representantes de Dios y Él hace su llamado al mundo a través de nosotros (2 Corintios 5:20). Hagamos el compromiso de representarlo bien.

"Padre, perdóname por no cuidar mejor de mí mismo. Quiero representarte bien y te ruego que me ayudes a trabajar contigo para reparar cualquier daño hecho a mi cuerpo. Gracias. En el nombre de Jesús. Amén".

¿POR QUÉ HACES LO QUE HACES?

Guardaos de hacer vuestra justicia delante de los hombres, para ser vistos de ellos; de otra manera no tendréis recompensa de vuestro Padre que está en los cielos. —**MATEO 6:1**

Dios está más preocupado en por qué hacemos lo que hacemos, que en lo que hacemos. Dios ve nuestros corazones. Solo las buenas obras realizadas con un corazón puro serán recompensadas. Seguido caemos en la trampa de intentar impresionar a gente que al final no importa, ya que realmente no se preocupa por nosotros y es probable que nos abandone si no vivimos para complacerla. Debemos ponerle atención a lo realmente importante y lo primordial es complacer a Dios, no a otras personas.

Cuidado con hacer buenas obras solo para lucirte, ganar aplausos o ser admirado y bien considerado. Haz buenas obras en obediencia a Dios y para ayudar a los demás porque los amas. Las buenas obras no nos aseguran la entrada al cielo, pero pueden traernos recompensas Divinas si nuestros motivos son puros.

Tómate el tiempo para examinar todo lo que haces. Te animo a ser audaz y a preguntarte por qué haces lo que haces. Conforme tus intenciones se hagan más claras, puedes ir tachando cosas de tu lista y así tendrás más energía para hacer lo que haces con motivos puros.

"Padre, gracias por revelarme cualquier motivo impío que pueda tener y ayúdame a hacer lo que hago con un corazón puro. Gracias. En el nombre de Jesús. Amén".

SIEMPRE SÉ HONESTO

El peso falso es abominación a Jehová; más la pesa cabal le agrada.

—PROVERBIOS 11:1

El versículo de hoy habla de usar balanzas trucadas. En nuestra sociedad esto significaría nunca cobrar de más por un servicio o producto. Jesús es la Verdad (Juan 14:6) y Él espera que seamos como Él en nuestros negocios y en todas las áreas de nuestra vida. Ser siempre honesto es un rasgo piadoso y debemos asegurarnos de que nos caracterice. Muchas personas en el mundo de hoy son rápidas en comprometerse; pero siempre debemos recordar que, aunque vivimos en este mundo, Jesús nos dice que no debemos ser como la mayoría de las personas que viven en él (Juan 17:11, 14:16).

Debemos decir siempre la verdad, incluso si eso puede causarnos problemas a nosotros o quizá enojar a otro. Un amigo o compañero de trabajo puede pedirnos que mintamos por él, para evitar meterse en problemas, pero nuestra respuesta a una petición como esta debe ser siempre un firme: no, incluso si perdemos una amistad por eso. Nuestra primera lealtad será siempre a Dios y Su Palabra.

Pensando otra vez en el versículo de hoy, permíteme animarte a ser honesto en tus negocios. Si estás de compras y un empleado te da cambio de más o no te cobra por un artículo, asegúrate de volver a la tienda a corregirlo. Este hecho será testigo del amor e integridad de Dios hacia el empleado.

"Padre, si he sido deshonesto en algún aspecto y no me he dado cuenta, te ruego que me lo muestres. Ayúdame a ser honesto en cada área de mi vida. En el nombre de Jesús. Amén".

ENCUENTRA UN LUGAR APACIBLE

Él les dijo: Venid vosotros aparte a un lugar desierto, y descansad un poco. Porque eran muchos los que iban y venían, de manera que ni aun tenían tiempo para comer. **—MARCOS 6:31**

¿Te sientes identificado con la escena del versículo de hoy? ¿Sabes qué se siente estar tan ocupado que no tienes tiempo ni para comer? Algunos días son así. A veces tenemos semanas o meses enteros que se sienten demasiado ocupados, y simplemente queremos alejarnos de la gente y la presión. En medio de una temporada tan ocupada, Jesús nos ofrece la misma invitación que le hizo a Sus discípulos: "Venid vosotros aparte a un lugar desierto, y descansad un poco".

El mundo es hoy un lugar muy ocupado y es posible que tengas una vida agobiada. Te gustaría que las cosas fueran diferentes, pero si no cambian, tú puedes cambiar. Podrías comenzar hoy a manejar el ajetreo de otra manera. Quizá comenzar extrayendo tiempo para estar con Dios. Ese tiempo a solas con Él, es capaz de contrarrestar el estrés de un día sobrecargado de interrupciones.

A lo mejor deseas tener unas pocas horas o todo un fin de semana a solas con Él, pero sea lo que sea, Él te encontrará allí y Su compañía será beneficiosa. Pasa tiempo a solas con Él, tan a menudo como puedas y sentirás Su paz en ti y a tu alrededor, sin importar lo ocupado que estés. Incluso una visita de cinco minutos a Dios, te refrescará y te dará la fuerza que necesitas para completar la siguiente tarea.

"Padre, ayúdame a encontrar tiempo para estar a solas contigo hoy. En el nombre de Jesús. Amén".

NO DEJES QUE TU CORAZÓN SE TURBE

La paz os dejo, mi paz os doy; yo no os la doy como el mundo la da. No se turbe vuestro corazón, ni tenga miedo. —**JUAN 14:27**

Muchas veces rezamos pidiendo paz, pero según el versículo de hoy, ya tenemos la paz de Jesús. Él nos dio esa paz antes de dejar este mundo. Sin embargo, debemos aferrarnos a ella conservando nuestra paz, evitando la ansiedad, las preocupaciones o los miedos.

Puede que creas que no puedes controlar cómo te sientes, pero he encontrado que, si Jesús nos dice que no hagamos algo, hay una manera de no hacerlo. Para mí, identificar las cosas que me hacen perder la paz y evitarlas, ha aumentado en gran medida mi paz. Por ejemplo, si estoy muy apurada, termino frustrada. Si me involucro en algo que no me incumbe, usualmente me causa conflictos y problemas que pude haber evitado.

El miedo es uno de los mayores problemas en el mundo hoy, porque el mundo se ha convertido en un lugar peligroso. Sin embargo, los creyentes en Cristo no debemos temer porque tenemos el privilegio de confiar que Él cuidará de nosotros. Esto no significa que siempre podamos evitar los problemas, pero incluso si ocurre algo desagradable, Dios prometió que obtendremos algo bueno de ello (Romanos 8:28). Aférrate a tu paz hoy y todos los días, y no se turbe tu corazón.

"Padre, estoy agradecido de que me has dado Tu paz y te ruego que me ayudes a aferrarme a ella, a no ser ansioso, temeroso o preocupado. Gracias. En el nombre de Jesús. Amén".

NO TEMERÉ

Aunque ande en valle de sombra de muerte, no temeré mal alguno, porque tú estarás conmigo; tu vara y tu cayado me infundirán aliento.

—SALMOS 23:4

El versículo de hoy me recuerda a 2 Timoteo 1:7: "Porque no nos ha dado Dios espíritu de cobardía, sino de poder, de amor y de dominio propio". Cuando tenemos miedo, es obvio que el enemigo está trabajando, no Dios. A veces pensamos en el miedo como una emoción humana, pero, de hecho, es un espíritu. El espíritu del miedo a menudo opera como un pensamiento o un susurro diciéndote todas las razones para tener miedo y que Dios te ha olvidado y no te ayudará.

David, quien escribió el Salmo 23:4, le dice a Dios que él puede caminar por el valle más oscuro porque "tú estás conmigo". Si el enemigo puede usar el miedo para hacernos pensar que Dios no está con nosotros, que no le importa por lo que pasamos y que no nos ama, puede empezar a ganar batallas en nuestras mentes y corazones. No importa cómo venga el miedo contra ti, recuerda que viene del enemigo y que Dios siempre está contigo y no te ha dado espíritu de temor.

"Padre, ayúdame a resistir los ataques de temor que el enemigo lanza en mi contra y a recordar en cada situación que Tú estás conmigo. En el nombre de Jesús. Amén".

CUIDADO CON LO QUE PIENSAS

El que fue sembrado entre espinos, este es el que oye la palabra, pero el afán de este siglo y el engaño de las riquezas ahogan la palabra, y se hace infructuosa. **−MATEO 13:22**

La Palabra de Dios nos enseña a estudiarla y meditarla. Mientras más pensemos en la verdad que leemos y escuchamos, más obtendremos de ella. Meditar la Palabra de Dios puede convertir la información que leemos en las revelaciones que necesitamos.

Cuando la semilla de la Palabra de Dios es sembrada en nuestros corazones, Satanás viene de inmediato a intentar robarla (Marcos 4:15). Él no quiere que escuchemos o estudiemos la Palabra de Dios, pero si lo hacemos, no quiere que pensemos mucho en ella. Él sabe que, si meditamos la Palabra, se hará parte de nosotros y vamos a obedecerla.

Intentará distraernos dándonos motivo de preocupación, pero podemos elegir aferrarnos a nuestra paz y confiar en Dios cada vez que un problema se presente. Satanás también nos miente sobre la importancia de la riqueza y nos engaña para que la persigamos, en lugar de mantener a Dios y Su Palabra como prioridad en nuestra vida. Recordemos que Jesús dice que, si buscamos primero el Reino de Dios y Su justicia, todo lo demás nos será añadido (Mateo 6:33).

"Padre, ayúdame a mantener mi mente llena de pensamientos sobre Tu maravillosa Palabra y todas las magníficas cosas que has hecho y haces todos los días. En el nombre de Jesús. Amén".

ESCOGE AMIGOS QUE TE HAGAN MEJOR

Hierro con hierro se aguza; y así el hombre aguza el rostro de su amigo.
—**PROVERBIOS 27:17**

Las personas con las que pasamos tiempo son muy importantes, porque a menudo copiamos algunos de sus hábitos y rasgos personales. Si pasamos mucho tiempo con personas que comprometen su moral, podemos comenzar a pensar que eso es aceptable para nosotros también.

No podemos evitar a todas las personas inmorales, de lo contrario, tendríamos que abandonar el mundo por completo y queremos que nuestras vidas sean un testimonio de Cristo para ellas. Con frecuencia digo que pasar tiempo con personas que no conocen a Cristo es bueno, siempre que podamos afectarlas sin que ellas nos infecten. Pasamos distintos momentos con diferentes personas, pero con quienes pasemos mucho tiempo deberían elevarnos y hacernos mejores.

Si tus amigos son tacaños y codiciosos, no te ayudarán a volverte generoso. Si tus amigos hablan mal de los demás, es posible que pronto te encuentres chismorreando o esparciendo rumores. Sin embargo, si tus amigos son amables, pacientes, amorosos y siempre dispuestos a ayudar a los demás, te encontrarás a ti mismo queriendo desarrollar esas cualidades piadosas. Escoge a tus amigos sabiamente y si estás pasando mucho tiempo con el tipo de personas equivocadas, haz un cambio para bien.

"Padre, quiero amigos que me hagan mejor persona. Ruego por conexiones divinas. Te pido que me guíes hacia gente piadosa en lugar de personas mundanas e intercedas por mí ante ellos. En el nombre de Jesús. Amén".

MANTÉN EL EQUILIBRIO

He aquí, yo os envío como a ovejas en medio de lobos; sed, pues, prudentes como serpientes, y sencillos como palomas. **—MATEO 10:16**

Nos costaría pensar en dos animales más diferentes que las serpientes y las palomas, sin embargo, Jesús nos dice en el versículo de hoy que debemos ser como ambas. Creo que Él usa este ejemplo para enseñarnos sobre la importancia de mantener el equilibrio en nuestro trato con otra gente. La serpiente representa la astucia y la sabiduría, mientras la paloma representa la inocencia y la mansedumbre. La Biblia dice que ser "sencillos como las palomas" significa "no tener una agenda egoísta".

Las personas que son inocentes sin ser sabias, usualmente abren sus corazones a los demás sin saber si son gente de fiar. No son cautos con sus relaciones y muchas veces terminan heridos o traicionados. En contraste, las personas astutas y sabias sin también ser inocentes y mansas, pueden sospechar demasiado de los demás, esperando siempre que se aprovechen de ellas. Puede que terminen con pocas relaciones profundas y significativas, o incluso, que no tengan ni un solo verdadero amigo. Estar fuera de equilibrio en cualquier dirección, demasiado inocente o demasiado astuto, puede evitar que las personas cultiven y disfruten de las relaciones que Dios quiera darles.

El Espíritu Santo nos ayudará a ser suficientemente sabios y apropiadamente inocentes al mismo tiempo, para que podamos desarrollar relaciones sanas y equilibradas con los demás.

"Padre, ayúdame a ser tan sabio como una serpiente y tan manso como una paloma con todo aquel que conozca. En el nombre de Jesús. Amén".

CREADOS A IMAGEN DE DIOS

Entonces dijo Dios: Hagamos al hombre a nuestra imagen, conforme a nuestra semejanza. —**GÉNESIS 1:26**

La ciencia nos dice que los seres humanos han evolucionado a partir de los primates, pero Dios dice que somos creados a Su imagen. Saber que Dios te creó para ser como Él, que te creó porque te deseó y que no eres apenas un accidente, hace una gran diferencia en lo que piensas sobre ti mismo. Tener la confianza otorgada por Dios en que Él te ha creado, es importante para tu propio disfrute de la vida y el plan de Dios para Su reino.

Una de las mayores dificultades que enfrentan las personas con problemas e infelices, es que no se gustan a sí mismas. Sienten que no tienen un propósito o valor, pero eso es totalmente falso. Dios nos creó cuidadosamente a cada uno, con Sus propias manos, en el vientre de nuestras madres (Salmos 139:13). Tú eres una especial, única, fabulosa persona y Dios te ama sin condiciones. Él piensa en ti en todo momento y cada plan que tiene para ti es bueno.

Aprende a verte como Dios te ve. Habla de ti mismo de la forma en que Dios habla de ti en Su Palabra. ¡Ama quién eres! A veces no hacemos lo correcto, pero somos siempre amados por Dios, y podemos disfrutar de nosotros mismos mientras estamos en camino de ser cada vez más como Jesús.

"Padre, te amo. Estoy agradecido de que me crearas conforme a tu imagen y de que me amas. Ayúdame a verme como Tú me ves y a confiar en Ti. En el nombre de Jesús. Amén".

ENTENDER LA CONVICCIÓN DEL ESPÍRITU SANTO

Y cuando él venga, convencerá al mundo de pecado, de justicia y de juicio. —JUAN 16:8

La palabra "condenado", en sus distintas formas, como "convicto" y "convicción", puede ser usada en sentido negativo, como en un juicio, cuando alguien es encausado por un delito. También puede ser un término positivo, como cuando describen a una persona de "fuertes convicciones morales", lo que significa que tiene sólidos principios morales o creencias.

En términos bíblicos la palabra "convicción" se usa en conexión con el ministerio del Espíritu Santo. Él nos "convence" del pecado; no para que sintamos culpa por lo que hemos hecho cuando no alcancemos la norma de Dios, sino para que nos arrepintamos y podamos experimentar la gracia de Dios y ser libres.

Sentir la convicción, no es lo mismo que sentir la condenación. Cuando sientes la convicción del Espíritu Santo, sabes que has hecho algo que no agrada a Dios, pero también sabes que Él te ama y puedes estar seguro de que serás perdonado. Cuando las personas se sienten condenadas, sienten el peso de una culpa de la que no pueden escapar y pierden la esperanza. La condenación viene del enemigo, pero la convicción es un regalo del Espíritu Santo, un regalo que nos lleva al perdón y a la liberación.

"Padre, gracias por enviar al Espíritu Santo. Ayúdame a rendirme a Su convicción para que pueda disfrutar Tu perdón y liberación. En el nombre de Jesús. Amén".

USA TUS PALABRAS SABIAMENTE

Pon guarda a mi boca, oh, Jehová; guarda la puerta de mis labios.
—SALMOS 141:3

El poder de la vida y la muerte está en la lengua, en las palabras que pronunciamos y comemos el fruto de lo que decimos (Proverbios 18:21). Esta es una verdad asombrosa y si realmente creemos en ella, seremos más sabios con respecto a lo que decimos. Nadie puede domar la lengua sin la ayuda de Dios (Santiago 3:7-8), por eso somos sabios si le pedimos a Dios que nos ayude a lograrlo.

Casi todos los días rezo como David lo hizo en el Salmo 141:3 pidiéndole a Dios que ponga guarda sobre mi boca. Necesito Su ayuda cuando hablo y tú también. Las palabras pueden elevar o destruir, pueden dar esperanza o arrebatárnosla, pueden ministrar vida o muerte a quienes las escuchan o las hablan.

Cuando hablamos, escuchamos lo que decimos, al igual que los demás, y esas palabras tienen un impacto en nosotros. Creo que, si pasamos el día contando chismes, quejándonos o siendo negativos, vamos a sentirnos deprimidos o incluso enojados.

Creo firmemente que algunas personas sufren de depresión simplemente porque la mayor parte del tiempo piensan y hablan cosas negativas. Te exhorto a que comiences hoy a hablar palabras llenas de vida. Sé positivo y ten esperanza en todo momento y ruégale a Dios que te ayude a decir lo que Él diría en cada situación.

"Padre, pon guarda sobre mi boca y ayúdame a pensar antes de hablar. En el nombre de Jesús. Amén".

NUNCA ABANDONADO

Y los principales sacerdotes le acusaban mucho. —MARCOS 15:3

Antes de que Jesús fuera a la cruz, mucha gente hizo acusaciones falsas contra Él. Jesús se mantuvo firme frente a los cargos injustos, negándose a responder a sus acusadores (Marcos 14:55-61; 15:3-5). Pero cuando llegó a la cruz, el lenguaje acusatorio amargamente duro e injusto, sumado a la agonía física que sufrió, hizo que se preguntara en alta voz si era que Dios lo había abandonado.

Tal vez has tenido la experiencia de ser acusado falsamente. Quizá te estés preguntando ahora mismo si Dios te ha abandonado o si te dejó solo en una situación. La respuesta es ¡no! Dios no abandonó a Jesús y tampoco te ha abandonado ni te ha dejado solo hoy. De hecho, Él siempre está a tu lado y siempre lo estará. Jesús sabe exactamente cómo se siente sufrir y puede identificarse con tu dolor.

Al igual que Dios tenía un plan para que Jesús resucitara gloriosamente luego de Su experiencia en la cruz, Él tiene un gran plan para ti. Al otro lado de tu lucha, serás más fuerte que nunca. Él está contigo y te ama más de lo que te das cuenta.

"Padre, ayúdame a recordar que Tú nunca vas a dejarme. Tú estás siempre conmigo. Nunca tengo que atravesar un momento de dificultad solo. En el nombre de Jesús Amén".

EXCELENTE MANERA

Y ahora permanecen la fe, la esperanza y el amor, estos tres; pero el mayor de ellos es el amor. −1 CORINTIOS 13:13

La Biblia nos enseña que caminar en amor es la forma óptima de vivir (1 Corintio 12:32). Dios es amor y cuando caminamos en amor, caminamos y vivimos en Él (1 Juan 4:16). El amor es más que una palabra que usamos cuando hablamos con otras personas. Se muestra en nuestras acciones, especialmente en cómo tratamos a los demás.

Jesús nos dio un mandamiento más, y es que nos amemos unos a otros como Él nos ama. Mientras demostremos ese amor, otros sabrán que somos Sus discípulos (Juan 13:34-35). El amor de Dios por nosotros requirió que sacrificara a Su único Hijo, y si realmente queremos amar a los demás, también vamos a tener que sacrificarnos por ellos.

Según 1 Corintios 13:4-8, el amor no es egoísta, es paciente, bondadoso, humilde y no envidioso. No deshonra a los demás y no se enoja con facilidad, no guarda rencor y no se deleita en el mal. Se regocija con la verdad. Siempre cree lo mejor de cada uno y nunca falla. Si nos enfocamos en amar a Dios y amar a otras personas, tendremos la vida que Él quiere que vivamos.

No importa las supuestas buenas obras que hagamos, si no tenemos amor, solo hacemos mucho ruido y gran cantidad de nada (1 Corintios 13:1-3).

"Padre, quiero caminar en la clase de amor que Tú me muestras, pero necesito tu ayuda. Enséñame qué es el amor y cómo puedo demostrarlo a los demás. En el nombre de Jesús. Amén".

DIOS NOS LLAMÓ A VIVIR EN PAZ

Estas cosas os he hablado para que en mí tengáis paz. En el mundo tendréis aflicción; pero confiad, yo he vencido al mundo. **–JUAN 16:33**

Creo que todos estamos de acuerdo en que el mundo de hoy no es un lugar muy tranquilo. Esto no debería sorprendernos porque, Jesús dice en el versículo de hoy, que en el mundo tendremos aflicción. También nos da buenas noticias, dice que en Él nosotros podremos tener paz.

Dios nos llamó a vivir en paz y ser pacificadores. Conforme envejezco, valoro más la paz. Esta semana tuve veinticuatro horas sin tranquilidad y cuando el alboroto terminó y la paz regresó, ¡estuve tan agradecida! Amo la paz.

Todos decimos que queremos paz, pero querer paz y hacer lo necesario para tenerla, pueden ser dos cosas bien diferentes. Si te falta paz, ruégale a Dios que te muestre qué puedes hacer o cambiar para traer paz a tu vida y luego estar dispuesto a hacerlo.

Aprendí que tener menos opiniones me ayuda a mantener la paz y que la humildad siempre trae paz. No tener prisas me ayuda a estar en paz, al igual que descansar adecuadamente. Hay cosas que puedes hacer para aumentar tu paz y te animo a que las identifiques y que comiences hoy a ponerlas en práctica.

"Padre, quiero disfrutar de Tu paz. Te ruego que me muestres cualquier cosa que deba cambiar en mi vida para poder tenerla. Gracias. En el nombre de Jesús. Amén".

UNA PERSPECTIVA ADECUADA
SOBRE LA CORRECCIÓN

Porque Jehová al que ama castiga, como el padre al hijo a quien quiere.
—PROVERBIOS 3:12

Parte del proceso de madurez espiritual es recibir correcciones del Señor cuando las necesitamos. Muchas veces, las interacciones con nuestros padres terrenales o figuras de autoridad que intentan corregirnos nos dejan avergonzados, con sentimientos de culpa o ineptitud como resultado de ellos. Las personas no siempre administran la corrección con amor o pensando en nuestro bien, pero Dios sí. A menudo, la corrección de otros seres humanos está diseñada para castigarnos o atemorizarnos y así poder controlarnos, pero las correcciones que vienen de Dios están hechas para bendecirnos. Según el versículo de hoy, Sus correcciones son señales de amor, no una indicación de Su desagrado.

Mientras más maduramos espiritualmente, más nos damos cuenta de que la corrección de Dios está motivada únicamente por Su amor y el deseo de que vivamos la mejor vida posible. Mientras crecemos en Él, entendemos que nos corrige para ayudarnos, no para hacernos daño. Cuando entendamos esto, le daremos la bienvenida a Sus correcciones y estaremos ansiosos por implementar los cambios que Él nos conduce a hacer.

"Padre, ayúdame a comprender que Tu corrección tiene la intención de ayudarme a ser mejor, lo mismo que a vivir la existencia más completa posible. En el nombre de Jesús. Amén".

ÁMENSE UNOS A OTROS

Esto os mando: Que os améis unos a otros. —JUAN 15:17

El mandamiento de amarnos unos a otros se repite muchas veces a lo largo de la Biblia. Amar a nuestro prójimo, es una de las mejores maneras en que podemos mostrarle al mundo que somos discípulos de Cristo. Una forma en que podemos mostrar amor es a través del perdón, otra, siendo misericordiosos.

¿Hay alguien en tu vida ahora mismo a quien necesitas perdonar? Quizá esa persona te ha tratado injustamente. Perdonarlos puede ser difícil, pero serás capaz de hacerlo por la gracia de Dios.

Se buono y misericordioso con quienes no lo merecen, pues eso es lo que Dios ha hecho por nosotros a través de Cristo. Nuestro objetivo es llegar a ser como Él de todas las formas y Él es pronto en perdonar y grande en misericordia.

El amor es mucho más que un sentimiento, es una acción. El amor se ve en cómo escogemos tratar a las personas, incluyendo a las que nos han hecho mal. La Palabra de Dios nos enseña que si nuestro enemigo está hambriento, debemos alimentarlo y si tiene sed, darle algo de beber (Romanos 12:20). Esto significa que debemos estar dispuestos a satisfacer sus necesidades incluso si sentimos que no merece que las reconozcamos. Haciendo el bien para recibir algo bueno a cambio, no significa nada; pero hacer el bien a aquellos que no lo merecen es precisamente lo que Dios hace.

"Padre, quiero amarte como Tú amas, y te ruego que me enseñes cómo hacerlo. Ayúdame a ser misericordioso, amable y perdonador, igual que Tú. En el nombre de Jesús. Amén".

¿QUIÉN CONTROLA TU MENTE?

Porque el ocuparse de la carne es muerte, pero el ocuparse del Espíritu es vida y paz. —ROMANOS 8:6

¿Qué tipo de pensamientos tienes la mayor parte del tiempo? ¿Son pensamientos que Dios aprobaría? ¿Entiendes que puedes cambiar pensamientos erróneos por los correctos? Por muchos años no presté mucha atención a lo que pensaba, pero cuando empecé a meditar sobre mis pensamientos, encontré el origen de muchos de mis problemas.

Nuestros pensamientos son muy importantes, porque se convierten en las palabras que decimos y las acciones que tomamos. En 2 Corintios 10:4-5, Pablo indica a los Corintios que derriben —desechen o rechacen— los pensamientos e ideas equivocadas para así traer cada pensamiento cautivo a la obediencia de Jesucristo.

Creo que adonde va la mente, el hombre le sigue. Proverbios 23:7 indica que cómo son nuestros pensamientos, en eso nos convertimos. Puedes cambiar tu vida cambiando tus pensamientos. Si quieres ser feliz, piensa bien, cosas bonitas e ideas alegres. Tener pensamientos positivos basados en la Palabra de Dios, liberará alegría en tu vida. Piensa cosas buenas de los demás y siempre cree lo mejor de ellos. Deja que tu mente sea gobernada por el Espíritu, no por la carne.

"Padre, quiero que Tu Espíritu gobierne mi mente y te ruego que me ayudes a reconocer cuando mis pensamientos no son como Tú deseas. En el nombre de Jesús. Amén".

¿ESTÁS CÓMODO SIENDO ÍNTIMO DE DIOS?

El hombre que tiene amigos ha de mostrarse amigo; y amigo hay más unido que un hermano. **–PROVERBIOS 18:24**

El título de la devoción de hoy puede que parezca una pregunta extraña. Lo pregunto porque creo que mucha gente no está cómoda en una relación íntima con Dios. Puede que se acerquen a Él como si estuviera lejos, en los cielos sintiendo que no son dignos de una intimidad con Él.

Dios se refirió a Abraham como Su amigo (Isaías 41:8), y habló con Moisés "cara a cara, como habla cualquiera a su compañero" (Éxodos 33:11). Esos hombres no eran perfectos. Ellos cometieron errores igual que tú y yo, pero tenían una relación íntima con Dios.

Te animo a que te sientas cómodo hablando con Dios sobre cualquier cosa. Después de todo, Él ya sabe todo de ti y te ama y acepta de manera incondicional.

Mientras más abierto seas con Dios en cada aspecto de tu vida, más cercano a Él te sentirás. Creo que Dios te está llamando a acercarte y oro para que entres a Su presencia sabiendo que eres bienvenido allí.

"Padre, quiero estar tan cerca de Ti como me sea posible. Ayúdame a no estar avergonzado o a sentirme incómodo de cualquier manera en Tu presencia. En el nombre de Jesús. Amén".

TEN UN BUEN DÍA

Levantándose muy de mañana, siendo aún muy oscuro, salió y se fue a un lugar desierto, y allí oraba. —MARCOS 1:35

¿Alguna vez te has levantado en la mañana y todo parece ir mal? Quizá no dormiste bien o sabes que tienes que hacer algo que no quieres hacer, o simplemente estás de malas. Cuando eso ocurre, usualmente te sientes "apagado" todo el día. Casi nada sale a tu gusto. Pero cuando te despiertas sintiéndote saludable, fuerte y feliz, la mañana fluye suavemente y el resto del día tiende a ir bien.

Muchas veces, la forma en que nos sentimos en la mañana marca la pauta para el resto del día. Por eso es tan importante ser intencionales en las mañanas. Cuando elegimos ser positivos y confiados, le damos forma a nuestro día en vez de permitir que el enemigo interfiera con él.

Te animo a empezar cada día en la Palabra de Dios y en oración, pidiéndole a Dios que te dé una actitud positiva sobre todo lo que está en tu horario y gracia para afrontar todo lo que viene en camino. Pon tu fe en Dios y en Su bondad, y espera que tu día vaya bien. Puede que tu día vaya acorde a tu plan o no, y con frecuencia algo inesperado ocurre, pero incluso si tus planes cambian, puedes mantener una buena actitud y confianza en que Dios hará algo que será incluso mejor de lo que esperabas.

"Padre, espero tener hoy un buen día, sea que vaya acorde a mi plan o no. En el nombre de Jesús. Amén".

FUERZA PARA LOS CANSADOS

Él da esfuerzo al cansado, y multiplica las fuerzas al que no tiene ningu-nas... los que esperan a Jehová tendrán nuevas fuerzas. —ISAÍAS 40:29, 31

Todos nos cansamos a veces o nos sentimos débiles en nuestra fe o sin fuerza física, pero Dios entiende esto y está listo a ayudarnos. Según el versículo de hoy, aquellos que le entregan su esperanza y expectativa a Dios, renovarán sus fuerzas. Serán capaces de hacer todo lo que necesitan hacer sin cansarse, pues Su gracia (fuerza) es suficiente para cada situación en la vida (2 Corintios 12:9; Filipenses 4:13).

Corre al Señor y pídele lo que necesitas, y luego espera en Su presencia creyendo que lo recibes de Él. Si pedimos y creemos que vamos a recibir por fe, entonces recibiremos lo que pedimos (Marcos 11:24).

Mientras esperas a Dios, mantén la expectativa en que Él va a satisfacer tus necesidades. Entusiásmate cada día por ver lo que Dios va a hacer por ti. Recibimos de Dios a través de nuestra fe y paciencia (Hebreos 6:12), así que sé paciente y ten la certeza de que Dios no va a llegar tarde. Sus tiempos pueden no ser los que tú quieras que sean, pero serán perfectos.

"Padre, renueva mi fuerza mientras espero por Ti. Te ruego que cubras todas mis necesidades en Tu tiempo perfecto. Gracias. En el nombre de Jesús. Amén".

CÓMO LA VERDAD TE HACE LIBRE

Dijo entonces Jesús a los judíos que habían creído en él: Si vosotros permaneciereis en mi palabra, seréis verdaderamente mis discípulos; y conoceréis la verdad, y la verdad os hará libres. —JUAN 8:31-32

El mundo nos dice que hay muchas fuentes de verdad. También nos dice que la verdad es relativa o que depende de las circunstancias. El mundo intenta que sigamos su verdad y el diablo trata de convencernos de que lo que dice es la verdad. Él quiere que aceptemos como la verdad los pensamientos que siembra en nuestras mentes, pero sabemos que no hace más que mentir (Juan 8:44). Hay solo una fuente de verdad eterna: la verdad que cambiará nuestras vidas y nos hará libres, y esa es la Palabra de Dios.

En el versículo de hoy, Jesús no les dijo a los judíos que sabrían la verdad y que los haría libres si casualmente leían Su Palabra o si conocían algunos versículos de la Biblia. Él dijo: "Si vosotros *permaneciereis* en mi palabra" (énfasis mío). Según la Biblia, "permanecer" significa "obedecer continuamente" las enseñanzas de Dios y "vivir acorde a ellas".

Creo que esta es una de las grandes claves de la fortaleza espiritual y de la victoria en cualquier guerra espiritual. Solo permaneciendo (obedeciendo) la Palabra de Dios, conoceremos la verdad a tal punto que nos hará libres. La Palabra de Dios es verdad (Juan 17:17) y es una verdad poderosa, si la recibimos en nuestros corazones y siendo obedientes, la aplicamos cada día a nuestras vidas.

"Padre, gracias por la verdad inquebrantable de Tu Palabra. Ayúdame a permanecer en ella y a reconocerla como la verdad, para que me haga libre". En el nombre de Jesús. Amén.

VINDICACIÓN

Jehová cumplirá su propósito en mí; tu misericordia, oh, Jehová, es para siempre; no desampares la obra de tus manos. **–SALMOS 138:8**

¿Alguien alguna vez te ha maltratado? ¿Has sufrido una injusticia por la cual quisieras venganza o vindicación? Dios dice que Él es nuestro vindicador y que Suya es la venganza (Romanos 12:19). La mayoría de las veces, cuando las personas te hacen daño, no pueden compensarte. Ellos toman algo de ti y solo Dios puede devolvértelo.

Mi padre abusó sexualmente de mí y por años sentí que eso había engañado la vida. Quería que alguien me compensara, pero luego descubrí en la Biblia que nadie podía compensarme, pero Dios sí. Él es un Dios de justicia y eso significa que, si confiamos en Él, va a corregir todos los males. Puede que sea difícil ser paciente y esperar a Dios, en vez de tomar los asuntos en tus manos, pero la recompensa de Dios va a ser mejor que cualquier venganza que tú o yo podamos obtener por nuestra cuenta.

Te insto hoy a que perdones a todos los que te han hecho daño y a entregarle la situación a Dios. Luego, espera pacientemente y míralo obrar cosas asombrosas en tu vida. Él hará algo bello de tus cenizas, tomará tu luto y te dará alegría, tomará tu tristeza y te entregará felicidad. Él tomará el conflicto y te dará paz. Dios restaurará tu alma y te entregará todo lo bueno que guarda para Ti.

"Padre, confío que Tú eres mi Vindicador. Perdono a mis enemigos y te entrego mis conflictos. Espero Tu justicia para mi vida. Gracias. En el nombre de Jesús. Amén".

SÉ BUENA TIERRA

Pero otra parte cayó en buena tierra, y dio fruto, pues brotó y creció, y produjo a treinta, a sesenta, y a ciento por uno. **—MARCOS 4:8**

Según Marcos 4:1-8, hay cuatro tipos de personas que escuchan la Palabra de Dios. La Palabra de Dios es como semilla y los corazones de las personas son como la tierra.

Marcos 4:3-4 dice que el primer tipo de personas escucha la Palabra de Dios, pero las aves (que simbolizan al diablo) inmediatamente roban el mensaje. El segundo tipo de personas descrita en Marcos 4:5-6, recibe la Palabra de Dios con entusiasmo, pero no desarrolla la fortaleza espiritual para aferrarse a ella. La Biblia dice que aceptan la Palabra de Dios, pero "solo superficialmente" (Marcos 4:16). El tercer tipo de persona permite que las preocupaciones, ansiedades y las cosas del mundo, la distraiga de la verdad de la Palabra de Dios (Marcos 4:7, 18-19).

Espero que tú y yo siempre seamos del cuarto tipo de personas. Seamos cristianos maduros que escuchan la Palabra, la reciben, la obedecen, la guardan y permiten que obre en ellos, para que sus vidas den buen fruto para Dios; es decir, que hagamos algo que lo honre y beneficie a los demás, con el tiempo, talento y recursos que Él nos ha dado.

Asegúrate de ser terreno fértil para la Palabra de Dios, protegiendo tu corazón del enemigo, perseverando y aferrándote a la verdad cuando los problemas se presenten en tu camino. Niégate, además, a permitir que las preocupaciones o cosas mundanas te distraigan de ella.

"Padre, ayúdame a ser buena tierra, a tener un corazón en el que Tu Palabra pueda echar raíz, crecer y multiplicarse. En el nombre de Jesús. Amén".

TOMAR TIEMPO PARA DISFRUTAR

Y vio Dios todo lo que había hecho, y he aquí que era bueno en gran manera. —GÉNESIS 1:31

Dios no solo obró y creó las cosas, sino que también las observó y dijo que estaban bien. Se tomó el tiempo para disfrutar del trabajo que había hecho. ¿Tú haces lo mismo, o solo trabajas y trabajas, y nunca haces una pausa para disfrutar el fruto de tu trabajo?

Jesús dijo que vino para que tengamos y disfrutemos vida en abundancia (Juan 10:10), pero para disfrutar la vida, tenemos que apartar tiempo para hacerlo. La mayor parte de la gente hoy en día está muy ocupada, yendo de un lado para otro, sin realmente tomarse tiempo para disfrutar de la vida maravillosa que Dios le ha dado.

Dios trabajó por seis días. El séptimo día descansó de su labor (Génesis 2:2). Nosotros también deberíamos tener un día de descanso, no como una ley que seguimos, sino como una libertad que Dios nos ha dado. El descanso es un don de Dios, y es indispensable si queremos ser sanos y vivir más tiempo. El trabajo es bueno, pero podemos convertir algo bueno en malo, si nos excedemos. Te animo a programar descansos en tu horario, así como programas otras actividades y responsabilidades importantes. Tómate tiempo para disfrutar de Dios, tu vida y tu familia.

"Padre, quiero vivir una vida balanceada y necesito tu sabiduría para hacerlo. Muéstrame los cambios que debo hacer para disfrutar de periodos regulares de descanso y tranquilidad. En el nombre de Jesús. Amén".

REFUERZA TUS ORACIONES

Y ahora quedarás mudo y no podrás hablar, hasta el día en que esto se haga, por cuanto no creíste mis palabras, las cuales se cumplirán a su tiempo. —LUCAS 1:20

Dios respondió de manera sorprendente cuando Zacarías no pudo creerle, luego de que enviara a un ángel a decirle que él y su esposa Elizabeth tendrían un hijo. Es entendible en cierto modo, pues ambos ya eran muy ancianos para eso. Pero Dios había hablado y Zacarías lo cuestionó. Eso fue un problema. Por su falta de fe, Dios lo dejó mudo hasta que naciera la criatura.

Esta historia nos enseña que es muy importante cómo reaccionemos a las promesas de Dios. Cuando oramos con fe, creyendo que responderá, no debemos dejar de rezar y continuar con nuestras vidas dudando de si nos escuchó y si hará algo por nosotros. Debemos mantener fuerte nuestra fe y esperando a que Él responda, y debemos pensar y hablar de acuerdo con nuestra expectativa. Él es un Dios que guarda Sus promesas y responde a nuestras plegarias, y quiere que mantengamos esta verdad en la vanguardia de nuestros pensamientos.

Cuando le pides algo a Dios, no dejes que la duda entre a tu corazón y debilite tus plegarias o cause que te olvides de ellas. En vez de eso, deja que tu fe en Dios refuerce tus oraciones, mientras confías que Él responderá en el momento justo y de la manera correcta.

"Padre, cuando rezo, ayúdame a reforzar mis oraciones con fe y expectativa. En el nombre de Jesús. Amén".

MANTÉNTE ENFOCADO

Tus ojos miren lo recto, y diríjanse tus párpados hacia lo que tienes delante. **–PROVERBIOS 4:25**

Muchas cosas piden a gritos nuestra atención. Si queremos lograr algo importante en la vida, tenemos que aprender a mantenernos enfocados en lo que es realmente importante para nosotros en ese momento.

La distracción, es un plan del diablo para evitar que tengamos éxito haciendo lo que Dios quiere que hagamos. Incluso cuando intentamos estudiar la Palabra de Dios u orar, el diablo recurre a muchas distracciones, para evitar que nos concentremos.

Cuando escribo, por ejemplo, es importante para mí poder concentrarme en esa única cosa, entonces voy a un lugar tranquilo, donde es poco probable que sea interrumpida. Si alguien quiebra mi foco haciéndome preguntas o si suena el teléfono y lo contesto, luego me toma tiempo recuperar mi enfoque y volver a lo que estaba haciendo.

Todos tenemos un propósito en la vida y es importante no permitir que las distracciones nos descarrilen. No pierdas tu tiempo en trivialidades, mientras ignoras las cosas que son importantes.

"Padre, quiero cumplir mi propósito todos los días. Te ruego que me ayudes a ignorar las muchas distracciones que intentan robar mi atención. Dame la gracia para hacer una cosa a la vez y darle a cada una toda mi atención. Gracias. En el nombre de Jesús. Amén".

LA OBRA DE LOS CREYENTES

Entonces le dijeron: ¿Qué debemos hacer para poner en práctica las obras de Dios? Respondió Jesús y les dijo: Esta es la obra de Dios, que creáis en el que él ha enviado. —JUAN 6:28-29

La mayoría de nosotros queremos saber qué podemos hacer para agradar a Dios. Debemos estar listos para servirle a través de cualquier vía hacia donde nos oriente, pero no tenemos que sentir que estamos obligados a ofrecerle nuestras obras para que nos acepte. Somos aceptados a través de Cristo y nuestro esfuerzo es creer en Él. Cualquier servicio que le ofrecemos a Dios debe ser hecho desde la fe, porque lo amamos, no para ser aceptados por Él. Dios no está en venta.

En el versículo de hoy, los discípulos de Jesús le preguntaron qué podían hacer "para realizar las obras que Dios requiere" y Él les dio una respuesta muy sencilla, Les dijo que lo único que debían hacer era creer en Él. Por fe, siempre debemos obedecer a Dios y seguir su ejemplo. Aprovecha cada oportunidad que tengas de servir a Dios, pero recuerda siempre que el trabajo que haces no es lo que te hace aceptable, sino la fe que tienes en Jesucristo.

"Padre, más que cualquier otra cosa que hago para servirte, ayúdame a creer. En el nombre de Jesús. Amén".

DIOS LO VE TODO

Porque los caminos del hombre están ante los ojos de Jehová, Y él considera todas sus veredas. **–PROVERBIOS 5:21**

Es interesante pensar en el hecho que Dios ve todo lo que hacemos. Si fuéramos más conscientes de esa verdad, tal vez seríamos más cuidadosos con nuestro comportamiento.

Nada está oculto para Dios. Incluso sabe lo que vamos a hacer, pensar y decir antes de que lo hagamos. Deberíamos hacerlo todo en el nombre de Jesús y si no podemos, entonces deberíamos no hacerlo. Dios no vive en ese edificio llamado "iglesia" que visitamos una vez a la semana. Nosotros mismos somos el templo del Espíritu Santo (1 Corintios 6:19). Dios vive en nosotros. Somos Su hogar y Sus representantes personales, y Él ruega al mundo a través de nosotros (2 Corintios 5:20).

El señor nunca nos abandona. Él está con nosotros en todo momento. Mientras más nos demos cuenta de esto, más fascinante será nuestra vida. Dios quiere hacer vida contigo y estar involucrado en cada faceta de tu cotidianidad. A Él no le interesa solo el aspecto espiritual de tu vida, quiere estar involucrado en todo lo que haces.

"Padre, gracias porque me amas y quieres estar conmigo todo el tiempo. Ayúdame a reconocer Tu presencia en todas las cosas y a darme cuenta de que nunca estoy solo. En el nombre de Jesús. Amén".

DIOS ABRE PUERTAS

Escribe al ángel de la iglesia en Filadelfia: Esto dice el Santo, el Verdadero, el que tiene la llave de David, el que abre y ninguno cierra, y cierra y ninguno abre. —**APOCALIPSIS 3:7**

Confiar en Dios para abrir las puertas correctas y cerrar las equivocadas, trae mucha paz a nuestras vidas. He intentado empujar una puerta que quería atravesar, y lo único que obtuve fue frustración porque no funcionó. Sin embargo, he aprendido a confiar en Dios no solo para abrir puertas correctas por mí, sino también para cerrar las equivocadas.

Cuando Dios abre una puerta, te facilita las cosas. Cuando Él cierra una puerta, es en vano seguir intentando hacer lo que pretendías. He disfrutado de muchas puertas abiertas en mi vida y en mi ministerio, pero también he tenido que aprender que cuando Dios cierra una, tengo que alejarme de ella y confiar en Él para el paso que sigue.

Dios siempre tiene planes más grandes y mejores para nosotros que los nuestros, si tan solo seguimos sus direcciones. Usualmente no hacemos la misma cosa durante toda nuestra vida, porque Dios asciende a los fieles. Tal vez estás intentando aferrarte a algo que Dios ya finalizó en tu vida. Si lo dejas ir, verás que otra puerta se abre llevándote a algo mejor que eso, a lo que te aferras con tanto desespero. Dios es fiel, puedes depositar toda tu confianza en Él.

"Padre, quiero confiar en Ti para que me abras las puertas correctas y cierres las erradas. Ayúdame a reconocer lo que haces en mi vida y seguir Tu guía. En el nombre de Jesús. Amén".

DIOS, ¿QUÉ ESTÁS HACIENDO?

Como tú no sabes cuál es el camino del viento, o cómo crecen los huesos en el vientre de la mujer encinta, así ignoras la obra de Dios, el cual hace todas las cosas. —**ECLESIASTÉS 11:5**

En la vida ocurren muchas cosas que no entendemos. Si pudiéramos entenderlo todo, no tendríamos necesidad de confiar en Dios. A la gente buena le pasan cosas malas y esto nos confunde. Nuestro trabajo no es razonar, sino confiar.

Hay cosas que no conocemos, pero lo que sí sabemos, es que Dios es bueno y es fiel. Él nos hizo la siguiente promesa: "Sabemos que a los que aman a Dios, todas las cosas les ayudan a bien, esto es, a los que conforme a su propósito son llamados" (Romanos 8:28).

Pasé años confundida porque trataba de descifrar constantemente lo que Dios estaba haciendo en mi vida o por qué había pasado esto o aquello. Afortunadamente, Dios me enseñó que no debo confiar en mi propio entendimiento, sino reconocerlo a Él en todos mis caminos y Él enderezará mis veredas (Proverbios 3:5-6).

Entrégale tus preguntas al Señor y espera pacientemente en Él para que te revele cualquier cosa que necesites saber. Al mismo tiempo, siéntete satisfecho con lo que no sabes, porque Dios está en control.

"Padre, me arrepiento de las veces que te cuestioné y no confié en Ti. Perdóname y ayúdame a confiar en Ti en el futuro, sin tener que saber lo que haces en mi vida. En el nombre de Jesús. Amén".

UNA Y OTRA VEZ

Tarde y mañana y a mediodía oraré y clamaré, y él oirá mi voz.

—SALMOS 55:17

Cuando quieres ser más fuerte en cierta área de tu vida, puedes hacer una aproximación a ella tanto espiritual, como natural. Espiritualmente, puedes orar y pedirle a Dios que te ayude a leer la Biblia u otros libros que te animen. "Natural", significa "de forma práctica", a lo cual se llega a través de mucha repetición.

Las personas que quieren ser más fuertes físicamente, lo logran haciendo ejercicio varias veces a la semana. Caminan, nadan, usan pesas, hacen yoga o se apuntan a alguna clase. Pero si solo se ejercitan una vez y nunca vuelven a hacerlo, no lograrán ningún beneficio. Tienen que hacer lo mismo una y otra y otra vez y, eventualmente, gracias a esa repetición, obtendrán los resultados que desean.

Para ganar fuerza en cualquier área de tu vida, pídele a Dios que te muestre lo que debes hacer para obtener esa fuerza adicional y entonces, hazlo y hazlo y hazlo de nuevo.

"Padre, Te pido Tu ayuda sobrenatural para fortalecerme en las áreas de mi vida donde lo necesite. Ayúdame también a hacer todo lo que debo en el ámbito natural para convertirme en la persona de fuerza que Tú quieres que sea. En el nombre de Jesús. Amén".

EL PERDÓN DE DIOS

Si confesamos nuestros pecados, él es fiel y justo para perdonar nuestros pecados, y limpiarnos de toda maldad. —1 JUAN 1:9

Admitir nuestros pecados y estar dispuestos a apartarnos de ellos, es todo lo que hace falta para recibir el perdón completo de Dios por nuestras faltas. Pasé años sintiéndome culpable y condenada, y puede que alguna vez hayas sentido lo mismo. Pero la condena no es obra de Dios. Él no solo perdona nuestros pecados, sino que los olvida (Hebreos 10:17). Él los aleja "cuanto está lejos el oriente del occidente" (Salmos 103:12).

Cuando tú o yo pecamos, no hace falta más sacrificio que el que Jesús ya hizo por nosotros. No tenemos que sacrificar nuestra paz o nuestra alegría y sentirnos culpables, como una forma de pagar por nuestros pecados. El perdón de Dios es absoluto. Lava todo pecado y toda culpa. Así que, si todavía nos sentimos culpables después de arrepentirnos, es una culpa falsa con la que Satanás intenta agobiarnos.

Te animo no solo a pedir perdón, sino a tomarte el tiempo para recibirlo. A veces incluso digo en voz alta: "yo recibo Tu perdón, Señor, y te agradezco por él". Si la culpa intenta visitarme después de eso, simplemente digo una y otra vez: "fui perdonada", hasta que el diablo se da por vencido.

"Padre, muchas gracias por Tu misericordia y perdón, y por librarme de la culpa y la condenación. En el nombre de Jesús. Amén".

LLEVA UNA VIDA TRANQUILA

Y que procuréis tener tranquilidad, y ocuparos en vuestros negocios, y trabajar con vuestras manos de la manera que os hemos mandado, a fin de que os conduzcáis honradamente para con los de afuera, y no tengáis necesidad de nada. −1 TESALONICENSES 4:11-12

El versículo de hoy está lleno de buenos consejos prácticos. ¿Cuánta más paz podríamos disfrutar si todos nos ocupáramos de nuestros asuntos y rezáramos, en vez de juzgar lo que no entendemos o con lo que no estamos de acuerdo? El apóstol Pablo confirma los beneficios de una vida tranquila, en vez de una llena de conflictos y confusión.

¿Con qué frecuencia ofrecemos nuestra opinión sobre algo de lo que no tenemos conocimiento? Pienso yo que ¡muy seguido! En vez de dar opiniones no solicitadas e involucrarnos en situaciones que no nos conciernen, Pablo nos dice que nos mantengamos ocupados. Debemos enfocarnos en nuestros propios asuntos, pues eso nos mantendrá tan atareados, que no tendremos tiempo para involucrarnos en cosas sin beneficio que solo causan confusión.

Cuando ofrecemos nuestras opiniones, muchas veces decimos: "solo intento ayudar". Pero para que alguien reciba nuestra ayuda, primero debe haberla solicitado y la mayoría de las veces, si no la pide, es porque no la necesita o no la quiere. Te animo a seguir las pautas simples que Pablo ofrece en el versículo de hoy. Si lo haces, encontrarás mayor paz y disfrute en tu vida.

"Padre, reconozco que muchas veces doy mi opinión sin que me la pidan y quiero cambiar. Ayúdame a aprender a estar callado, cuidar de mis asuntos y hacer mi propio trabajo. En el nombre de Jesús. Amén".

DE MAÑANA

Oh, Jehová, de mañana oirás mi voz; de mañana me presentaré delante de ti, y esperaré. –SALMOS 5:3

Creo que la mejor manera de empezar cada día es hablando con Dios. Aparentemente, esto es lo que el salmista David hacía y estaba seguro de que Dios escuchaba su voz. David marcaba la pauta para su día, haciéndole ver a Dios sus necesidades y esperando expectante la respuesta de Dios.

¿Cómo empiezas cada día? ¿Comienzas por virar tu corazón hacia Dios en oración, confiando en que Él te escucha y creyendo que responderá? O empiezas tu día pensando en que tienes que llevar a tus hijos a la escuela, en el trabajo amontonado sobre tu escritorio o las malas hierbas que necesitas arrancar del jardín. ¿Piensas en una conversación complicada que debes tener ese día o en una decisión importante que hay que tomar?

No tienes que permitir que el estrés de la vida marque el tono de tu día. Tú, tal como David, puedes empezar el día poniendo tus peticiones delante de Dios y esperando con confiada expectación, que Él responderá de la manera adecuada, en el momento justo. Decide hoy que, de ahora en adelante, según el versículo de hoy, vas a tener tus días preparados para un buen comienzo.

"Padre, creo que me escuchas cuando oro y espero expectante a que me respondas. En el nombre de Jesús. Amén".

HACIENDO LO CORRECTO

Pero sed hacedores de la palabra, y no tan solamente oidores, engañándoos a vosotros mismos. **—SANTIAGO 1:22**

La Biblia está llena de instrucciones que nos ayudarán a vivir mejores, más fructíferas (productivas) y más placenteras existencias. Pero, simplemente leer las instrucciones no nos ayudará. Necesitamos obedecerlas y ponerlas en práctica en nuestra vida diaria.

Santiago 1:2-3 nos enseña a estar gozosos en las pruebas, sabiendo que la comprobación de nuestra fe produce paciencia. También nos insta a perseverar a través de nuestras dificultades y a rogarle a Dios sabiduría para saber cómo manejarlas (1:4-5).

Dios promete darnos sabiduría "abundantemente y sin reproche" (Santiago 1:5). En otras palabras, incluso si hemos creado problemas a través de nuestra desobediencia, Dios nos ayudará si se lo pedimos. No importa lo que hemos hecho, Dios nunca deja de amarnos. Si estamos dispuestos a arrepentirnos de nuestros pecados, Él perdona totalmente y nos ayuda a salir de los enredos que hemos creado.

Te insto a que comiences a hacer lo que sabes que debes. Eso es lo correcto, y no hacer lo que sabes, es un pecado (Santiago 4:17). Sé sabio y haz ahora mismo, lo que te dará satisfacción más tarde.

"Padre, te pido que perdones mi desobediencia. Concédeme sabiduría sobre cómo afrontar mis problemas y ayúdame a recuperar mi vida regresando a Tu voluntad. En el nombre de Jesús. Amén".

UNA VIDA EXCELENTE

Para los santos que están en la tierra, y para los íntegros, es toda mi complacencia. **–SALMOS 16:3**

En el versículo de hoy David escribe sobre personas piadosa y se refiere a ellos como "los íntegros". Si queremos hacerle justicia a este título, debemos comenzar con nuestras mentes. Una vida noble y excelente empieza con pensamientos nobles y excelentes. Pablo repite la idea de Filipenses 4:8: "Por lo demás, hermanos, todo lo que es verdadero, todo lo honesto, todo lo justo, todo lo puro, todo lo amable, todo lo que es de buen nombre; si hay virtud alguna, si hay algo digno de alabanza, en esto pensad".

Dios nos ha llamado a ser excelentes en todo lo que hacemos. De esta manera, lo representamos bien frente a quienes nos rodean. Examina tus pensamientos hoy y abraza solo los que sean excelentes.

"Padre, ayúdame a tener pensamientos excelentes para así vivir una vida excelente. En el nombre de Jesús. Amén".

SE ACERCA EL DÍA DE PAGO

Y a sus hijos heriré de muerte, y todas las iglesias sabrán que yo soy el
que escudriña la mente y el corazón; y os daré a cada uno según vuestras
obras. —APOCALIPSIS 2:23

La salvación es un regalo de la gracia de Dios y la recibimos a
través de la fe en Jesucristo. No está basada en algo que hemos
hecho, a pesar de que en el cielo recibiremos una recompensa
por nuestras obras. En Hebreos leemos que: "sin fe es imposible
agradar a Dios" y que el que se acerca a Dios: "crea que le hay, y
que es galardonador de los que le buscan" (Hebreos 11:6).

No quiero perderme nada de lo que Dios tiene para mí, porque sé que será algo maravilloso. Estoy segura de que piensas
igual. La Biblia nos enseña que cosechamos lo que sembramos
(Gálatas 6:7). Este es un pensamiento muy aleccionador para
mí, pero también uno emocionante. Si hacemos lo que es justo
por nuestro amor al Señor, Él nos recompensará. Si hacemos lo
que está mal, no recibiremos esa distinción.

A veces puede que estés cansado de la vida, pero pensar en
las recompensas que Dios tiene para ti en el cielo y entusiasmar-
te por ver lo que son, te mantendrá fuerte y renovado.

"Padre, ayúdame a sembrar buena semilla para que pueda obtener bue-
na cosecha. Quiero usar sabiduría en todo lo que hago para no perder la
recompensa que tienes para mí. En el nombre de Jesús. Amén".

EL VERDADERO RETO DE SER CRISTIANO

¿Por qué me llamáis, Señor, Señor, y no hacéis lo que yo digo? **–LUCAS 6:46**

Para muchas personas, hacer lo que saben que es correcto, es lo único que se interpone entre ellos y unas inmensas victorias en sus vidas. Está bien escuchar un sermón o leer la Biblia, pero si no hacemos lo que aprendemos a hacer, no nos ayuda en un sentido práctico. Ese es el verdadero desafío de ser cristiano. Es fácil poner una calcomanía de una cruz o un pez en tu auto, pero es mucho más difícil comportarnos como debería conducirse un cristiano. Es fácil llevar la Biblia a la oficina, pero la verdadera prueba es tratar a tus compañeros de trabajo como Dios manda.

El conocimiento por sí solo puede llenarnos de orgullo. A pesar de que el conocimiento es bueno, es inútil si no actuamos en consecuencia. Pablo le dijo a los Corintios que el conocimiento envanece, pero el amor edifica (1 Corintios 8:1). Esto significa que el amor edifica y anima a la gente a desarrollarse para ser más como Cristo. Puede que seas el único representante de Cristo que algunas personas conozcan, entonces es importante que lo representes bien.

Hacer lo correcto, con frecuencia nos trae dolor antes de darnos placer. La carne quiere lo que es fácil. Pero si seguimos al Espíritu, siempre vamos a hacer lo correcto no importa qué tan difícil sea, con la certeza de que las bendiciones de Dios van a llegar a su debido tiempo.

"Padre, ayúdame a hacer lo correcto. Quiero ser un digno representante de Ti y necesito Tu ayuda para lograrlo. Perdóname por no comprometerme en el pasado y dame un nuevo comienzo. Gracias. En el nombre de Jesús. Amén".

DIOS PREMIA NUESTRO TRABAJO

He aquí yo vengo pronto, y mi galardón conmigo, para recompensar a cada uno según sea su obra. —APOCALIPSIS 22:12

A veces, hacemos nuestro mejor esfuerzo ante ciertas situaciones debido a nuestro amor por el Señor, pero las cosas no funcionan a nuestro favor. Cuando esto ocurre, podemos sentirnos desmotivados fácilmente. Puede que tengamos que hacer lo correcto por mucho tiempo antes de ver los resultados esperados, pero como siempre digo: "se acerca el día de pago".

Dios nunca olvida nuestro trabajo por Él. La Biblia dice: "(Él) es galardonador de los que le buscan" (Hebreos 11:6) y "hay grande galardón" para quienes obedecen Sus enseñanzas (Salmos 19:11).

Algunas de nuestras recompensas se reciben acá en la tierra y otras, están reservadas para nosotros en el cielo. No sabemos exactamente cuáles son esas recompensas, pero sabemos que Dios es bueno y que todo lo que Él prepara para nosotros son cosas buenas. Te animo a esperar tu recompensa de Dios. Sé firme y fuerte en el Señor, y continúa haciendo lo correcto. Nunca te arrepentirás.

"Padre, gracias por tu bondad en mi vida. Espero con ansias mi recompensa, no porque la merezca, sino porque Tú eres fiel. Ayúdame a mantenerme fuerte y nunca darme por vencido. En el nombre de Jesús. Amén".

UNA ACTITUD CONTENTA

Haya, pues, en vosotros este sentir que hubo también en Cristo Jesús.

—FILIPENSES 2:5

Las personas que tienen corazones humildes son agradecidas y contentas. Aprecian todo lo que Dios ha hecho por ellas, y están satisfechas porque saben que Él las ama y les ha dado todo lo que necesitan en su vida en el momento actual. Ellas confían que cuando sea el momento adecuado de tener más, Dios se los dará. Esperan pacientemente.

Estar contento no significa que no queremos ver cambios o progresar. Significa que no somos infelices con lo que tenemos ahora, porque confiamos en los tiempos de Dios en nuestras vidas. Estar contento, significa estar satisfecho al punto donde no estamos molestos o perturbados.

"Pero gran ganancia es la piedad acompañada de contentamiento" (1 Timoteo 6:6). El contentamiento es una de las mayores bendiciones que una persona puede tener. Es mucho más valioso que poseer muchas cosas y no estar satisfecho. La verdadera satisfacción proviene de estar en la relación correcta con Dios, buscándolo sobre todas las cosas. El descontento deshonra a Dios, pero aquellos que están contentos honran a Dios y sus acciones declaran que confían en Él.

"Padre, te amo y quiero estar contento en todo momento. Perdóname por las veces que he murmurado y quejado por descontento y ayúdame a reconocer lo bueno que eres conmigo. En el nombre de Jesús. Amén".

EL PELIGRO DEL ORGULLO

Antes del quebrantamiento es la soberbia, y antes de la caída la altivez de espíritu. —PROVERBIOS 16:18

El orgullo hace que la gente se jacte, sea altiva o tenga una opinión de sí misma más alta de lo que debería o asuma más crédito del que merece. Está caracterizado por un grado excesivo de autoestima y un sentido irrazonable de superioridad en talentos, belleza, riqueza, logros, posición social o estatus profesional. Cuando las personas actúan desde su orgullo y piensan con orgullo, se dan aires de altivez. Las personas orgullosas con frecuencia desprecian a los otros y son insolentes y groseras con los demás.

La soberbia de nuestros corazones nos engaña (Abdías 3). Distorsiona nuestras percepciones y no vemos las cosas como realmente son. No vemos el valor de otras personas, ni vemos nuestros propios defectos.

Dios quiere que tengamos un corazón humilde, que es lo contrario a un corazón orgulloso. Las personas que son humildes no tienen un concepto demasiado elevado de sí mismos, pero se apoyan en Dios y saben que son nada sin Él. Son corteses, se evalúan a sí mismos con modestia y saben cuáles son sus defectos. Piensan bien de otras personas y tienen buenos modales.

Dios nos dice en Su Palabra que, si nos humillamos bajo Su mano poderosa, nos exaltará a su debido tiempo (1 Pedro 5:6). Si rehusamos humillarnos, Dios tendrá que hacerlo por nosotros. Él nos eleva mientras permanecemos humildes, pero también puede derribarnos si nos llenamos de orgullo.

"Padre, te pido que sigas trabajando en mí para mantenerme humilde. Me arrepiento del orgullo y reconozco que soy nada sin Ti. Ayúdame a tratar siempre bien a los demás y a nunca pensar que soy mejor que nadie. En el nombre de Jesús. Amén".

NUNCA ERES RECHAZADO

Todo lo que el Padre me da, vendrá a mí; y al que a mí viene, no le echo fuera. —JUAN 6:37

En el versículo de hoy, Jesús promete no rechazar a nadie que venga a Él. ¿No es esto una garantía estupenda? Cuando acudimos a Él —sin importar nuestro estado o lo que hemos vivido o lo que hayamos hecho en el pasado—, siempre va a darnos la bienvenida, y podemos estar seguros de que somos amados y aceptados en Su presencia.

No conozco a nadie que no haya sido rechazado por otra persona en algún momento. Tal vez tu padre o tu madre te rechazaron. Quizá compañeros de clase en la escuela o colegas en el trabajo, no han sido amables contigo o receptivos. Acaso otras personas te han rechazado por tanto tiempo de manera tan dolorosa, que ahora te rechazas a ti mismo en vez de amarte de una manera sana. El rechazo puede ser extremadamente doloroso y afectar nuestras vidas de forma muy negativa.

Con Dios, nunca debemos temer o experimentar rechazo. Él nos da la bienvenida cada vez que venimos a Él; se deleita en nosotros y hasta canta sobre nosotros (Isaías 62:4, Sofonías 3:17). Está en paz hoy y regocíjate, porque Dios nunca te rechazará.

"Padre, gracias por siempre acogerme en Tu presencia y por nunca rechazarme. En el nombre de Jesús. Amén".

BUSCADORES DE FALLAS

Hermanos, no os quejéis unos contra otros, para que no seáis condenados; he aquí, el juez está delante de la puerta. **—SANTIAGO 5:9**

Todas las personas pueden venir a Dios tal como son. Todos tenemos defectos y estamos tentado a quejarnos de los defectos de los demás mientras ignoramos los nuestros. Últimamente, he visto que le pongo atención a los errores de los demás. No me gusta cómo me hace sentir eso, así que le pedí a Dios que me mostrara cómo puedo lidiar con mi mala actitud, y Él me ayudó.

La mejor forma de disfrutar de la compañía de los demás es enfocándonos en sus fortalezas y no en sus debilidades y defectos. No te enfoques en lo que la gente no hace por ti, sino enfócate en lo bueno y las cosas que sí hacen. Los pensamientos y palabras que sembramos o les decimos a los demás, son los que eventualmente tendremos de vuelta. Así que, si queremos que la gente sea paciente y no se queje de nosotros, tenemos que hacer lo mismo por ellos.

Satanás nos tienta a juzgar críticamente a los demás, pero Dios nos da la habilidad de amarlos con Su ayuda. Pongámonos los anteojos de Dios y aprendamos a ver a las personas como Él las ve.

"Padre, perdóname por buscar los errores de los demás y ayúdame a ver a las personas como Tú las ves. Gracias. En el nombre de Jesús. Amén".

DIOS TE VE

Porque Dios no es injusto para olvidar vuestra obra y el trabajo de amor que habéis mostrado hacia su nombre, habiendo servido a los santos y sirviéndoles aún. —**HEBREOS 6:10**

Cuando trabajamos duro y servimos a Dios, puede que sintamos que nadie aprecia nuestro trabajo y nuestros sacrificios, pero Dios nos ve y sabe todo lo que hacemos. Él aprecia nuestro esfuerzo por Él y nos recompensa a su debido tiempo.

El apóstol Pablo nos anima diciendo: "no nos cansemos, pues, de hacer bien; porque a su tiempo segaremos, si no desmayamos" (Gálatas 6:9). Estoy segura de que Pablo experimentó la misma sensación de cansancio que sentimos a veces, pero siguió adelante. Su meta era terminar lo que Dios le había dado por hacer, y ese también debería ser nuestro objetivo.

Cuando quieras darte por vencido, solo recuerda lo que Jesús tuvo que soportar para que pudieras ser perdonado y vivir con Él para siempre. Cualquier dificultad que enfrentes es mínima comparada a la que soportó. Cualquier buena acción hacia los demás, se cuenta como algo que has hecho por Jesús. Ten eso en mente y tu trabajo por Él te energizará y te dará paz y alegría.

"Padre, gracias por permitirme servirte a Ti y servir a los demás. Ayúdame a agradecer siempre cada oportunidad y a encontrar alegría en mi trabajo. En el nombre de Jesús. Amén".

MANTÉN TU COMPROMISO CON DIOS

Y Josué dijo al pueblo: Santificaos, porque Jehová hará mañana maravillas entre vosotros. —JOSUÉ 3:5

Cuando hacemos un compromiso con Dios es importante no darle la espalda cuando se haga difícil. Ana dedicó o consagró su hijo Samuel al Señor, y no se echó para atrás o cambió de parecer cuando perderlo le provocó dolor a su corazón (1 Samuel 1:24-2:11).

Cuando le entregamos algo a Dios, lo apartamos para que Él lo use; se lo damos para que haga lo que quiera con él. Podemos entregarnos nosotros mismos a Dios o nuestras finanzas, nuestro tiempo y muchas otras cosas, y cuando lo hacemos, deberíamos mantener siempre esos compromisos.

La Biblia está llena de historias de hombres y mujeres que se dedicaron a sí mismos a Dios y no retrocedieron cuando mantener ese compromiso fue difícil. Daniel, José, Ester y Rut, son solo algunos ejemplos. Cada uno de ellos se dedicó a Dios y a pesar de las dificultades, no se dieron por vencidos. Como resultado, fueron recompensados por su fidelidad.

No hagas compromisos sin pensar seriamente si estás dispuesto a terminar lo que empezaste. Si estás a punto de darte por vencido y no cumplir con un compromiso hecho, te animo a seguir adelante, porque el resultado final va a justificar el sacrificio.

"Padre, pido que me des las fuerzas para terminar todo lo que empiezo y todos mis compromisos. Siempre quiero terminar lo que comienzo y así mantener mi palabra. En el nombre de Jesús. Amén".

PORQUE ÉL LO DICE

Cuando terminó de hablar, dijo a Simón: Boga mar adentro, y echad vuestras redes para pescar. Respondiendo Simón, le dijo: Maestro, toda la noche hemos estado trabajando, y nada hemos pescado; más en tu palabra echaré la red. **–LUCAS 5:4-5**

¿Alguna vez has hecho algo que crees que era bueno y lo correcto, pero no obtuviste los resultados que esperabas? Quizá creíste que era algo que Dios te dijo que hicieras, pero no funcionó. Si es así, entonces entiendes lo que sintió Simón (también conocido como Pedro) en su viaje de pesca, el que leemos en Lucas 5. Él y sus amigos habían pescado toda la noche y no atraparon nada, por lo que tenían pocas esperanzas de que lanzar sus redes de nuevo fuese productivo.

Pero fíjate en la respuesta de Simón cuando Jesús le dijo que lo intentara una vez más. Primero respondió: "Maestro, toda la noche hemos estado trabajando, y nada hemos pescado"; pero sus próximas palabras demuestran su obediencia: "mas en tu palabra echaré la red".

¿Qué le dirás al Señor cuando hayas trabajado por mucho tiempo sin resultado y te pida que intentes de nuevo? ¿Dejarás que tu razón domine tus pensamientos y le dirás que lo has estado haciendo por semanas, meses o años, y nada ha pasado? O vas a responder como Simón y dirás: "mas en tu palabra echaré la red" e intentarás de nuevo.

Cuando Simón echó la red, como Jesús le pidió que hiciera, sacó más peces que nunca. Cuando obedeces a Dios, no hay límite para las cosas maravillosas que Él hará a través de ti.

"Padre, todo lo que me digas que haga, lo haré, porque Tú lo pides. En el nombre de Jesús. Amén."

LENTO Y SEGURO

Los pensamientos del diligente ciertamente tienden a la abundancia.

—PROVERBIOS 21:5

Mi esposo es muy paciente, mientras que yo tengo la tendencia a querer que las cosas se hagan rápido. Él me ha dicho por años: "Rápido y frágil. Lento y sólido". Ser precipitados nos puede terminar causando muchos problemas. Decimos cosas que desearíamos no haber dicho, hacemos compromisos difíciles de cumplir, y compramos cosas que lamentamos haber comprado cuando tenemos que comenzar a hacer pagos. La persona apresurada, al final siempre pierde en lugar de ganar.

Afortunadamente, Dios es muy paciente con nosotros y nunca se da por vencido. La paciencia es un fruto del Espíritu. Lo tenemos porque el Espíritu Santo vive en nosotros, pero necesitamos ejercitarnos para desarrollarlo y fortalecerlo. Heredamos las promesas de Dios a través de la fe y la paciencia (Hebreos 6:12).

Me he vuelto más paciente con el paso de los años, porque he aprendido por experiencia que ser impaciente no hace que Dios se apresure. Sus tiempos son perfectos y deberíamos aprender a esperar por lo que sea, disfrutando de nuestras vidas durante la espera.

¿Qué estás esperando ahora mismo? Sea lo que sea, Dios ve tu corazón, y si eso es lo mejor para ti, Él te lo dará en el momento justo.

"Padre, agradezco Tu paciencia conmigo y te ruego que me ayudes a ser paciente en lugar de apresurado. En el nombre de Jesús. Amén".

CRECER EN AMOR

Y esto pido en oración, que vuestro amor abunde aún más y más en ciencia y en todo conocimiento. **—FILIPENSES 1:9**

Amar a Dios y amar a la gente son las principales responsabilidades del creyente. El amor es mucho más que una teoría o una palabra. Es acción, y lo demostramos en la manera que tratamos a los demás. ¿Somos pacientes con aquellos que son débiles o con quienes no son como somos nosotros? ¿Somos amables con todas las personas con las que entramos en contacto? ¿Somos buenos con las personas se lo merezcan o no? Pablo nos enseña a nunca perder la oportunidad de hacer bien a la gente, especialmente a aquellos "de la familia de la fe" (Gálatas 6:10).

Enfocarnos en amar a Dios y los demás evita que seamos egoístas y egocéntricos, eso es algo muy importante para nuestra alegría. No podemos ser egoístas y felices al mismo tiempo. Dios nos creó para recibir de Él y luego compartir lo que Él nos ha dado con los demás.

No podemos solo amar a quienes nos aman, porque la Palabra de Dios requiere que amemos incluso a nuestros enemigos y oremos por ellos y los bendigamos (Mateo 5:44). Al principio parece muy difícil de hacer, pero una vez empezamos a hacerlo, vemos que realmente es la mejor forma de mantener nuestra alma libre del veneno de la falta de perdón.

Pablo no solo nos dice que amemos a los demás, sino que "abundemos" en amor. Dios quiere que sigamos creciendo en el amor y que amemos a los otros más y más. Si estás enojado con alguien, te insto a que perdones rápidamente y permanezcas en paz.

"Padre, quiero que el amor llene mi corazón y fluya hacia Ti primero y luego a todos los que conozco. Gracias por amarme primero, para que yo sea capaz de amarte a Ti y a los demás. En el nombre de Jesús. Amén".

CAMBIO MIENTRAS EL ESPÍRITU SANTO GUÍA

¿O cómo dirás a tu hermano: Déjame sacar la paja de tu ojo, y he aquí la viga en el ojo tuyo? **–MATEO 7:4**

Todos los que conocemos tienen defectos y debilidades, pero cada uno también tiene cualidades.

El versículo de hoy nos insta a no criticar las imperfecciones de los demás sin antes mirar las nuestras. Si nos concentramos en las áreas que debemos mejorar, probablemente no tendremos tiempo para juzgar a otros por sus defectos.

Cuando pensamos en las formas que debemos crecer y cambiar, tenemos que hacerlo de una forma saludable. Algunas personas se enfocan demasiado en sus debilidades, al punto de que corregirlas se convierte en una obsesión. Por ejemplo, algunas personas sienten que tienen sobrepeso y se obsesionan con perderlo, al punto que desarrollan desórdenes alimenticios. Otras personas que son criticadas o incluso castigadas por hablar demasiado, llegan al punto de volverse excesivamente silenciosas y retraídas. Cuando hablo de fortalecer nuestras áreas débiles, no digo que debamos ir a los extremos, sino hacer cambios guiados por el Espíritu Santo y Él siempre nos lleva por caminos que son sanos y balanceados.

¿Hay algún área de tu vida que necesites cambiar o fortalecer? Pídele a Dios que te ayude hoy.

"Padre, ayúdame a evaluar mis debilidades, para no obsesionarme con ellas y fortalecer esas áreas bajo Tu guía. En el nombre de Jesús. Amén".

PODER ESPIRITUAL

Pero recibiréis poder, cuando haya venido sobre vosotros el Espíritu Santo. **—HECHOS 1:8**

Parte de nuestro privilegio como creyentes en Cristo, es recibir el poder del Espíritu Santo. Sin ese poder, nada de lo que hacemos tiene efectividad. El poder espiritual es la influencia que guía a la gente a aceptar a Cristo como su Salvador y a seguirlo. Podemos enseñar y predicar la Palabra de Dios de forma elocuente, pero aun así hacerlo sin el poder del Espíritu Santo. Puede que nuestras palabras incluso conmuevan a las personas, pero no espiritualmente. Pablo le recordó a los Tesalonicenses que el evangelio no les llegó solo en palabras, sino en poder (1 Tesalonicenses 1:5).

El Espíritu Santo es la tercera persona de la Trinidad. Él nos otorga el poder de Dios y nos permite hacer grandes cosas. Él habla a través de aquellos que comparten la Palabra de Dios y ministran a quienes la escuchan. Debemos depender del Espíritu Santo para que nos fortalezca y ayude en todo lo que hacemos. Él camina junto a nosotros, vive en nosotros y nos permite hacer todo lo que necesitamos hacer en la vida.

Ora a diario, para ser colmado del poder del Espíritu Santo y disfrutar de los beneficios de todos Sus dones. Su poder y sus dones te permitirán ayudar a las personas que están perdidas y necesitan de Cristo. Jesús nos prometió este poder justo antes de ascender al cielo y nunca deberíamos contentarnos de vivir sin él.

"Padre, necesito desesperadamente que el poder del Espíritu Santo me llene cada momento de cada día. Te pido que me bautices con el Espíritu Santo y me otorgues los dones que Él desea que tenga para que así pueda servirte eficazmente y ayude a aumentar Tu reino. En el nombre de Jesús. Amén".

VALORA A TODOS

Nada hagáis por contienda o por vanagloria; antes bien con humildad, estimando cada uno a los demás como superiores a él mismo.

—**FILIPENSES 2:3**

A los ojos de Dios, todos somos iguales y valiosos. Deberíamos mostrar siempre respeto hacia todas las personas, porque todas son importantes para Dios. 1 Pedro 2:17 dice: "honrad a todos", y me doy cuenta de que es difícil respetar a algunos por sus actos impíos. Sin embargo, en vez de juzgarlos, debemos rezar por ellos con la esperanza de que abran sus corazones a Dios (Mateo 5:44-45).

Si somos egoístas y llenos de orgullo, siempre sentiremos que somos más importantes que los demás y los despreciaremos en lugar de valorarlos. El orgullo nos hace pensar que somos mejores de lo que realmente somos, en lugar de que nos veamos acorde a la gracia de Dios.

Recuerda siempre que, si eres bueno o dotado para algo, es una habilidad que posees porque Dios te hizo de esa manera. No te atribuyas el mérito, siempre dale la gloria a Dios. En vez de dejar que tus dones te hagan sentir superior a los demás, permite que te hagan humilde de asombro por lo bueno que Dios ha sido contigo. Nadie merece la bondad que Dios nos muestra. Te animo a ser un vehículo que Dios pueda usar para ayudar a otros a sentirse valorados e importantes.

"Padre, creo que es muy importante para Ti que trate a los demás de la forma en que Tú los tratarías. Por favor, ayúdame a hacer esto y a siempre recordar que todo el bien que hago es el resultado de Tu gracia. En el nombre de Jesús. Amén".

RECIBIR CONSUELO

Entonces las iglesias tenían paz por toda Judea, Galilea y Samaria; y eran edificadas, andando en el temor del Señor, y se acrecentaban fortalecidas por el Espíritu Santo. **–HECHOS 9:31**

Ser animado por el Espíritu Santo, significa recibir consuelo de Él. Todos sabemos lo maravilloso que es recibir consuelo de un ser querido o un amigo, cuando nos sentimos emocionalmente heridos. Si su consuelo nos ayuda, imagínate lo extraordinario que es cuando se trata del Espíritu Santo. Muchos de nosotros lo hemos experimentado, pero otros no. Creo que no experimentamos ciertas cosas, porque no las pedimos (Santiago 4:2).

He aprendido a no acudir primero a mis amigos o familiares cuando necesito consuelo o alivio, sino buscar a Dios y pedirle que me dé lo que necesito. Muchas veces lo hace a través de otra persona, pero también hay momentos, donde Su consuelo llega sin intervención humana. El Espíritu Santo es "el Consolador (Juan 14:26). Él nos consuela para que podamos dar a otros el mismo consuelo que nos ha dado (2 Corintios 1:3-4).

El mundo está lleno de personas que sufren y que necesitan de otros para seguir adelante. Busca a estas personas, y convierte en tu misión permitir que el consuelo del Espíritu Santo fluya hacia ellos a través de ti.

"Padre, estoy agradecido por el consuelo del Espíritu Santo. Ruego poder dar ese consuelo y ánimo a otros, como Tú lo has hecho conmigo. Pon en mi camino personas que necesiten ser consoladas para que puedas ministrarlas a través de mí. En el nombre de Jesús. Amén".

ENTREGADO

Yendo un poco adelante, se postró sobre su rostro, orando y diciendo: Padre mío, si es posible, pase de mí esta copa; pero no sea como yo quiero, sino como tú. —MATEO 26:39

La primera condición para recibir guía divina es una vida entregada. Antes de que podamos conocer la voluntad de Dios, primero debemos rendir nuestra propia voluntad. Él promete guiar y enseñar a los mansos (Mateo 11:29). También debemos estar dispuestos a obedecer. No tiene sentido que nos dirija a menos que tengamos intenciones de seguirlo. Puede que no siempre entendamos por qué Dios quiere que hagamos o dejemos de hacer algo, pero debemos confiar en su guía.

A veces, las respuestas que recibimos de nuestras plegarias parecen alejarnos de nuestras expectativas en lugar de acercarnos, pero los caminos de Dios son perfectos. Si Su plan es diferente del nuestro, es porque será mejor. A veces sentimos que Dios tarda en proveer lo que desesperadamente sentimos que necesitamos. En esas instancias, debemos recordar que una vida entregada, significa que no es solo a la voluntad de Dios sino también a Sus tiempos.

Somos muy privilegiados por vivir bajo la guía divina, pero toma práctica aprender a distinguir correctamente la voz de Dios de la nuestra y la de todos los demás. A menudo aprendemos a través de nuestras equivocaciones, pero Dios redimirá los errores de una persona entregada. Pídele a Dios a diario Su guía y prepárate a seguirlo cuando la recibas.

"Padre, te pido que me guíes en todos los aspectos de mi vida. Hágase Tu voluntad, no la mía. Elijo entregarte todo mi ser y Te pido la gracia de cumplir Tu voluntad y permanecer rendido cuando sea difícil hacerlo. En el nombre de Jesús. Amén".

ESPERA QUE DIOS DÉ UN PASO

Y viendo de lejos una higuera que tenía hojas, fue a ver si tal vez hallaba en ella algo; pero cuando llegó a ella, nada halló sino hojas, pues no era tiempo de higos. Entonces Jesús dijo a la higuera: Nunca jamás coma nadie fruto de ti. Y lo oyeron sus discípulos. **–MARCOS 11:13-14**

Una de las historias de la Biblia que puede ser confusa para la gente, es la de la higuera. Se preguntan por qué Jesús la maldijo al punto de que se marchitara y secara. Creo que la razón es sencilla: no estaba cumpliendo con la función para la cual fue diseñada por Dios. Porque tenía hojas, igual debía dar frutos.

El día después de que Jesús maldijo el árbol, Él y Sus discípulos pasaron de nuevo cerca de él y los discípulos se sorprendieron al ver que había muerto. Cuando Jesús vio su reacción les dijo: "Tened fe en Dios" (Marcos 11:22). Luego continúa en Marcos 11:23-23 hablando del luminoso poder de la fe.

Como creyentes, tenemos la opción de objetar lo que Dios dice —de la forma en que los discípulos respondieron cuando Jesús les habló a la higuera— y sorprendernos cuando Su Palabra se convierte en realidad, o bien, podemos llenarnos de fe. Cuando leamos la Palabra de Dios o escuchamos Su voz, comencemos de inmediato esperar que suceda.

Llena tu mente hoy con pensamientos de fe y confianza en Dios, no con duda, cuestionamiento o curiosidad por lo que quiso decir. Cree en la Palabra de Dios y continúa creyendo, hasta que Lo veas cumplir Sus promesas.

"Padre, que nunca me sorprenda cuando lo que digas realmente suceda. Que viva a la espera de Tus movimientos y de que hagas lo que dijiste que harías. En el nombre de Jesús. Amén".

LA SANGRE DE JESUCRISTO

Y por medio de él reconciliar consigo todas las cosas, así las que están en la tierra como las que están en los cielos, haciendo la paz mediante la sangre de su cruz. **–COLOSENSES 1:20**

Hay poder en la sangre de Jesús. Aquellos que creen en Jesús, profesan que Él murió por nosotros, que derramó Su sangre y sufrimiento para pagar por nuestros pecados. Es solo a través de Su sacrificio que nos reconciliamos con Dios. Nuestros pecados fueron perdonados a través de Su sangre derramada. Su sangre es llamada "preciosa" y de seguro lo es (1 Pedro 1:19).

La sangre de Cristo limpia toda mancha de pecado y nos permite vivir libres de culpa y condena. Según Colosenses 1:21-22: "Y a vosotros también, que erais en otro tiempo extraños y enemigos en vuestra mente, haciendo malas obras, ahora os ha reconciliado en su cuerpo de carne, por medio de la muerte, para presentaros santos y sin mancha e irreprensibles delante de él". Con razón el evangelio es llamado: "buenas nuevas".

Te animo a agradecer a Dios regularmente por haber enviado a Jesús. Él ha hecho más por nosotros de lo que podemos darnos cuenta. Él bendice a los que menos lo merecen y todo lo que pide es que creamos en Él y que dejemos que Su luz brille a través de nosotros, para que otros Lo conozcan y también crean en Él.

"Padre, gracias por enviar a Jesús y por el sacrificio de Su sangre, la cual limpió todos mis pecados. Ayúdame a apreciar siempre lo que has hecho por mí a través de Jesús. Oro en su nombre. Amén".

¿QUÉ OBSTACULIZA A LA ORACIÓN RESPONDIDA?

Y cuando estéis orando, perdonad, si tenéis algo contra alguno, para que también vuestro Padre que está en los cielos os perdone a vosotros vuestras ofensas. **—MARCOS 11:25**

Satanás gana más terreno en la vida de un creyente a través de la falta de perdón que cualquier otra cosa. En Marcos 11:22-24, vemos que tenemos el gran privilegio de ir a Dios y pedirle cualquier cosa en fe, esperando recibirlo. Pero inmediatamente después de esa promesa, leemos Marcos 11:25, el cual nos dice que no debemos dejar de perdonar a nadie, porque obstaculiza nuestra relación con Dios. Por lo tanto, cuando nos negamos a perdonar a alguien, eso también obstaculiza la respuesta a nuestra oración.

Si encuentras difícil perdonar a alguien que te ha ofendido o lastimado, solo piensa en todas las cosas por las cuales Dios te ha perdonado. Eso hará mucho más fácil para ti perdonar a quienes te han herido. Te insto a tomar la decisión hoy de no permitir que la amargura permanezca en tu alma, porque eso solo te lastima y no cambia a tu enemigo. Perdona a quienes te han ofendido, ora por ellos y bendícelos, y Dios será tu Vindicador.

Cada vez que Dios nos pide hacer algo, Él siempre nos da la habilidad para hacerlo. El perdón no es un sentimiento, sino una decisión que tomas. Mientras eres obediente y rezas por tus enemigos y los bendices, Dios sanará tus emociones. No permitas que Satanás siga robándote a través de albergar ofensas en tu corazón.

"Padre, no quiero dejar de perdonar a nadie. Pero necesito Tu ayuda para dejar ir la amargura que siento por el dolor que algunas personas me han causado. Ayúdame a estar libre de amargura en todo momento. Gracias. En el nombre de Jesús. Amén".

¿CÓMO TE VES A TI MISMO?

Entonces le respondió: Ah, señor mío, ¿con qué salvaré yo a Israel? He aquí que mi familia es pobre en Manasés, y yo el menor en la casa de mi padre. —JUECES 6:15

La forma en que nos vemos a nosotros mismos determina qué tan lo lejos llegaremos en la vida y si seremos o no obedientes a lo que Dios nos llama a hacer. Dios le pidió a Gedeón salvar a Israel de sus enemigos, los madianitas, pero Gedeón estaba seguro de que Dios había escogido al hombre equivocado. Él se veía a sí mismo como un hombre pequeño, débil e incapaz. El Señor le aseguró a Gedeón que Él estaría a su lado y derribaría a los madianitas, pero incluso entonces, Gedeón tenía dudas y quería que Dios le diera señales milagrosas como prueba de que tendría éxito (Jueces 6:17, 36:40).

Al igual que Gedeón, el miedo y la duda nos impiden que hagamos y seamos quien Dios nos ofrece. Millones de personas viven muy por debajo del nivel al cual podrían llegar, si tan solo se vieran a sí mismos como Dios los ve.

Dios nunca llama a nadie a hacer algo sin darle la habilidad y la fuerza que necesita para hacerlo. Él quiere trabajar con y a través de Su pueblo y nuestra parte es rendirnos a Su voluntad, avanzando con fe en que Él nunca va a fallarnos.

Déjame preguntarte: ¿cómo te ves a ti mismo? El diablo quiere hacerte sentir insignificante, pero la verdad es que tienes el poder de Dios en ti y eres capaz de más de lo que puedas imaginar. Te animo a no escuchar al temor y la duda, sino dejar que Dios te guíe a grandes cosas.

> *"Padre, perdóname por todas las veces que he permitido que el miedo y la duda me impidan seguir adelante con Tu voluntad. Me entrego a Ti, y con Tu ayuda caminaré en fe, confiando en Ti para darme la victoria. En el nombre de Jesús. Amén".*

EL PODER DE LA UNIDAD EN LA FE Y LA ORACIÓN

Todos estos perseveraban unánimes en oración y ruego, con las mujeres, y con María la madre de Jesús, y con sus hermanos. —**HECHOS 1:14**

El Libro de los Hechos cuenta la historia de la iglesia primitiva y uno de sus temas claves es la unidad. Muchos versículos en Hechos mencionan que los creyentes estaban juntos, enfatizando la importancia de la unidad en la fe y la oración entre los cristianos (2:1, 46;4:24; 5:12; 15:25). Los primeros seguidores de Jesús vivieron en un tiempo emocionante, donde vieron a Dios hacer grandes cosas a través de la oración y la fe unificada, como también por el poder del Espíritu Santo.

El apóstol Pablo, autor de Hechos, también escribió Filipenses y menciona la importancia de la fe unificada en Filipenses 2:2: "Completad mi gozo, sintiendo lo mismo, teniendo el mismo amor, unánimes, sintiendo una misma cosa".

No tienes que reunir a un gran grupo de personas para tener unión en la fe y la oración. Podrías empezar rezando junto a una sola persona más. Jesús dice: "Porque donde están dos o tres congregados en mi nombre, allí estoy yo en medio de ellos" (Mateo 18:20). Comienza poco a poco si es necesario, y observa cómo Dios responde a la unión en oración. Cuando rezas con otros creyentes, sin importar cuántos sean, puedes esperar que Dios haga grandes cosas.

"Padre, ruego que me conectes con creyentes de ideas afines con quienes pueda unir mi fe y mis oraciones. En el nombre de Jesús. Amén".

AVIVA TU FE

Porque no nos ha dado Dios espíritu de cobardía, sino de poder, de amor y de dominio propio. —2 TIMOTEO 1:7

Los primeros cristianos vivieron bajo constante amenaza de persecución y muerte, debido a su compromiso de seguir a Jesús. Vivieron en una época de intenso miedo y con frecuencia necesitaron ser estimulados a mantener la fe y no darse por vencidos.

Timoteo enfrentó algo similar en su andar junto a Dios, cuando Pablo le dijo que avivara su fe y abanicara la llama que alguna vez brilló con fuerza dentro de él (2 Timoteo 1:6). Si mantenemos nuestra fe fuerte a través del uso, seremos fuertes cuando tentaciones y pruebas se atraviesen en nuestro camino.

No esperes a tener problemas para hacerte fuerte, en cambio, fortalécete en el Señor en todo momento. Disfruta estar en comunión con Él regularmente, estudia Su Palabra y pasa tiempo con otros cristianos que puedan desarrollar tu fe, en lugar de incrédulos que te abaten con su falta de fe.

Si alguna vez la fe fue una llama viva en ti, pero ahora es apenas una brasa, no lo retrases más y avívate. Recuérdate lo que Jesús ha hecho por ti y de las oportunidades que te ha dado para servirle. Recuerda qué gran privilegio es la oración y habla con Dios sobre lo que sea que te preocupe. Pídele lo que quieras y necesites y espera que Él haga grandes cosas por ti y a través de ti.

"Padre, quiero siempre arder interiormente con fe y amor por Ti y por Tu obra en la tierra. Cada vez que mi fe empiece a debilitarse, te ruego que me fortalezcas y me recuerdes avivarla, rememorando lo bueno y grande que eres. En el nombre de Jesús. Amén".

"YO SOY"

Y respondió Dios a Moisés: YO SOY EL QUE SOY. Y dijo: Así dirás a los hijos de Israel: YO SOY me envió a vosotros. –**ÉXODO 3:14**

"Yo Soy" significa que Dios es todo lo que necesitamos en este momento y todo lo que necesitaremos en el futuro. Él puede hacer todo lo que hay que hacer. Él es ilimitado en Sus habilidades y recursos. Él es la respuesta a todas nuestras preguntas, la solución a todos nuestros problemas, el obrador de cada milagro y la cura de todo lo que nos aflige en espíritu, alma o cuerpo. Incluso si usamos los mejores y mayores términos que se nos ocurran, todavía Dios desafía a esa descripción, pues Él es demasiado grande e infinitamente poderoso.

Cuando Dios instruyó a Moisés a que le dijera al pueblo que "Yo Soy" lo había enviado, básicamente estaba diciendo: "Tengo todo lo que tú y esta gente necesita. No hay nada que yo no pueda hacer".

En el evangelio de Juan, Jesús se refiere a sí mismo como "Yo Soy" siete veces (6:35; 8:12; 10:9, 11; 11:25; 14:6, 15:5). Cuando oramos en Su nombre, rezamos en el nombre del gran "Yo Soy", el Dios todopoderoso, ilimitado y eterno.

Permíteme animarte hoy a que no tengas límites en lo que piensas acerca de Dios. Recuerda que Él es "Yo Soy". Él tiene todo lo que necesitas hoy y todos los días de tu vida. Él está mucho más allá de lo más maravilloso que podrías nunca imaginar, y Él te ama más de lo que jamás podrás creer.

"Padre, ayúdame a conocerte y a experimentarte como 'Yo Soy'. Tú eres todo lo que necesito. En el nombre de Jesús. Amén".

PERSECUCIÓN

Y también todos los que quieren vivir piadosamente en Cristo Jesús pade-cerán persecución. **–2 TIMOTEO 3:12**

Tenemos un enemigo, Satanás, que viene contra nosotros en un esfuerzo por robar nuestra fe en Jesús y evitar que Lo sirvamos con pasión. Una forma en que lo hace, es provocando la persecución tanto de gente que conocemos como de otra que no. Puede inclusive venir a través de amigos y familiares de quienes esperaríamos que nos amaran y ayudaran.

Experimentamos rechazos, insultos y pérdida de amistades, y puede que incluso encontremos que familiares nos dan la espalda a causa de nuestra fe en Cristo. ¿Por qué? Ellos hacen esto porque no están listos para el mismo compromiso que hemos hecho nosotros y es más fácil para ellos encontrar algo malo en nosotros que afrontar la verdad sobre sí mismos. Cuando esto ocurre en tu vida, no te enojes con la gente que te ataca, sino reza por ellos y pídele a Dios que los bendiga, como la Biblia nos enseñó a hacer (Mateo 5:43-47).

Según el Sermón del monte (Mateo 5:10), aquellos que son perseguidos por causa de la justicia son considerados bienaventurados. Él dice que debemos regocijarnos y alegrarnos porque nuestra recompensa será grande en el cielo. La gente puede decirte todo tipo de malignidades, pero nunca olvides que ellos trataron de la misma forma a Jesús. Permanece obediente a Dios. Resiste al diablo y él huirá de ti (Santiago 4:7).

"Padre, fortaléceme cuando sea perseguido a causa de mi fe en Ti. Ayúdame a nunca rendirme o comprometerme por obtener el favor de otras personas. Gracias. En el nombre de Jesús. Amén".

ADELANTE Y HAZLO

Si anduviereis en mis decretos y guardareis mis mandamientos, y los pusiereis por obra, yo daré vuestra lluvia en su tiempo, y la tierra rendirá sus productos, y el árbol del campo dará su fruto. —**LEVÍTICO 26:3-4**

¿Dejas de hacer cosas que no disfrutas? Tal vez es una cita de mantenimiento para tu auto o una conversación incómoda, una montaña de papeleo, pagar facturas o una tarea del hogar que encuentras especialmente laboriosa. Cuando tengas que hacer estas cosas, te animo a seguir adelante y hacerlas. Acábalas. Hazlas temprano en el día cuando tu nivel de energía es más alto, de modo que puedas enfocarte en ellas y terminarlas pronto.

La vida viene con algunas responsabilidades. Creo que la mejor forma para abordarla, es esforzarse por disfrutar absolutamente todo lo que hacemos, pero cuando necesitamos hacer algo que no nos gusta, procrastinar no consigue nada. Mientras más retrases lo que debe ser hecho, más estarás tentado a temer hacerlo, y el miedo drenará tu energía y tu gozo del presente.

¿Qué has retrasado hacer recientemente? Esfuérzate por completarlo hoy, para que la próxima vez que pienses en ello no tengas que decir: "me da miedo", y en cambio puedas decir: "¡yo hice eso!".

"Padre, ayúdame a hacer hoy solo una o dos cosas que he estado posponiendo. En el nombre de Jesús. Amén".

PIDE Y RECIBE

Hasta ahora nada habéis pedido en mi nombre; pedid, y recibiréis, para que vuestro gozo sea cumplido. —JUAN 16:24

Cuando le pides a Dios algo que necesitas, asegúrate de recibirlo en fe. La fe es la sustancia de las cosas que esperamos recibir, y es la evidencia de las cosas que no vemos (Hebreos 11:1). Primero, recibimos por fe, y luego, en el momento justo, recibimos la manifestación de nuestra fe. Puede que esperemos por un corto o largo tiempo, pero en el momento perfecto, veremos en el reino natural lo que ya vimos por la fe.

He encontrado en mi vida que a menudo rezo y luego espero pasivamente a ver qué va a pasar. He pedido, pero no he recibido por fe. Estaba operando en el plan "espera a ver si..." y ese no es el plan de Dios. Él quiere que estemos llenos de esperanza, lo que significa vivir con la expectativa de que lo que deseamos va a ocurrir en cualquier momento. Cuando vivimos una fe así de activa y vibrante, no vamos a conocer la decepción.

Sugiero que cuando le pidas algo a Dios, hagas una pausa y aguardes en Su presencia mientras lo recibes en tu corazón como hecho. Dile a Dios que solo quieres Su voluntad y Su tiempo, mientras tanto, disfruta de lo que tienes mientras esperas por lo que quieres.

"Padre, enséñame no solo a pedir lo que quiero y necesito, sino a verdaderamente recibirlo por fe y luego esperar con expectación ver Tu bondad en mi vida. En el nombre de Jesús. Amén".

JESÚS SANA A LOS ENFERMOS

Y recorrió Jesús toda Galilea, enseñando en las sinagogas de ellos, y predicando el evangelio del reino, y sanando toda enfermedad y toda dolencia en el pueblo. **–MATEO 4:23**

Jesús es nuestro Sanador. Puede trabajar a través de la tecnología médica o a través de un médico, pero creo que toda curación viene de Él. Todavía hace milagros y nunca debemos dejar de confiar en Él para ser sanados y tener buena salud. El padre de un amigo tenía cáncer de colon y estaba recibiendo quimioterapia, pero no le daban muchas esperanzas de sobrevivir. Durante su tratamiento, se le hizo una tomografía por emisión de positrones (PET) para determinar si el cáncer se había extendido a otras partes del cuerpo. No solo la enfermedad no se propagó, sino que el tumor que tenía en el colon había desaparecido por completo y detuvieron el tratamiento. El doctor dijo que no tenía explicación para esto, ¡era un milagro!

Situaciones como esta son alentadoras y nos obligan a seguir confiando en Dios, sin importar lo difícil que las circunstancias puedan ser. Nadie puede explicar por qué algunas personas son sanadas y otras no. Pero al final, todos somos curados, puesto que no hay enfermedades en el cielo. Dios es bueno y el plan para cada uno de nosotros es perfecto. Puede que no sea lo que nosotros hubiéramos querido, pero: "todas las cosas les ayudan a bien, esto es, a los que conforme a su propósito son llamados" (Romanos 8:28).

Prefiero recibir un milagro que ir al doctor y tomar medicina, pero si no sucede, tengo la intención de seguir creyendo que Jesús es mi Sanador y seguiré orando por los enfermos. Hay mucho en esta vida que no entendemos, pero si no tuviéramos preguntas sin respuesta, no necesitaríamos de fe.

"Padre, sé que eres bueno y creo que Jesús es mi Sanador. Ruego buena salud en cada parte de mi cuerpo. Gracias. En el nombre de Jesús. Amén".

EL NOMBRE MÁS PODEROSO

Sea notorio a todos vosotros, y a todo el pueblo de Israel, que en el nombre de Jesucristo de Nazaret, a quien vosotros crucificasteis y a quien Dios resucitó de los muertos, por él este hombre está en vuestra presencia sano. —HECHOS 4:10

La mejor manera que conozco para explicar el precioso y sagrado nombre de Jesús, es decir que representa todo sobre Él y todo lo que Él es. Su nombre es el más poderoso en el cielo y en la tierra. Cuando creemos en Él y cuando Él vive en nuestro corazón como Señor y Salvador, invocamos el poder de Su nombre cuando oramos.

Puede que hayas notado que muchas de las plegarias en este devocional terminan con estas palabras: "En el nombre de Jesús. Amén". Esa no es una forma religiosa de concluir una oración; es un privilegio que demuestra tu fe en Su poder para responder a tu oración según la voluntad de Dios. Siempre que rezas en el nombre de Jesús, le presentas a Dios todo lo que Él es.

Podemos pedir milagros como ser sanados o libertad de la opresión en el nombre de Jesús. De hecho, podemos hacer cualquier tipo de plegaria en Su nombre. Creo que cuando oramos en la fe, usando el nombre de Jesús, todo el reino espiritual presta atención.

Filipenses 2:9-10 dice que el nombre de Jesús es "sobre todo nombre" y que "en el nombre de Jesús se doble toda rodilla de los que están en los cielos, y en la tierra, y debajo de la tierra".

"Padre, gracias te doy por el poder del nombre de Tu Hijo, Jesús, porque representa todo lo que Él es. En su nombre, yo rezo. Amén".

NO TE PREOCUPES

¿Y quién de vosotros podrá, por mucho que se afane, añadir a su estatura un codo? **–MATEO 6:27**

A menudo le decimos a las personas que no se preocupen, y cuando estamos preocupados, nos dicen lo mismo. Pero no preocuparnos por un problema que no podemos resolver, no es algo fácil. Por años le he enseñado a la gente a no preocuparse y finalmente entendí que la única forma en que dejarán de preocuparse, es dándose cuenta plenamente de que la preocupación no hace ningún bien en absoluto.

La preocupación pone a las personas ansiosas y nerviosas, y provoca que estemos tensos y, con frecuencia, difíciles de tratar. La preocupación incluso puede causar problemas de salud, algunos de los cuales son muy serios. Preocuparse es como hamacarse en una mecedora todo el día, te mantiene ocupado, pero no te lleva a ningún lado.

También creo que debemos darnos cuenta de que no podemos cambiar nuestras situaciones, pero Dios puede. Usemos la energía que malgastamos preocupándonos, en confiar en Dios y esperar en Él, porque lo que es imposible para los seres humanos es posible para Dios (Lucas 18:27).

"Padre, no quiero perder mi tiempo preocupándome, porque sé que no hace ningún bien. Ayúdame a librarme de mis preocupaciones, para que puedas cuidarme. En el nombre de Jesús. Amén".

EL REGALO DEL HOY

Enséñanos de tal modo a contar nuestros días, que traigamos al corazón sabiduría. —SALMOS 90:12

Cada día es un regalo de Dios y debemos vivirlo completamente. Te insto a que no desperdicies un día de tu vida, pues una vez se va, no puedes recuperarlo. La mejor forma de dar bien a un día, es ser agradecido, bueno con los demás, utilizar sabiamente nuestro tiempo y ser fructíferos.

Regocíjate en este día. No dejes pasar ninguna oportunidad que Dios ponga frente a ti. Haz tanto bien como puedas, porque cuando haces el bien, te comportas como Jesús, que anduvo haciendo el bien y curando a los oprimidos por el diablo (Hechos 10:38).

A menudo desperdiciamos nuestros días buscando maneras de hacernos felices, pero el camino está justo frente a nosotros. Todo lo que necesitamos hacer para aumentar nuestro gozo, es permitir que Dios nos use para aumentar la alegría de los demás.

"Padre, perdón por los días que he desperdiciado, y oro para nunca desperdiciar otro más. Ayúdame a usar este día para el bien y permíteme glorificar Tu nombre. En el nombre de Jesús. Amén".

LLENOS DEL ESPÍRITU SANTO

No os embriaguéis con vino, en lo cual hay disolución; antes bien sed llenos del Espíritu. **−EFESIOS 5:18**

Algo sorprendente ocurrió entre los creyentes en la iglesia primitiva el día de Pentecostés. La Biblia explica vívidamente lo que sucedió: "Y de repente vino del cielo un estruendo como de un viento recio que soplaba, el cual llenó toda la casa donde estaban sentados; y se les aparecieron lenguas repartidas, como de fuego, asentándose sobre cada uno de ellos" (Hechos 2:2-3).

Cuando el Espíritu Santo llenó a las personas, ellas recibieron un lenguaje espiritual que sus mentes no podían comprender (Hechos 2:4) conocido como el don de las lenguas. Las personas que fueron testigos de este evento y habían ido de visita a Jerusalén desde otros países y escucharon a los creyentes hablar en sus idiomas nativos, a pesar de que los creyentes nunca habían aprendido esos idiomas. Esto fue un gran milagro, pero es apenas uno de los muchos milagros que el Espíritu Santo puede hacer. El poder de Dios obra a través del Espíritu Santo y cuando Él nos llena, ese poder fluye a través de nosotros.

Creo que todo el que confía en Jesús como su Salvador, recibe el Espíritu Santo. También creo que necesitamos estar llenos del Espíritu Santo continuamente, tal como lo indica el versículo de hoy. En la versión original, el verbo usado para "llenos" significa "llenados continuamente". Este es el deseo de Dios para aquellos de nosotros que caminemos con Él, y eso brinda mucho poder y gracia a nuestra experiencia cristiana.

"Padre, lléname continuamente de Tu Espíritu Santo. En el nombre de Jesús. Amén".

CÓMO TENER ÉXITO EN TODO

Si Jehová no edificare la casa, en vano trabajan los que la edifican; si Jehová no guardare la ciudad, en vano vela la guardia. **–SALMOS 127:1**

Si queremos tener éxito en lo que hacemos, es vital que invitemos a Dios a que se encargue del proyecto. Ya sea si estamos intentando construir un matrimonio, un negocio o una vida, nuestra labor será en vano a menos que Dios esté al frente del comité de construcción.

Piensa en tu vida hoy y pregúntate si estás haciendo algo sin antes haber invitado a Dios a ser parte de ello. Si es así, estoy segura de que estás forcejeando y probablemente frustrado porque las cosas no están resultando como quieres. Dios espera a que lo invites a ayudarte y lo único que necesitas hacer es pedírselo. Humíllate bajo Su mano y Él te guiará y dirigirá.

"Padre, perdón por dejarte fuera de tantas cosas en mi vida. Reconozco que necesito de Ti y que sin Ti nada va a prosperar. Por favor ayúdame, guíame y dirígeme en todos mis esfuerzos. Gracias. En el nombre de Jesús. Amén".

AMAR A LOS DEMÁS

Y sobre todas estas cosas vestíos de amor, que es el vínculo perfecto.
—COLOSENSES 3:14

Mi experiencia ha sido que me comporto más como Jesús si me pongo en mente cada mañana orientarme en esa dirección. Antes de empezar tu día, tómate un momento para pensar en amar a los demás, planea ser bueno con todos y haz un hábito de ser una bendición donde quiera que vayas. He pasado al menos media hora esta mañana, leyendo la Escrituras sobre el amor y pensando en qué formas puedo enriquecer a los demás y añadirle valor a sus vidas. Sé que hacer esto me ayudará a seguir adelante y ser obediente al mandato Divino de amar a los demás.

El amor debería ser el tema central de nuestras vidas, sin embargo, la naturaleza humana es egoísta y debe ser disciplinada. Una de las mejores cosas para recordar sobre el amor, es que no es solamente un sentimiento, sino una decisión sobre cómo trataremos a las personas. Sé entusiasta con relación a cómo puedes bendecir a otros hoy, y en el proceso serás bendecido.

"Padre, gracias por amarme. Permite que Tu amor fluya a través de mí y hacia los demás. No dejes que pierda la oportunidad que Tú me das para añadirle valor a la vida de otras personas. Gracias. En el nombre de Jesús. Amén".

ADÁPTATE A OTRAS PERSONAS

Unánimes entre vosotros; no altivos, sino asociándoos con los humildes. No seáis sabios en vuestra propia opinión. **—ROMANOS 12:16**

Si valoramos la paz y deseamos caminar en ella, necesitamos estar dispuestos a adaptarnos a otras personas y situaciones. Hay, por supuesto, momentos en los que debemos mantenernos firmes en nuestras convicciones y negarnos a transigir, pero también hay veces cuando mantener la paz es más importante. Paz y poder van juntos, y cualquiera que desee tener poder en su vida, también debe tener paz.

La paz es lo que hace que la vida se agradable. De hecho, realmente disfrutar la vida es imposible sin ella. A menudo renunciamos a nuestra paz por cosas que no valen la pena el sacrificio, como ganar una discusión inútil o permanecer enojados cuando sentimos que alguien nos ha maltratado. Jesús dijo que somos "pacificadores" (Mateo 5:9). Esto significa que debemos tomar la iniciativa en hacer las paces en vez esperar que alguien más lo haga.

"Padre, elijo morar en paz. Otórgame la gracia de adaptarme y ajustarme a las personas y situaciones cuando lo necesite. Gracias por Tu gran misericordia. En el nombre de Jesús. Amén".

DEJA DE CORRER

En lugares de delicados pastos me hará descansar; junto a aguas de reposo me pastoreará. —**SALMO 23:2**

El versículo de hoy proviene de Salmos 23:2. Este es un pasaje familiar a muchas personas y que les brinda mucha esperanza y fuerza.

Simplemente leer sobre campos verdes y aguas tranquilas, puede darnos una gran sensación de paz. No conozco a nadie que no anhele tener más paz ahora mismo. A donde sea que miremos, nos encontramos con historias sobre disturbios. Escuchamos sobre amigos o compañeros de trabajo que tienen desacuerdos. Puede incluso que nosotros mismos nos encontremos en conflicto con alguien o en alguna otra situación que amenaza con robarnos la paz. O, como es el caso con mucha gente, podemos simplemente tener una vida tan ocupada y llena de estrés, que la paz parezca estar fuera de nuestro alcance.

Para tener la paz que Dios anhela darnos y experimentar Su reposo, debemos tomarnos tiempo para estar quietos. Nadie puede acostarse mientras está constantemente corriendo hacia el trabajo, a llevar a los niños a alguna parte, para ir al supermercado, a cuidar a sus padres ancianos, a reunirse con un amigo a tomar una taza de café, a limpiar la casa. Todos tenemos cosas que debemos hacer y tenemos que cuidar, así que pídele a Dios que te muestre cómo bajar la velocidad y tomarte el tiempo para estar tranquilo y disfrutar de paz.

"Padre, ayúdame a dejar de correr, a estar quieto y disfrutar de la paz que Tu anhelas darme. En el nombre de Jesús. Amén".

NO ESTÁS SOLO

Mira que te mando que te esfuerces y seas valiente; no temas ni desmayes, porque Jehová tu Dios estará contigo en dondequiera que vayas.

—JOSUÉ 1:9

El Señor quiere recordarte hoy que nunca estás solo. A veces puedes sentirte solo o como si no le importaras a nadie, pero eso no es cierto. Dios nunca está a más de un pensamiento de distancia. Puedes estar de inmediato en su presencia con solo creer en Su promesa de estar donde quiera que vayas.

Tómate el tiempo para desarrollar el hábito de recordar que Dios está contigo en todo lo que haces. Cuanto más pienses en esto, más realidad será para ti. Dios es omnipresente. Él está en todas partes todo el tiempo y con seguridad está con cada uno de nosotros. No estás solo, ni ahora, ni nunca. Dios no está solo a tu lado, sino que te ama incondicionalmente y te guía a lo largo de tu vida.

"Padre, gracias por estar conmigo. Ayúdame a reconocer Tu presencia como una realidad en mi vida. Gracias. En el nombre de Jesús. Amén".

SÉ TU MEJOR ALIADO

Te alabaré; porque formidables, maravillosas son tus obras; estoy mara-
villado, y mi alma lo sabe muy bien. —**SALMOS 139:14**

Por mucho tiempo yo fui mi peor enemigo porque todo lo que
vi, fue lo que pensé que estaba mal en mí. Mi opinión de mí
misma se basaba en lo que otras personas habían dicho de mí y
en cómo me habían tratado, y el resultado fue auto rechazo. La
Palabra de Dios nos muestra quiénes somos en Cristo y revela
cuan maravillosamente Dios nos ha creado.

Dios te ama y te aprueba. Él está contigo, no en tu contra.
Él desea que vivas de acuerdo con lo que Su Palabra dice acerca
de ti. Conviértete en un amigo de ti mismo, en lugar de tu enemigo. Cree en las capacidades que Dios puso en ti. Debes saber
que eres especial y fuiste creado con un propósito. No te llenes
de duda y auto crítica, confía en que Cristo está en ti guiándote.

Cuando estás dentro de Cristo, Él siempre está obrando en
ti para cambiarte a Su imagen. Mírate como Dios te ve y deja de
pensar y decir cosas negativas de ti mismo. Aprender a amarte
y aceptarte a ti mismo cambia tu vida y la convierte en una vida
llena de alegría y entusiasmo.

"Padre, ayúdame a aprender a verme como Tú me ves. Enséñame a ser
amigo de mí mismo en vez de un enemigo. Gracias. En el nombre de
Jesús. Amén".

LA MISERICORDIA DE DIOS

Bienaventurados los misericordiosos, porque ellos alcanzarán misericordia. —MATEO 5:7

Si necesitas darle más alegría a tu vida, una de las mejores formas de obtenerla es siendo misericordioso con otras personas igual que Dios es misericordioso contigo. La misericordia de Dios es abundante y dura para siempre. Está siempre disponible para quienes han pecado, pero debemos recibirla en fe para que sea beneficiosa para nosotros. Una vez la recibimos, debemos estar preparados para darla a los demás.

Todo lo que Dios nos da, debería fluir a través de nosotros hacia los demás. Somos Sus embajadores en la tierra y Él hace su llamado a través de nosotros a quienes están perdidos en este mundo (2 Corintios 5:20). Él nos llena de abundantes beneficios no solo para que podamos disfrutar de ellos, sino también para que los compartamos con los demás.

Jesús es la luz del mundo y como creyente, Su luz está en ti; de modo que sal al mundo cada día y deja tu luz brillar (Mateo 5:16).

"Padre, te pido que me ayudes a ser misericordioso con los demás como lo eres Tú conmigo. Te lo ruego en el nombre de Jesús. Amén".

QUÉ HACER CON LAS CARGAS

Echa sobre Jehová tu carga, y él te sustentará; no dejará para siempre caído al justo. **–SALMOS 55:22**

Los israelitas recibieron la orden de descansar un día a la semana —el séptimo—, como un día de completo reposo. Ese día no podían trabajar ni llevar cosas pesadas hacia adentro o fuera de sus casas. Este descanso es apenas una sombra del verdadero reposo que Dios nos ofrece hoy (hebreos 4:9).

El verdadero reposo de Dios no fue ofrecido a una sola raza, un día a la semana, sino a todos los que creen en Jesucristo y está disponible en todo momento de cada día. El descanso sabático incluye la ausencia de cargas. Igual que somos invitados a descargar nuestros pecados en Dios, somos invitados a entregarle nuestras preocupaciones. Te animo a que cierres la puerta a todos los pensamientos agobiantes que vengan a tu mente y a estar en paz.

Tristemente, portar la carga de las preocupaciones deshonra al Señor. Él quiere que demostremos nuestra confianza entregándole nuestras preocupaciones y cargas, y experimentando Su lealtad al cuidarnos.

"Padre, me arrepiento por todas las veces que cargué con agobios que me habías invitado a entregarte. Otórgame la gracia de librarme de cada peso que intenta entrar en mi alma y robarme la paz. Gracias por ayudarme. En el nombre de Jesús. Amén".

ESPERA EN DIOS POR LA FUERZA

Aguarda a Jehová; esfuérzate, y aliéntese tu corazón; sí, espera a Jehová.
—SALMOS 27:14

Dios nos promete Su fuerza si esperamos en ella. Siempre que te sientas débil, tímido o temeroso, lo mejor que puedes hacer es tomarte un tiempo para esperar en la presencia de Dios y pedirle que te fortalezca de acuerdo con Su promesa. No te apures. Espera creyendo en que Su fuerza está siendo derramada sobre ti.

El tiempo con Dios es de vital importancia para ser fuerte y valiente, y ser capaz de afrontar a las pruebas de la vida con confianza y seguridad. No podemos hacerlo por nuestra cuenta, todos necesitamos la fuerza de Dios, porque la que poseemos no es suficiente para enfrentar los retos que encaramos.

Una palabra de Dios puede cambiar tu vida para siempre y te hablará si guardas silencio y escuchas. Hace veintisiete años, fui diagnosticada con cáncer de mama y todo el peso del miedo cayó sobre mí. En medio de una noche en particular, estaba acostada, despierta, y escuché a Dios decir: "Voy a cuidarte". A partir de ese momento, dejé de temer. Esas palabras me llevaron a través de una cirugía y hasta la completa recuperación. Deja que Dios te hable y Su Palabra te lleve a la victoria.

"Padre, recuérdame tomar tiempo para esperarte diariamente, porque necesito escucharte hablarle a mi corazón, animándome a no temer. Gracias. En el nombre de Jesús. Amén".

NO CEDAS

Y al que sabe hacer lo bueno, y no lo hace, le es pecado. **–SANTIAGO 4:17**

Un significado de "ceder", es rebajarse o conformarse con menos de lo que sabes que es lo correcto. La tentación de ceder nos persigue a todos. A menudo pensamos erróneamente: "un poco no importa", pero Santiago dice claramente que saber lo que es correcto y no hacerlo, es pecado.

Si hacemos lo correcto, seremos bendecidos, pero si transigimos, renunciaremos a lo mejor de Dios. Creo que quieres hacer lo correcto. Cuando hacerlo es difícil y la tentación te rodea, confía en que Dios te dará Su fuerza para resistirla.

Doblegarse es fácil y muchos lo hacen, pero Jesús dice que si le amamos, le obedeceremos (Juan 14:15). Creo que nuestro nivel de obediencia será igual a nuestro amor por Jesús. Puede que lo amemos un poco e igual transijamos, pero si lo amamos con todo el corazón y el alma, desearemos complacerlo en todas las cosas en todo momento.

"Padre, perdóname las veces que he cedido y me he conformado con menos de lo que sé que es tu estándar de justicia. Perdóname y fortaléceme para ser capaz de resistir la tentación en el futuro. Gracias. En el nombre de Jesús. Amén".

SIN NEGATIVIDAD HOY

Este es el día que hizo Jehová; nos gozaremos y alegraremos en él.

—SALMOS 118:24

¿Has caído últimamente en una rutina de negatividad? Quizá estás cansado de enfrentar una situación que te ha causado prolongado estrés, y sientes que tu alegría está en el punto más bajo que nunca. Quiero animarte a tomar la vida un día a la vez así que, solo por hoy, determina recuperar tu alegría pensando positivamente sobre cada circunstancia en tu vida.

Puedes comenzar a despertar tu alegría entendiendo que cualquier situación podría ser peor de lo que ya es y sabiendo que no estás solo en tu dificultad. Personas en todas partes enfrentan desafíos y algunos están lidiando con circunstancias mucho peores que cualquier cosa que tú o yo pudiéramos siquiera pensar.

Luego, en todo lo que enfrentes hoy, pregúntate: "¿cuál sería al menos una cosa buena con relación a lo que atravieso justo ahora?" o, "¿dónde puedo encontrar un poco de alegría en esta situación, al menos por hoy?".

Entiendo que muchas situaciones son intensamente difíciles, tristes o emocionalmente agotadoras. En esos casos, simplemente susurrando: "Dios nunca me dejará o abandonará. Él está conmigo", ayudarán a convertir tus pensamientos negativos en positivos. Cualquiera que sea tu circunstancia hoy, decide pensar positivamente y observa cómo aumenta tu alegría. Mañana es otro día y puedes hacer lo mismo una vez más.

"Padre, elijo hoy rechazar la negatividad y pensar positivamente sobre cada situación de mi vida. No puedo hacerlo sin Ti, así que solicito Tu ayuda. En el nombre de Jesús. Amén".

ELEGIR LA SENDA ANGOSTA

Por la fe Moisés, hecho ya grande, rehusó llamarse hijo de la hija de Faraón, escogiendo antes ser maltratado con el pueblo de Dios, que gozar de los deleites temporales del pecado. —**HEBREOS 11:24-25**

Aprendemos del versículo de hoy, que Moisés eligió el sufrimiento en lugar de dejar de hacer lo que sabía que Dios lo había llamado a hacer: sacar a los israelitas de la esclavitud en Egipto y conducirlos a la tierra prometida. Él escogió la senda angosta, y en ese camino, no hay espacio para concesiones. Es el camino de la pronta y completa obediencia. Jesús anduvo esa senda y es la misma que Él quiere que nosotros transitemos.

Moisés rechazó una vida de lujos en el palacio de Faraón y escogió sufrir, antes de fallar en complacer a Dios. ¿Estás dispuesto a alejarte de las cosas que podrías disfrutar para ser completamente obediente al Señor? Dios te dará la gracia y fuerza para hacerlo si estás dispuesto.

Jesús dijo que si tenemos la intención de seguirlo, tenemos que negarnos a nosotros mismos y tomar nuestra cruz (Marcos 8:34). No quiso decir que debemos morir en una cruz como Él lo hizo, pero sí, que tenemos que decirnos que no, si fuera necesario, para serle obedientes.

"Padre, si algo se interpone en el camino de mi completa entrega a Ti, por favor, muéstrame lo que es y dame la fuerza para dejarlo partir. En el nombre de Jesús. Amén".

LA CODICIA COMPROMETE

No dado al vino, no pendenciero, no codicioso de ganancias deshonestas, sino amable, apacible, no avaro... no codiciosos de ganancias deshonestas. —1 TIMOTEO 3:3, 8

El apóstol Pablo enseña que los líderes no deben ser codiciosos de ganancias o amar tanto el dinero que están dispuestos a comprometerse por obtenerlo. El mundo está observando a quienes se llaman a sí mismos cristianos para ver si cumplimos con lo que decimos que creemos, por lo que debemos tener cuidado de no transigir apara obtener lo que queremos.

Si quieres algo, pídeselo a Dios. Si es bueno para ti, entonces en el momento justo y de la manera correcta, Él te lo dará. Si comprometes tu moral o valores espirituales para asegurar un ascenso en el trabajo, obtener dinero o ganar ciertas amistades, eventualmente te arrepentirás. Si Dios no quiere que obtengamos lo que queremos, debemos confiar en que Él sabe más que nosotros.

Por lo general, encontramos formas de hacer que las cosas sucedan de acuerdo con nuestro plan, pero también encontraremos que haciéndolo, no nos llena como pensamos que lo haría. De hecho, a veces nos hace completamente desdichados. Abraham y Sara no querían esperar por el hijo prometido por Dios, así que encontraron una manera de tener un bebé a través de la sirvienta de Sara si Abraham la hacía su segunda esposa. Ella dio a luz a Ismael, pero este niño trajo solo angustias en lugar de alegrías.

Te animo hoy a tomar la vía de la paz y esperar en Dios para que cumpla los deseos de tu corazón, en lugar de intentar obtenerlos por medios cuestionables.

"Padre, Tú sabes las cosas que hay en mi corazón y me comprometo a esperar en Ti para que las realices. En Ti confío. En el nombre de Jesús. Amén".

CANCELA LA AUTOCOMPASIÓN

Pero al pueblo dirás: Santificaos para mañana, y comeréis carne; porque habéis llorado en oídos de Jehová, diciendo: ¡Quién nos diera a comer carne! ¡Ciertamente mejor nos iba en Egipto! Jehová, pues, os dará carne, y comeréis. —NÚMEROS 11:18

Los israelitas rezongaron y se quejaron mientras viajaban a través del desierto hacia la Tierra Prometida. A todo lo largo de Números 11, ellos eran infelices. Incluso decidieron que estaban mejor en Egipto, donde eran obligados a realizar trabajos pesados. Estaban entregados a una fiesta de autocompasión.

Sin duda que el viaje de los israelitas fue inconveniente a veces, pero en lugar de agradecer a Dios por libertarlos de la esclavitud y apreciar las maná que envió del cielo para alimentarlos cada día, ellos sentían lástima de sí mismos.

Si queremos ser fuertes en el Señor, no debemos permitir autocompasión en nuestras vidas. Las circunstancias no siempre serán lo que queremos que sean, pero siempre podemos encontrar una razón para agradecer y alabar a Dios. El Señor guiaba a los israelitas a un buen lugar, una tierra que fluye leche y miel (Levítico 20:24), pero llegar ahí tuvo sus desafíos.

Dios también te guía a un buen lugar. Puede que estés debatiéndote ahora mismo mientras Su plan se encuentra en desarrollo, pero mantente positivo y confiado en Él. No te quejes o entregues a la autocompasión. Concéntrate en las promesas del Padre y en apreciar todo lo que Él hace por ti a lo largo del camino.

"Padre, elijo estar contento en vez de sentir lástima por mí mismo. En el nombre de Jesús. Amén".

SÉ PACIENTE CONTIGO MISMO

Por tanto, amados míos, como siempre habéis obedecido, no como en mi presencia solamente, sino mucho más ahora en mi ausencia, ocupaos en vuestra salvación con temor y temblor, porque Dios es el que en vosotros produce así el querer como el hacer, por su buena voluntad.

—FILIPENSES 2:12-13

Nuestras obras no pueden ganarnos la salvación, porque se trata de un regalo de la gracia de Dios y la recibimos por fe. Sin embargo, el versículo de hoy nos enseña a "trabajar" en nuestra salvación. Esto significa, que debemos cooperar con el sagrado trabajo del Espíritu Santo, mientras Él extrae de nosotros lo que Dios depositó allí al momento de nuestro renacer.

Cuando volvemos a nacer y Jesús viene a vivir en nuestros corazones, trae consigo todas las buenas cualidades que Él mismo posee, solo que el hecho de obtener sus cualidades por la fe no es suficiente. También necesitamos demostrarlas al mundo, lo cual requiere una vida de cooperación con Dios mientras Él trabaja en y a través de nosotros, para cumplir con Su buena voluntad.

Sé paciente contigo mismo durante este proceso. Mientras intentas ser todo lo que Dios quiere que seas conforme a la imagen de Jesús, experimentarás muchas victorias, pero también cometerás errores. Esos errores no te descalifican, simplemente, te recuerdan que eres humano y que necesitas de Jesús en todo momento. Los errores nos anuncian que debemos apoyarnos y depender de Él, mientras nos ayudan a permanecer humildes y tener compasión por los demás, quienes también cometen errores.

Dios ha hecho un buen trabajo en ti y está en proceso de hacer un gran trabajo a través de ti, así que disfruta del viaje.

"Padre, gracias por ser paciente conmigo durante mi viaje de crecimiento espiritual. Ayúdame a ser tolerante conmigo mismo para que pueda disfrutar el proceso. En el nombre de Jesús. Amén".

SIN ÉXITOS INMEDIATOS

Y Jehová tu Dios echará a estas naciones de delante de ti poco a poco; no podrás acabar con ellas en seguida, para que las fieras del campo no se aumenten contra ti. —**DEUTERONOMIO 7:22**

Los hornos de microondas nos permiten calentar o cocinar mucho más rápido, de lo que lo haríamos en hornos convencionales. Son convenientes, pero también sabemos que no todo se puede cocinar de esta manera. Hemos desarrollado tantas maneras de hacer las cosas rápido, que nos cansamos si tenemos que esperar por las que evolucionan poco a poco. Muchas cosas son etiquetadas: "instantáneas" hoy en día, pero no podemos obtener inmediata madurez espiritual.

La transformación toma tiempo y requiere que continuemos haciendo lo correcto una y otra vez, hasta que se convierta en parte de quienes somos. No convertimos nuestras vidas en un desastre con un solo error, del mismo modo que una decisión correcta no arregla todo de la noche a la mañana.

Debemos continuar haciendo lo correcto y no "nos cansemos, pues, de hacer bien; porque a su tiempo segaremos, si no desmayamos" (Gálatas 6:9). Jesús dijo que, si "permanecemos" en Su Palabra, conoceremos la verdad y ella nos hará libres (Juan 8:31-32). Para que Dios siempre ocupe el primer lugar en nuestras vidas, debemos reordenar nuestras prioridades y estar dispuestos a soltar las cosas que consumen nuestro tiempo sin producir buen fruto. Heredamos las promesas de Dios a través de "la fe y la paciencia" (Hebreos 6:12). Regocíjate en los avances que haces en tu vida espiritual, sin desmotivarte por lo lejos que tienes que ir.

"Padre, sé que Tus tiempos son perfectos, por ello quiero ir más despacio y ser feliz con los avances que haga en lugar de frustrarme por no haber llegado a mi destino. Ayúdame. En el nombre de Jesús. Amén".

DIOS ESTÁ TRABAJANDO

Por lo cual también nosotros sin cesar damos gracias a Dios, de que cuando recibisteis la palabra de Dios que oísteis de nosotros, la recibisteis no como palabra de hombres, sino según es en verdad, la palabra de Dios, la cual actúa en vosotros los creyentes. **–1 TESALONICENSES 2:13**

Mientras sigamos creyendo, Dios sigue obrando en nosotros y para nosotros. A veces, cuando me desanimo porque siento que Dios no está haciendo nada en mi vida o acerca de mis problemas, recuerdo que mientras siga creyendo, Él seguirá trabajando. Incluso lo digo en voz alta: "yo creo y ¡Dios está trabajando!". Esto siempre me hace sentir mejor y me recuerda que Dios me está ayudando aunque todavía no vea los resultados.

Dios también está obrando en tu vida, incluso cuando no ves algo sucediendo, Su presencia está contigo aun cuando no sientas que Él está cerca. No determines lo que Dios está o no está haciendo en base a lo que sientes o lo que ves; saca tus conclusiones basadas en Su Palabra y Sus promesas a ti. Continúa creyendo, ten la seguridad de que Él está trabajando.

Muy pronto, Él revelará lo que ha estado haciendo y quedarás gratamente sorprendido y encantado. ¡Asume que algo bueno sucederá en cualquier momento!

"Padre, continuaré haciendo mi parte que es creer en ti y sé que Tú seguirás obrando en mi vida. Ayúdame a ser paciente cuando parezca que estás tardando mucho. Confío que tu camino es el mejor. En el nombre de Jesús. Amén".

JESÚS AMA A LOS PECADORES

Se acercaban a Jesús todos los publicanos y pecadores para oírle, y los fariseos y los escribas murmuraban, diciendo: Este a los pecadores recibe, y con ellos come. **–LUCAS 15:1-2**

Tenemos que ser muy cuidadosos con nuestra actitud hacia los pecadores. No debemos tener una "actitud religiosa", que ignore o menosprecie, porque no estén viviendo de acuerdo con la Palabra de Dios. Recuerda que, en algún punto, todos estuvimos en igual condición que ellos ahora. No existe alguien que no haya pecado, como tampoco nadie que no pueda ser justificado por la fe en Cristo (Romanos 3:23-24).

Manifiéstales tu amor a los pecadores sin estar de acuerdo con su estilo de vida pecaminoso. Si nunca han interactuado con cristianos, ¿cómo podrán ver a Jesús? Aquellos que tienen un estilo de vida que no concuerda con la Palabra de Dios no necesitan convertirse en nuestros mejores amigos o personas con quienes pasemos mucho tiempo, pero tampoco debemos tratarlos como si fuéramos mejores que ellos.

Jesús les dio la bienvenida a los pecadores sin estar de acuerdo con sus pecados. Él les dijo la verdad en amor, de lo cual la mayoría de las personas están hambrientas. Si le mostramos amor a la gente, podemos atraerlas a Cristo.

Ruégale al Señor que ponga pecadores en tu camino para que puedas mostrarles el amor de Cristo y ora por ellos. Deberíamos ser siempre empáticos y misericordiosos con los pecadores y nunca juzgarlos, porque no sabemos cómo han sido sus vidas y por qué tomaron las decisiones que tomaron. Recuerda siempre que la "misericordia triunfa sobre el juicio" (Santiago 2:13).

"Padre, ayúdame a no juzgar a los pecadores sino amarlos y orar por ellos. En el nombre de Jesús. Amén".

ESTABILIDAD EMOCIONAL

Como ciudad derribada y sin muro es el hombre cuyo espíritu no tiene rienda. —**PROVERBIOS 25:28**

Las emociones, altas y bajas, pueden meternos en problemas si les permitimos controlarnos. En lugar de tomar decisiones basadas en nuestras emociones, debemos hacerlo en función de la Palabra de Dios y Su Espíritu Santo. Dios quiere que vivamos cuidadosamente siendo estables, honrados y confiables. Él no quiere que nos agitemos con facilidad, sino que estemos en control de nosotros mismos. Todos tenemos emociones, y si bien es verdad que a veces no podemos evitar cómo nos sentimos, en cambio sí podemos tener esos sentimientos sin que puedan dominarnos. Es decir: vivir más allá de nuestras emociones. Sentirlas y, aun así, tomar la decisión de cumplir la voluntad de Dios incluso cuando nuestro sentir no esté de acuerdo con nuestra decisión.

A menudo me preguntan cómo me siento con relación a los viajes que debo hacer para mi ministerio. Les respondo que tiempo atrás dejé de preguntarme cómo me siento al respecto; lo hago y ya. Estoy segura de que Jesús no tenía ganas de ir a la cruz, a sufrir y morir por nosotros, pero lo hizo en obediencia a la voluntad de Su Padre.

La Palabra de Dios nos enseña a edificar nuestra casa sobre la roca (Mateo 7:24-25), lo que significa vivir por Su Palabra, no acorde a nuestros pensamientos, emociones o deseos. Quien hace esto permanecerá fuerte a través de las tormentas de la vida. Si dependemos de nuestras emociones, nos hacemos vulnerables a la decepción, porque nuestros sentimientos cambian constantemente. Vive por la Palabra y la Sabiduría de Dios, no por tus emociones, y tendrás una vida exitosa y agradable.

"Padre, quiero ser estable en todas las etapas de mi vida y no permitir que mis emociones controlen mi comportamiento. Por favor, ayúdame. En el nombre de Jesús. Amén".

ENTREGA COMPLETA

Diciendo: Padre, si quieres, pasa de mí esta copa; pero no se haga mi voluntad, sino la tuya. **–LUCAS 22:42**

Cuando nos rendimos a Dios, nos entregamos a Él y nos sometemos a Su poder. Cuando nos subordinamos por completo a Dios, le damos todo lo que somos, pero también tenemos que darle lo que no somos.

No nos importa darle a Dios nuestros talentos o inteligencia o parte de nuestro dinero, pero ¿estamos dispuestos a darle también nuestras debilidades, incapacidades, fracasos, mala reputación y otros aspectos de nosotros mismos que vemos como menos favorables? Cuando Dios nos llama, nos invita a ir a Su lado tal y como somos, para que Él nos haga lo que quiere que seamos. Pero es raro encontrar quienes estén dispuestos a ofrecerle a Dios sus debilidades, y crean que Él puede manifestar Su poder a través ellas también. Es siempre importante recordar lo que el Señor dijo al apóstol Pablo: "Mi poder se perfecciona en la debilidad", pues cuando somos débiles, podemos ser realmente fuertes en Él (2 Corintios 12:9-10).

Muchas personas están frustradas y completamente agotadas de intentar ser algo que no son, tratando de darle a Dios lo que no tienen. Él quiere tu verdadero yo, lo bueno y lo malo. Una vez le entregas todo, entonces Él puede hacer algo hermoso con ello.

"Padre, quiero entregarme por completo a Ti. Toma mis fortalezas y debilidades, para que pueda ser verdaderamente fuerte en Ti. Ayúdame a creer que me quieres tal como soy. Gracias. En el nombre de Jesús. Amén".

TU REPUTACIÓN

Sino que se despojó a sí mismo, tomando forma de siervo, hecho seme-jante a los hombres. —**FILIPENSES 2:7**

Jesús no estaba preocupado por su reputación ante la gente y nosotros tampoco deberíamos afligirnos por la nuestra. Es nuestra reputación en el cielo la que es importante, no nuestra reputación en la tierra. Nadie quiere tener una mala reputación y si la tenemos, no debería ser a causa de un mal comportamiento de nuestra parte. Dios no quiere que le demos al mundo razones para criticarnos, pero muchos lo harán de todas formas.

Nuestro trabajo es vivir ante Dios de manera piadosa y dejar que Él cuide nuestra reputación. Él promete hablar a nuestro favor (Salmos 30:5) y yo creo que lo hará una vez dejemos de intentar complacer a otros por agradarles.

El apóstol Pablo dijo que, si él hubiese intentado ser popular con la gente, no se habría convertido en un "siervo de Cristo" (Gálatas 1:10). Me pregunto cuánto somos capaces de dar en un esfuerzo por complacer a las personas en lugar de intentar agradarle a Dios. Incluso si complacemos a la gente, va a aceptarnos solo si seguimos haciendo exactamente lo que desea. Con frecuencia, es la primera en abandonarnos si necesitamos algo y ayudarnos le resulta inconveniente. Pero Dios nunca nos deja o nos abandona.

"Padre, por favor, ayúdame a preocuparme más de mi reputación Contigo y menos de mi aceptación en el mundo. Gracias. En el nombre de Jesús. Amén".

CÓMO RECIBIR AYUDA DE DIOS

¡Oh Dios nuestro! ¿no los juzgarás tú? Porque en nosotros no hay fuerza contra tan grande multitud que viene contra nosotros; no sabemos qué hacer, y a ti volvemos nuestros ojos. **−2 CRÓNICAS 20:12**

El versículo de hoy muestra al pueblo de Dios acudiendo a Él, admitiendo que son impotentes. Por eso, recibieron orientación y ayuda del Señor y obtuvieron una gran victoria.

Pablo le recordó a Timoteo que nada traemos al mundo y nada sacaremos de él (1 Timoteo 6:7). Necesitamos reflexionar en esta verdad. Venimos al mundo sin nada; ni siquiera ropa. Todo lo que tenemos, es un regalo proveniente de la bondad Divina. Cometemos un gran error al pensar que nuestras bendiciones son el resultado de nuestras buenas acciones.

Toda buena dádiva viene de lo alto (Santiago 1:17) y nunca podemos ganarnos la gracia y el favor de Dios. Él nos los entrega como un regalo y debemos recibirlo con corazón humilde, sabiendo que no los merecemos. Varias veces al día es bueno recordarte que no eres nada y que sin Dios nada puedes hacer (Juan 15:5).

"Padre, admito que necesito Tu ayuda porque me encuentro indefenso sin Ti. Ayúdame a mantenerme humilde recordando que todo bien es un regalo Tuyo y no el resultado de algo que haya hecho. En el nombre de Jesús. Amén".

DE ACUERDO CON DIOS

¿Andarán dos juntos, si no estuvieren de acuerdo? –AMÓS 3:3

Dos personas no pueden dar un paseo juntas a menos que estén de acuerdo en hacerlo, de lo contrario, una irá en una dirección y la otra en sentido opuesto. Entonces, en lugar de caminar juntos, tirarán el uno del otro. Hay poder en la unidad. Uno podría perseguir a mil, y dos hacer huir a diez mil (Deuteronomio 32:30). Somos mucho más fuertes juntos que separados.

Jesús dice que cuando dos personas se unen en oración, Él está en medio de ellas (Mateo 18:19-20). Vivir en armonía con las personas es bueno, pero vivir de acuerdo con Dios es incluso más importante. Por ejemplo, ¿estás de acuerdo con lo que Dios dice de tu pasado? Pide que te olvides de él, porque está haciendo algo nuevo (Isaías 43:18-19). ¿Estás de acuerdo con esto? o, sigues arrastrando tu pasado contigo dejando que te acose y te haga sentir culpable...

¿Estás de acuerdo con Dios con relación a tu futuro? Él dijo, a través del profeta Jeremías, que tiene un buen plan para ti. El Señor tiene: "pensamientos de paz, y no de mal, para daros el fin que esperáis" (Jeremías 29:11). ¿O crees las mentiras de Satanás de que ya es demasiado tarde para ti y que por tus errores vivirás siempre en segundo plano?

Dios te ama mucho, por eso te insto a que vivas de acuerdo a todo lo que Él dice en Su Palabra. Esta es la única verdad que existe, y todo lo que esté en desacuerdo con ella, es mentira.

"Padre, quiero vivir de acuerdo contigo. Ayúdame a creer lo que Dices de mí más de lo que dice la gente o las mentiras del diablo. En el nombre de Jesús. Amén.

ERES ESPECIAL

Porque tú formaste mis entrañas; tú me hiciste en el vientre de mi madre. Te alabaré; porque formidables, maravillosas son tus obras; estoy maravillado, y mi alma lo sabe muy bien. —SALMOS 139:13-14

Todos quieren ser especiales y sentirse valorados, y tú lo eres. Dios te creó con Su propia mano en el vientre de tu madre. Intrincada y cuidadosamente, te dio forma. Dios no comete errores, así que no eres un error. Dios te quería entonces y te quiere incluso ahora. Él te ama y dice que eres Suyo (Isaías 43:1-4).

Todos somos diferentes. No parecerse a nadie no significa que hay algo malo en nosotros; por el contrario, significa que somos únicos. Me gusta ser única, porque las cosas únicas tienen mayor valor que las copias o las réplicas.

Dios tiene Su ojo en ti todo el tiempo (Salmos 32:8). Siempre está vigilante cuidándote, incluso cuando no reconoces su obra en tu vida. Cuando te sientes solo, no lo estás. Cuando te sientes inútil, no es cierto. Dios te ama tanto que envió a Su único Hijo a morir por ti y pagar por tus pecados (Juan 3:16). Cuando te preguntas si tienes o no un propósito en la vida, la respuesta es sí. No eres un accidente. ¡Dios tiene un buen plan para ti!

"Padre, quiero creer que soy especial. Ayúdame a recibir esta verdad por fe y valorarme como Tú me valoras. En el nombre de Jesús. Amén".

AFLICCIÓN Y SOLEDAD

Esforzaos y cobrad ánimo; no temáis, ni tengáis miedo de ellos, porque Jehová tu Dios es el que va contigo; no te dejará, ni te desamparará.

—DEUTERONOMIO 31:6

La tristeza y la soledad son grandes problemas en nuestra sociedad de hoy. Millones de personas las padecen por distintos motivos, incluido el sentimiento de que nadie los entiende; ser tímidos o extremadamente retraídos, lo que les impide hacer amigos con facilidad, y por soportar abuso. Circunstancias como el divorcio, paternidad soltera, muerte de la pareja, el fallecimiento de un amigo o cualquier otro tipo de pérdida, enfermedad, dolor o sufrimiento, también contribuyen a los sentimientos de soledad y aflicción.

El sentimiento de soledad, nos hace percibirnos como abandonados. Pero nunca estamos realmente solos porque Dios prometió nunca dejarnos.

Cuando te sientes solo, uno de los mejores remedios, es enfocarte en lo que tienes en lugar de en lo que has perdido. Fija tu atención en lo que aún no puedes ver mirando a tu futuro con esperanza. No uses solo tus ojos naturales, mira también con tus ojos espirituales. Recordar que no eres el único que se siente solo también puede ayudar. Acércate a otra persona que se sienta también sola o afligida y mientras la animas, recibirás consuelo tú también.

El Señor es el "Dios de toda la consolación" (2 Corintios 1:3) y el Espíritu Santo, el Consolador quien vive dentro de ti (Juan 14:16-17). Cuando estás lastimado, lo primero que tienes que hacer es pedirle a Dios que te conforte y Él lo hará.

"Padre, cuando me sienta solo o afligido por una pérdida en mi vida, te pido que me des consuelo. Tú sabes cómo me siento y puedes sanar mi herida emocional y repararme. Gracias. En el nombre de Jesús. Amén".

EL PODER DE UNA ACTITUD

Haya, pues, en vosotros este sentir que hubo también en Cristo Jesús.

—FILIPENSES 2:5

La primera pauta con relación a las actitudes, es mantener la correcta cuando las cosas se ponen ásperas. Tan pronto como sientas que tu actitud pierde altura, haz un ajuste. Mantener la actitud correcta es más fácil que recuperarla cuando se ha perdido. Es el diablo quien quiere que tengamos una mala actitud y debemos "resistirlo firmes en la fe" (1 Pedro 5:9).

Indicadores de una mala actitud incluyen: rezongar y quejarse, autocompasión, orgullo, crítica, juicio, impaciencia, ingratitud, crueldad, abatimiento, severidad o ausencia de perdón. Hay con certeza muchos otros, pero esta lista nos brinda suficientes para reflexionar.

Tu actitud te pertenece. Nadie puede obligarte a tener una mala actitud si no quieres. La actitud es poderosa, porque puede mejorar una vida problemática y amargar una buena. No importa qué tan buenas sean las vidas de las personas, no las disfrutarán si son codiciosos o desagradecidos. De igual forma, no interesa qué tan desafiantes sean las vidas de algunos, tendrán alegrías si deciden ser agradecidos por lo que tienen y se proponen no quejarse. Deseemos y roguemos a diario tener la misma actitud que Jesús, tal y como nos incita a hacer el versículo de hoy. ¡Su actitud siempre fue positiva!

"Padre, quiero tener siempre buena actitud en cada situación y necesito Tu ayuda para lograrlo. Por favor, ayúdame. Gracias. En el nombre de Jesús. Amén".

PASIÓN POR DIOS

Ahora, pues, Israel, ¿qué pide Jehová tu Dios de ti, sino que temas a Jehová tu Dios, que andes en todos sus caminos, y que lo ames, y sirvas a Jehová tu Dios con todo tu corazón y con toda tu alma; que guardes los mandamientos de Jehová y sus estatutos, que yo te prescribo hoy, para que tengas prosperidad? **–DEUTERONOMIO 10:12-13**

El versículo de hoy deja en claro lo que Dios quería de su pueblo, los israelitas, después de liberarlo de la esclavitud en Egipto. Cuando pienso en amar a Dios con toda mi alma y corazón, pienso en la palabra "pasión". Escuchamos a la gente decir que le apasiona su trabajo, su cónyuge, su equipo deportivo, hobbies y muchas otras cosas. ¿Por qué no seríamos apasionados por Dios y las cosas que realmente importan? Él es mucho mejor que cualquier trabajo, pareja, equipo, afición o causa en el mundo.

Dios está buscando personas apasionadas por Él y las cosas que Le importan. Busca a quienes lo sigan de todo corazón y lo valoren por sobre todas las cosas. Él no quiere un amor mediocre, sino apasionado.

La forma que expresamos nuestro amor a Dios es a través de la obediencia a sus enseñanzas (Juan 14:15), así que una forma en que demostramos nuestra pasión por Él, es amando a los demás como nos ordena (Juan 13:34-35). Otra manera de mostrar nuestra pasión por el Señor, es ayudar a las personas necesitadas (1 Juan 3:17-18).

Te insto a que no te permitas ser más apasionado por nada de este mundo, de lo que eres por Dios. Él está apasionado por ti.

"Padre, despierta en mí la pasión por Ti y las cosas que Te importan. En el nombre de Jesús. Amén".

PENSAMIENTO CORRECTO

Porque ¿quién conoció la mente del Señor? ¿Quién le instruirá? Mas nosotros tenemos la mente de Cristo. **–1 CORINTIOS 2:16**

¿Qué significa cuando la Biblia dice que tenemos la mente de Cristo? Significa que podemos pensar como lo hizo Jesús, pero muy pocos lo hacemos. Para tener éxito en pensar como Cristo, debemos vigilar nuestra práctica. A Satanás le encanta llenar nuestras mentes de todo tipo de cosas malas y pensamientos perturbadores, pero podemos alejar esos pensamientos y elegir pensar de acuerdo con la Palabra de Dios. Pablo instruyó a los romanos a que renovaran sus mentes para ser transformados (Romanos 12:2). Esto nos enseña que los pensamientos piadosos, dan lugar a una vida piadosa y los impuros, a una vida impura.

Me gusta decir: "donde va la mente el hombre le sigue". Nuestros pensamientos son muy importantes y debemos tomarnos el tiempo para meditar sobre lo que estamos pensando, en lugar de simplemente permitir a nuestra mente morar en cualquier pensamiento que se le ocurra. Cuando nuestros pensamientos no se alinean con la Palabra de Dios, debemos expulsar esos pensamientos impuros y en cambio, pensar en cosas acordes con la Palabra de Dios. Por ejemplo, si crees que nadie te ama, empieza a pensar en lo mucho que Dios lo hace. Pronto te sentirás amado. Aprende a pensar de acuerdo con la Palabra de Dios, y pronto tendrás una vida que podrás disfrutar.

"Padre, me doy cuenta de que muchos de mis pensamientos no están en consonancia con Tu Palabra. Ayúdame a renovar mi pensamiento y aprender a pensar desde la mente de Cristo que está en mí. Gracias. En el nombre de Jesús. Amén".

UNA ACTITUD SIN EGOÍSMO

No mirando cada uno por lo suyo propio, sino cada cual también por lo de los otros. —FILIPENSES 2:4

Los abusos que sufrí en mi infancia me hicieron temer que nadie nunca cuidaría de mí, así que hice la promesa en mi mente de que nunca iba a necesitar a nadie y de que cuidaría de mí misma. Fui egoísta, pero Jesús murió para que pudiéramos vivir libres de egoísmo y egocentrismo (2 Corintios 5:15).

Muchas personas tienen buenas vidas y aun así son infelices. La razón por la cual lo son, es porque son egoístas. No podemos ser egoístas y felices al mismo tiempo.

En Filipenses 4:5, Pablo dice a los Filipenses que ya que Jesús viene pronto, deberían ser más cuidadosos de no ser egoístas: "Vuestra gentileza sea conocida de todos los hombres. El Señor está cerca". Este versículo nos ayuda a comprender lo vitalmente importante que es no permitirnos ser egoístas.

La experiencia me ha enseñado que puedo contraatacar al egoísmo con generosidad, solo que tengo que ser intencionalmente generosa. Nuestra inclinación natural es a hacer lo que es mejor para nosotros todo el tiempo pero, con la ayuda de Dios, podemos resistirnos a esa tentación y preocuparnos por los demás, del mismo modo que por nosotros mismos.

"Padre, te amo y estoy agradecido por todo lo que has hecho por mí. Ayúdame a ser generoso como una forma de retribuir tu bondad. En el nombre de Jesús. Amén".

SÉ LUZ

Así perezcan todos tus enemigos, oh, Jehová; más los que te aman, sean como el sol cuando sale en su fuerza. —JUECES 5:31

En la Biblia, la luz se asocia con Dios y Su bondad, mientras que la oscuridad es un símbolo del enemigo y su malvada obra. Considera los siguientes pasajes del Nuevo Testamento que hablan sobre la luz.

Jesús se refiere a sí mismo como luz en Juan 8:12: "Yo soy la luz del mundo; el que me sigue, no andará en tinieblas, sino que tendrá la luz de la vida".

El libro 1 Juan 1:5-7 dice: "Este es el mensaje que hemos oído de él, y os anunciamos: Dios es luz, y no hay ningunas tinieblas en él. Si decimos que tenemos comunión con él, y andamos en tinieblas, mentimos, y no practicamos la verdad; pero si andamos en luz, como él está en luz, tenemos comunión unos con otros, y la sangre de Jesucristo su Hijo nos limpia de todo pecado".

Jesús nos enseña sobre esto en Mateo 5:16: "Así alumbre vuestra luz delante de los hombres, para que vean vuestras buenas obras, y glorifiquen a vuestro Padre que está en los cielos".

Con estos versículos en mente, piensa con respecto a la escritura de hoy. ¿Qué hace el sol cuando sale con toda su fuerza? Da luz brillando intensamente. Porque amamos a Dios, podemos brindarle luz al mundo que nos rodea, representando a Dios de tal forma que otras personas puedan encontrar su camino hacia Él.

"Padre, ayúdame a brillar como el sol cuando se eleva en su fuerza tan solo por mi amor por Ti. En el nombre de Jesús. Amén".

UNA MENTE ENGAÑADA

Respondiendo Jesús, les dijo: Mirad que nadie os engañe. —**MATEO 24:4**

Ser engañado consiste en creer cosas que no son ciertas. Incluso, aunque no sean verdad, se hacen realidad para nosotros porque las creemos. Jesús dice que en los últimos días el engaño será abundante (Mateo 24:3-25). Esto significa que conforme nos acercamos a la segunda venida de Jesús, Satanás mentirá más y más. Ya estamos a punto de estar tan inundados con noticias y contenidos de las redes sociales, que es difícil saber qué creer y qué no. Solo escuchar o leer algo, no significa que sea cierto. Necesitamos gran cantidad de discernimiento Divino y deberíamos rogar por él regularmente.

Eva fue engañada por las mentiras de Satanás. Él atacó su mente, al igual que ataca las nuestras. Ella debió haber creído la Palabra de Dios más que cualquier otra cosa, pero no lo hizo. Su negativa a creer en la Palabra de Dios les robó la vida que Dios pretendía que ellos disfrutaran en el Jardín del Edén. La Palabra de Dios es la única verdad y si la creemos con todo nuestro corazón, podemos esquivar el engaño.

No solo las mentiras que vemos y escuchamos pueden engañarnos, sino que también podemos engañarnos a nosotros mismos. Santiago dijo que debemos ser: "hacedores de la Palabra" y no solo escuchas, de lo contrario, nos engañaremos al razonar en contra de la verdad (Santiago 1:22). Cada vez que desobedecemos a Dios, parece que siempre tenemos una razón para ello, pero los motivos no son excusa para la desobediencia.

Ten cuidado de analizar demasiado la Palabra de Dios y sencillamente obedécela. Esto te ayudará a protegerte contra cualquier engaño.

> *"Padre, ¡oro para que no me engañen! Ayúdame a tener la perspicacia y el discernimiento necesarios y siempre confiar y valorar Tu Palabra por encima de cualquier otra cosa. En el nombre de Jesús. Amén".*

TODO LO QUE NECESITAS

Y se enojó Saúl en gran manera, y le desagradó este dicho, y dijo: A David dieron diez miles, y a mí miles; no le falta más que el reino. Y desde aquel día Saúl no miró con buenos ojos a David. —1 SAMUEL 18:8

En 1 Samuel 17, el Rey Saúl quería que David tuviera éxito derrotando a Goliat e incluso permitió a David usar su armadura durante la pelea (v. 38). Pero David decidió no usarla. Después de matar a Goliat, David tuvo una audiencia con el Rey Saúl (v. 57) y más tarde se volvió el mejor amigo de su hijo Jonatán (18:3). Pronto Saúl le otorgó a David una importante plaza gubernamental (18:5) y eventualmente David se hizo muy popular.

Podríamos pensar que Saúl tenía una actitud positiva hacia David. En cambio, la realidad es que estaba tan celoso y sospechaba tanto de él que quería matarlo, y lo vio como su enemigo por el resto de su vida (18:11, 29; 19:10, 15; 20:33).

La razón para que Saúl odiara tan intensamente a David, era que lo veía como una amenaza para su poder y autoridad. Cualquiera puede aferrarse con fuerza a su posición o su influencia y buscar identidad y valor en ella. Debemos recordar que las posiciones van y vienen, pero el amor de Dios por ti permanece constante. Encuentra lo que mereces y vales en el amor de Dios por ti y no en cualquier papel que interpretes en la vida o en ninguna posición que ocupes. Puede que las personas te aprueben y te acepten, pero esto como las mareas fluirá y refluirá. Sin embargo, Dios siempre te amará y aceptará incondicionalmente.

"Padre, no importa qué posición pueda tener en el mundo o cuánta influencia posea, ayúdame a siempre encontrar mi identidad y mi valor solo en Ti. En el nombre de Jesús. Amén".

CREER EN DIOS

¿No te he dicho que si crees, verás la gloria de Dios? —JUAN 11:40

El versículo de hoy es parte de la historia de cuando Jesús levantó a su amigo Lázaro de los muertos (Juan 11:1-44). Habla de la gloria de Dios, la cual es una manifestación de Su excelencia. Jesús sabía que Lázaro estaba enfermo, y aun así esperó hasta que él muriera para responder a los llamados de auxilio. Tenía la intención de hacer un gran milagro, pero para hacerlo, necesitaba que los amigos y familiares de Lázaro siguieran creyendo sin importar qué tan mala pareciera la situación.

Cuando Jesús llegó a sanar a Lázaro, la gente le dijo que era demasiado tarde. ¿Sientes que es demasiado tarde para ti? ¿Alguna situación se ha tornado tan mala que dudas de que Dios pueda hacer algo al respecto? Te animo a seguir creyendo. Incluso si Dios no resuelve las circunstancias que enfrentas hoy, Él puede extraer algo bueno de ellas para ti.

Cuando Jesús llegó a la tumba de Lázaro, ya este llevaba cuatro días muerto y la gente le dijo que el cuerpo ya comenzaba a oler. Pero Jesús le pidió a alguna de las personas que lo rodeaban, que rodaran la piedra que cubría la entrada a la tumba de Su amigo. Creo que es muy interesante el hecho de que quería que fuera la gente quien quitara la piedra, a pesar de que hubiera sido muy fácil para Él mismo. Sin embargo, deseaba que actuaran en su fe para que Él pudiera realizar el milagro.

Dios quiere que creamos para obrar a nuestro favor.

Sigue creyendo, no importa cuánto tiempo tengas que esperar. Y que no te mueva exclusivamente lo que puedas ver.

"Padre, quiero creer en Tu Palabra en todo momento. Incluso si no me das lo que quiero, confío en que me darás algo aún mejor. Gracias. En el nombre de Jesús. Amén".

UNA MENTE PREJUICIOSA, CRÍTICA Y SOSPECHOSA

No juzguéis, para que no seáis juzgados. Porque con el juicio con que juzgáis, seréis juzgados, y con la medida con que medís, os será medido.

—MATEO 7:1-2

A Satanás le encanta meter en nuestras mentes pensamientos prejuiciosos, críticos y sospechosos, acerca de otras personas. Si tienes una opinión sobre alguien, a menos que sea una opinión positiva, guárdala para ti mismo. En vez de chismear, ora. ¿Qué tan seguido das tu opinión cuando nadie te la pide? Creo que todos hacemos esto hasta cierto punto y en algún momento tuve un gran problema con ello. Afortunadamente, Dios me ha ayudado a cambiar y encuentro que soy mucho más feliz ahora, que tiendo a retener mi opinión a menos que alguien la quiera.

Gracias a que tenemos el Espíritu de Dios, somos capaces de reconocer comportamientos pecaminosos. Pablo le dijo a los gálatas que intentaran traer al pecador al arrepentimiento y a la restauración, pero que lo hicieran con actitud de humildad y mansedumbre y: "considerándote a ti mismo, no sea que tú también seas tentado" (Gálatas 6:1).

Encontrar defectos en los demás, puede provocar que ignoremos los nuestros. He conocido a personas muy pecadoras que, sin embargo, juzgaban y criticaban a los demás. Finalmente me di cuenta de que observaban y hablaban tan negativamente de otras personas, porque así evitaban enfrentarse a la verdad sobre ellos mismos.

Reza para que la gente vea la verdad y ten mucho cuidado con fomentar y compartir opiniones precipitadas o prematuras.

"Padre, no quiero juzgar a las personas con dureza ni criticarlas. En vez de eso, quiero orar por ellas. Por favor, ayúdame a creer lo mejor con respecto a los demás, pero también a discernir cuando Tú quieres que vea algo y lidie con eso. En el nombre de Jesús. Amén".

EL PODER DE LA ESPERANZA

Y el Dios de esperanza os llene de todo gozo y paz en el creer, para que abundéis en esperanza por el poder del Espíritu Santo. **–ROMANOS 15:13**

Cuando comiences a sentirte abatido o sin paz, pregúntate en qué estás creyendo. Mientras creas y confíes en que todo es posible con Dios, la esperanza en nuestros corazones nos mantendrá alegres y en paz. Esperanza significa esperar que algo bueno suceda. De modo que te pregunto: ¿qué estás esperando?

No siempre obtenemos lo que queremos cuando se lo pedimos a Dios, pero podemos estar seguros de que obtendremos lo que es mejor para nosotros. Santiago escribe que necesitamos ver con alegría los retos y dificultades que enfrentamos, sabiendo que eventualmente forjarán cualidades piadosas en nuestro carácter (Santiago 1:1-4).

Cuando te enfrentas a un problema, es un buen momento para recordar todos los otros que has tenido y pensar en cómo Dios se encargó de ellos. Confía en Él para hacerlo de nuevo.

Mantener tu alegría es muy importante, porque ella es tu fortaleza (Nehemías 8:10). No dejes que el diablo te llene de miedo, duda e incredulidad. Permanece lleno de esperanza y fe.

"Padre, quiero ser estable en todas las situaciones y nunca dejar de confiar en Ti. Fortalece mi fe y ayúdame a creer siempre en Tus promesas. En el nombre de Jesús. Amén".

TODO PUEDE CAMBIAR

Y Jabes fue más ilustre que sus hermanos, al cual su madre llamó Jabes, diciendo: Por cuanto lo di a luz en dolor. E invocó Jabes al Dios de Israel, diciendo: ¡Oh, si me dieras bendición, y ensancharas mi territorio, y si tu mano estuviera conmigo, y me libraras de mal, para que no me dañe! Y le otorgó Dios lo que pidió. **–1 CRÓNICAS 4:9-10**

El hecho de que su nombre signifique "tristeza" y "dolor" podría indicar que Jabes no tuvo un buen comienzo en la vida. Pero según el versículo de hoy, él vivió honorablemente y realizó una asombrosa y sentida oración.

La lección que veo en la historia de Jabes es que nuestro futuro no está determinado por nuestras circunstancias pasadas o presentes. No importa cómo comenzaron las cosas para ti o cómo están en este momento, no tienen por qué permanecer de ese modo.

Oraciones audaces, plenas de fe y una actitud positiva, pueden cambiar el rumbo de tu vida y darte un futuro que es mejor que tu pasado y tu presente. En respuesta a tus plegarias, Dios puede guiarte hacia unos cambios en tu forma de pensar, hablar, actuar, trabajar o en la forma en que te relacionas con los demás. Puede que te pida dejar de hacer ciertas cosas y empezar a hacer otras, porque sabe que esos ajustes te llevarán a donde necesitas ir en la vida.

Cuando realizas oraciones audaces con el potencial de cambiar tu vida espera la respuesta de Dios. Pero no esperes que te coloque de forma sobrenatural en un camino totalmente nuevo en vía a tu destino. Cuenta con que te llevará a realizar cambios en ciertos aspectos de cómo vives en la actualidad. Conforme Él te guía, síguelo en obediencia y observa cómo cambian las cosas.

"Padre, ruego para que me des oraciones audaces que puedan cambiar mi presente y mi futuro. Conforme me guías, ayúdame a obedecerte. En el nombre de Jesús. Amén".

AMA A TUS ENEMIGOS

Pero a vosotros los que oís, os digo: Amad a vuestros enemigos, haced bien a los que os aborrecen; bendecid a los que os maldicen, y orad por los que os calumnian. **–LUCAS 6:27-28**

El mundo en el que vivimos está habitado por muchas personas llenas de odio, ira, resentimiento, diferencias y amargura. La mayoría de ellos ha sido tratada con injusticia de alguna manera y se ha negado a perdonar a sus enemigos. Aferrarse a ofensas del pasado, solo los hace más miserables, pero insisten de todos modos.

Si tienes un desacuerdo con alguien, te recomiendo que te hagas un favor a ti mismo y perdones rápidamente a esa persona. La Palabra de Dios nos enseña el camino hacia la paz y uno de esos caminos es amar a nuestros enemigos, hacerles el bien y orar por ellos. Puede que no tengamos ganas de hacerlo o que pensemos que no es justo, pero si obedecemos a Dios, Él será nuestro vindicador y aplicará Su justicia a nuestras vidas.

Perdonar a las personas que te han lastimado no es un sentimiento, es una decisión, y es mucho más fácil tomarla si pensamos bien de esas personas. Por ejemplo, en lugar de creer que te lastimaron a propósito, podrías pensar que ni siquiera estaban conscientes de que te estaban haciendo daño. También ayuda darnos cuenta de que lastimar a las personas deja heridas permanentes. Para de hablar negativamente de quienes te han hecho daño y empieza a rezar por ellos regularmente. Pronto, tus sentimientos hacia ellos cambiarán.

"Padre, elijo perdonar a cualquiera que me haya lastimado, pero necesito Tu ayuda para hacerlo. Permíteme recordar que Tú siempre me perdonas y que yo siempre debería estar listo para perdonar rápidamente a los demás. Amén".

DA DE LO QUE DIOS TE DIO

Cada uno con la ofrenda de su mano, conforme a la bendición que Jehová tu Dios te hubiere dado. —**DEUTERONOMIO 16:17**

Cuando piensas en las bendiciones que Dios te ha dado, ¿qué te viene a la mente? ¿Te ha dado talentos y habilidades? ¿Te ha dado recursos y relaciones? ¿Te ha dado la posibilidad de ganarte la vida? ¿Te ha dado salud y fortaleza? ¿Te ha dado un propósito en la vida? ¿Te ha dado de comer, aire para respirar y un techo sobre tu cabeza?

Cada uno de nosotros fue creado como un ser único, y Dios nos da todo lo que necesitamos para ejecutar el plan que tiene para nuestras vidas. Más importante aún, Él nos ha dado a todos el regalo de la salvación a través de Su Hijo. No es un regalo que podamos ganar o merecer. Él nos lo ofrece gratuitamente porque nos ama.

Cuando consideramos todo lo que Dios nos ha dado a la luz del versículo de hoy, tenemos que pensar en lo que podemos dar a los demás. ¿Qué puedes compartir hoy con alguien más? ¿Cómo puedes ayudar a alguien en necesidad sin esperar algo a cambio? Sin importar lo que Dios te haya dado, dale un poco de ello a alguien más y da generosamente. Cuando lo hagas, descubrirás que de hecho no has perdido nada. Obtendrás muchísimo más de lo que has dado.

"Padre, ayúdame a ver las oportunidades para dar que están en todas partes alrededor de mí y a dar generosamente. En el nombre de Jesús. Amén".

LA GUÍA DE DIOS

Te haré entender, y te enseñaré el camino en que debes andar; sobre ti fijaré mis ojos. —SALMOS 32:8

Dios prometió guiarnos y aconsejarnos, pero debemos volvernos hacia Él para recibir Su ayuda. Todos los caminos de Dios no siempre tienen sentido para nuestro razonamiento, pero Sus métodos siempre trabajan. Si has probado a tu manera y las cosas en tu vida no están funcionando bien, entonces te recomiendo que intentes el método de Dios. En una relación con Dios, la terquedad no es conveniente, Él quiere que seamos flexibles y moldeables en Sus amorosas manos, siempre dispuestos a hacer lo que Él nos pide o sugiere que hagamos.

Dios trabaja a su ritmo, no al nuestro. Puede que parezca lento a veces, pero Su sincronización es perfecta. El hecho de que pensemos que ahora es el momento perfecto para algo, no lo convierte en realidad. Dios siempre sabe mejor y hará lo más conveniente para nosotros si estamos dispuestos a esperar en Él y no intentamos hacer las cosas por nuestra cuenta tratando de lograr que responda más rápido.

¿Alguna vez has tenido prisa e intentado hacer las cosas a tu manera en vez de esperar en Dios? Creo que todos lo hemos hecho, pero tengo la esperanza de que hayamos aprendido la lección y entendido que esperar en Dios es siempre lo mejor. Prefiero esperar más y terminar con lo correcto, que empujar mi propio plan y obtener lo equivocado.

"Padre, Tú has prometido guiarme y aconsejarme, y eso es lo que quiero. Ayúdame a ser paciente y a esperar en Ti por la guía que necesito. En el nombre de Jesús. Amén".

¿QUÉ HACES POR EL SEÑOR?

Entonces dijo a sus discípulos: A la verdad la mies es mucha, mas los obreros pocos. Rogad, pues, al Señor de la mies, que envíe obreros a su mies. —MATEO 9:37-38

Cada uno de nosotros debería preguntarle todos los días al Señor qué puede hacer para servirle. Él trabaja a través de las personas. Nosotros somos Sus manos, pies y boca en la tierra. Muchas personas piensan que simplemente yendo a la iglesia una vez a la semana, ya están sirviendo al Señor. Pero lo que Dios quiere es una iglesia —un grupo de personas— que esté a Su servicio diariamente.

Cuando entramos en contacto con otras personas todos los días, podemos "predicar" un sermón a través de un comportamiento piadoso, es decir, mostrando amor por los demás y ayudándoles. Somos representantes de Dios y debemos vivir con atención, asegurándonos de representarlo adecuadamente. Hay muchas formas simples de servirle a Dios, y si todos hacemos lo que nos toca, el Reino de Dios va a crecer.

Pregúntale a Dios qué quiere que hagas cada día. Además, ora por otras personas que Él quiera utilizar, tal y como sugiere el versículo de hoy. Puede que Dios desee que le des algo a alguien, que seas bondadoso o que enseñes Su Palabra; que ayudes a los pobres, que seas voluntario en alguna iglesia o refugio local o que visites un asilo de ancianos. Pídele que te abra puertas para servirle y cuando lo haga, atraviésalas confiadamente, con la certeza de que Él va a capacitarte para hacer lo que te pide.

"Padre, me ofrezco a Ti para servirte en todo lo que quieras que haga. Ábreme las puertas correctas y permíteme que ayude a Tu reino a crecer. En el nombre de Jesús. Amén".

ESCOGE TU ACTITUD

Y muchos de los sacerdotes, de los levitas y de los jefes de casas paternas, ancianos que habían visto la casa primera, viendo echar los cimientos de esta casa, lloraban en alta voz, mientras muchos otros daban grandes gritos de alegría. —ESDRAS 3:12

La escena que aparece en Esdras 3:10-12 claramente demuestra que varias personas pueden experimentar lo mismo y sin embargo responder totalmente diferente, pues nuestras respuestas están basadas en nuestras actitudes.

La reconstrucción del templo de Jerusalén luego de su destrucción era muy importante para Dios y Su pueblo. Cuando se completaron los cimientos del templo, muchos de los sacerdotes y líderes de culto se alegraron y llevaron al pueblo de Israel a alabar al Señor. Al mismo tiempo, había un grupo de personas mayores que lloró porque el nuevo templo no era tan grande como el anterior. Estas personas miraban hacia atrás con resentimiento y pena, atrapadas en el pasado. Los demás miraron hacia adelante, vieron al futuro con gozo y alabanzas.

Esta historia enfatiza que tenemos la libertad y el poder de elegir cómo respondemos a las circunstancias de nuestras vidas. Tenemos muchas oportunidades para estar tristes sobre las cosas que hemos perdido. Cada una de esas oportunidades es también un chance de ser felices alegrándonos por lo que tenemos. La decisión es nuestra.

Permíteme animarte hoy a decidir en este instante que, cuando debas elegir entre tener una actitud triste y negativa y una feliz y positiva, elijas ser optimista. El simple acto de ser positivo te ayudará y fortalecerá, cualesquiera que tus circunstancias puedan ser.

> *"Padre, ayúdame a mirar hacia el futuro con alegría, en vez de aferrarme al pasado y llorar por lo que he perdido. En el nombre de Jesús. Amén".*

MANTENTE FIRME

Pero ni un cabello de vuestra cabeza perecerá. Con vuestra paciencia ganaréis vuestras almas. **—LUCAS 21:18-19**

Todos queremos tener éxito y ser ganadores en la vida. Dios dice que la manera de hacerlo es manteniéndonos firmes. La vida no es nada fácil. Incluye tiempos de peligros y desafíos que preferiríamos no tener que enfrentar. Puede que estés pasando por algo muy complicado en este mismo momento, pero Dios promete que ni un solo cabello de tu cabeza será dañado.

El reto al que te enfrentas hoy llegará a su fin y Dios te sacará de él crecido y mejorado, con tan solo confiar en Él para lograrlo. Dios es tu fuerza cuando atraviesas una época difícil. No intentes resolver tus problemas por tu cuenta; pídele que te ayude a solucionar cualquier cosa que te preocupe. Él te ama y quiere escuchar tus plegarias y solicitudes.

Mantente firme en fe y no te rindas o permitas que tu mente se debilite. Piensa cosas buenas basadas en las Escrituras y sé agradecido por todo lo que Dios ha hecho, está haciendo y hará en tu vida por ti. Ser agradecido aumenta tu gozo y mueve la mano de Dios.

"Padre, ayúdame a mantenerme firme en todo momento y nunca darme por vencido. Necesito Tu fuerza para sostenerme minuto a minuto. Te amo y estoy agradecido de Tu amor por mí. En el nombre de Jesús. Amén".

SOLO JESÚS

Y en ningún otro hay salvación; porque no hay otro nombre bajo el cielo, dado a los hombres, en que podamos ser salvos. **–HECHOS 4:12**

Jesús dijo que en los últimos días muchos falsos profetas se levantarán y grandes engaños ensombrecerán la tierra. Algunos, incluso mentirán ser el Mesías. Jesús es el único nombre por el cual podremos ser salvos; no hay otro.

Las falsas religiones y cultos a menudo ofrecen en sus enseñanzas algo de verdad y solo pequeñas inconsistencias. Pero, como dice Jesús: "Un poco de levadura leuda toda la masa" (Gálatas 5:9), lo que significa que no hace falta mucho de algo malo para arruinar una cosa buena. No te dejes engañar pensando que necesitas algo más que la fe en Jesús para ser salvo. Es solo Jesús; no, Jesús y alguna cosa más.

Nuestras obras de justicia no nos salvarán. Seremos salvados por la justicia que se encuentra en Jesús (Filipenses 3:9). Todos hemos pecado y nos hemos quedado cortos de la gloria de Dios, pero a través de Su gracia, obtenemos la redención (Romanos 3:23-24). Recibimos la gracia de Dios depositando nuestra fe en obtener la salvación, de Él, y nadie más. No dejes que te engañen. No permitas a nadie convencerte de que hay otro camino para llegar allí, recuerda que Jesús lo dijo: "Yo soy el camino, y la verdad, y la vida; nadie viene al Padre, sino por mí" (Juan 14:6).

"Padre, creo que Jesús es el único camino a la salvación. Te ruego que me ayudes a no caer jamás en el engaño de creer que existe otro camino hacia Ti. En el nombre de Jesús. Amén".

ELEVA TU OBEDIENCIA

¿Para qué me sirve, dice Jehová, la multitud de vuestros sacrificios? Hastiado estoy de holocaustos de carneros y de sebo de animales gordos; no quiero sangre de bueyes, ni de ovejas, ni de machos cabríos. –ISAÍAS 1:11

En el versículo de hoy, Dios dice que Su pueblo ha obedecido sus instrucciones a través de sus acciones, pero que Él lo que verdaderamente quiere es que sean obedientes desde el corazón. Obedecer a Dios no se trata de seguir rígidamente Sus enseñanzas, sino obedecerlo con buena actitud y motivos puros, tan solo por amor a Él.

El enemigo intenta atraparnos en el legalismo, diciéndonos que debemos obedecer a Dios para que Él nos acepte. ¡Esto es mentira! Dios nos ama y nos acepta incondicionalmente todo el tiempo, sin importar las circunstancias. No tenemos que hacer nada para ganar Su amor, pero sí tenemos la oportunidad de obedecerle como una forma de corresponder a Su gran amor.

Debemos obedecer a Dios todo el tiempo, ya sea que queramos hacerlo o no, y es aún mucho mejor si lo obedecemos con buena actitud. Quiero animarte hoy a elevar el nivel de tu obediencia y asegurarte de que tu corazón esté bien con Dios en todo lo que haces. Pídele que te dé motivos puros, un corazón abierto para escuchar Su voz y saber lo que Él quiere que hagas, pronta obediencia arraigada en el amor y el deseo de honrarlo con tu vida. Un estilo de vida de pura obediencia a Dios, siempre trae bendiciones.

"Padre, ayúdame a obedecerte no solo con mis acciones, sino también con mi corazón. En el nombre de Jesús. Amén".

EL ESPÍRITU SANTO

Mas el Consolador, el Espíritu Santo, a quien el Padre enviará en mi nombre, él os enseñará todas las cosas, y os recordará todo lo que yo os he dicho. —JUAN 14:26

Comprender el ministerio del Espíritu Santo es muy importante. Él vive en ti como creyente en Jesús. El Espíritu Santo es tu Ayudante. Quiere auxiliarte con todo en tu vida, pero Él espera que lo invites antes de involucrarse. Él también nos recuerda las verdades y lecciones que nos enseña la Palabra de Dios, y nos trae pasajes o versículos de las Escrituras a la memoria, cuando necesitamos motivación o ser guiados en el camino correcto.

El Espíritu Santo nos habla con frecuencia o responde a nuestras preguntas al recordarnos algún versículo que se aplique a nuestra situación. Él es el Espíritu de la verdad y nos la enseña a todos nosotros (Juan 16:13). Podemos depender de Él y pedirle que nos guíe; lo único que debemos hacer, es seguir Su dirección.

El Espíritu Santo también es nuestro Consolador (Juan 14:16-17). Qué bendición tener un Consolador viviendo dentro de nosotros; alguien que puede ayudarnos a navegar las condiciones del mundo que vivimos. Creo que estaríamos abrumados por las situaciones de la vida si no tuviéramos Su apoyo y consuelo. Aprende todo lo que puedas sobre el Espíritu Santo, habla con Él a menudo y dale gracias a Dios regularmente por haber enviado a Su Espíritu Santo a estar con nosotros hasta el regreso de Jesús, para llevarnos a nuestro hogar celestial.

"Padre, gracias por el Espíritu Santo. Quiero seguir Su guía y recibir Su auxilio y consuelo. Ayúdame a aprender más acerca de Él y a disfrutar de una profunda comunión con Él. En el nombre de Jesús. Amén".

NO TEMAS

El Señor es mi ayudador; no temeré. **–HEBREOS 13:6**

La desgana es un pariente cercano del miedo. Anticipa el futuro con temor y aprensión. Estamos tentados a la reluctancia a muchas cosas. Puede que no queramos realizar simples tareas diarias como levantarnos en la mañana, enfrentar el tráfico para ir al trabajo, ir al supermercado o lavar la ropa. Pero igual de fácil podemos cumplir con estas responsabilidades con una buena actitud y confiando en que Dios nos de la gracia que necesitamos para cada una de ellas.

La desgana no solo nos roba alegría, sino también nos quita nuestra muy necesaria energía. Escucho a la gente decir a menudo: "temo hacer esto o aquello", pero eso es inútil. Igual tienen que completar esa tarea, así que ¿por qué no hacerla y ya? Si constantemente verbalizamos en voz alta nuestra desgana, nuestras propias palabras nos vencerán. Haremos lo que debemos hacer, sí, pero lo haremos sintiéndonos miserables mientras lo realizamos. Si te has entregado antes a la tentación de la desgana, ahora es tu oportunidad para decidir que, en lugar de eso, vas a tener una actitud positiva.

Podemos y debemos estar agradecidos de que tenemos algo que hacer, que la comida está disponible para que la compremos y que Dios nos da la capacidad y la fuerza para cuidar de nuestros bienes. Respóndele al enemigo (el diablo) encontrando lo bueno en todo. Sé positivo y piensa en lo que tienes, no en lo que no tienes. Haz que este día sea un día lleno de felicidad y niégate a la desgana.

"Padre, ayúdame a no sentirme desganado para realizar las tareas que tengo pendientes. Gracias a eso soy capaz de hacerlas, porque puedo pedir Tu ayuda sabiendo que estás conmigo en todo lo que hago. En el nombre de Jesús. Amén".

CANJEA PREOCUPACIÓN POR CONFIANZA

No se turbe vuestro corazón; creéis en Dios, creed también en mí.

—JUAN 14:1

No sé con qué puedas estar lidiando hoy, pero si te sientes tentado a preocuparte, te animo a canjear tu preocupación por confianza en Dios. Preocuparnos es un inútil desperdicio de energía, pues nunca resuelve nuestros problemas. Lo que sí logra en cambio, es hacernos sentir cansados, tensos y con frecuencia, nos pone malhumorados, es decir, no logra nada bueno.

Dios nos invita a confiar en Él y cuando lo hacemos, de inmediato trabaja en la solución de nuestros problemas. Esto puede sonar extraño, pero puedes continuar disfrutando de tu vida mientras Dios trabaja en tus problemas. Si Él te muestra algo que debes hacer, entonces obedécelo y hazlo, pero, si no hay nada, entonces entra a Su reposo y disfruta del día que Él te ha dado.

Entregarle tu cuidado a Dios requiere humildad. Si estamos preocupados, pensamos que podemos o debemos hacer algo para resolver nuestras dificultades. Pero, cuando llegamos al final de nuestro propio esfuerzo y nos humillamos bajo la mano poderosa de Dios (1 Pedro 5:6), Él nos levantará y hará por nosotros lo que nunca pudimos hacer por nuestra cuenta.

"Padre, lamento todo el tiempo que he perdido preocupándome. Sé que no puedo resolver mis problemas por mí mismo y te pido que me ayudes a no preocuparme, sino a canjear la preocupación por confianza en Ti. Gracias. En el nombre de Jesús. Amén".

NO MÁS ODIO

Aborrecí, por tanto, la vida, porque la obra que se hace debajo del sol me era fastidiosa; por cuanto todo es vanidad y aflicción de espíritu.

—ECLESIASTÉS 2:17

Podemos aprender una lección importante a partir del versículo de hoy. El autor dice que "aborreció" la vida. ¿Alguna vez has escuchado a alguien decir eso? ¿Alguna vez te has sentido igual? Escuchar que alguien odia la vida es algo muy triste.

A pesar de que es común la expresión, "odio" es una palabra que deberíamos eliminar de nuestro discurso, pues es agresiva y, además, tiene fuerza destructiva. Recuerda que las palabras son poderosas. Odiamos algo, nos llena de negatividad hacia esa cosa y la negatividad puede filtrarse fácilmente en nuestros pensamientos y palabras, envenenando otras situaciones también.

Todos enfrentamos problemas y encontramos circunstancias que no nos gustan. Pueden ser simplemente desagradables, terriblemente injustas o incluso trágicas. Nuestros sentimientos negativos hacia esas circunstancias son capaces de provocar que digamos: "¡odio esto!". Pero, por la gracia de Dios, podemos soportarlas e incluso aprender valiosas lecciones de ellas.

Cuando te enfrentas a una situación desafiante o simplemente tienes un mal día, evita decir "odio". En cambio, recuérdate a ti mismo pensar y decir en fe que todo lo puedes por medio de Cristo, quien te llena de fuerzas (Filipenses 4:13), que la gracia de Dios es suficiente para ti (2 Corintios 12:9) y que eres más que un vencedor a través de Cristo porque él te ama (Romanos 8:37).

"Padre ayúdame a enfrentar los desafíos en Tu fuerza y con una actitud positiva. En el nombre de Jesús. Amén".

LOS ZAPATOS DE LA PAZ

Por tanto, tomad toda la armadura de Dios… y calzados los pies con el apresto del evangelio de la paz. —EFESIOS 6:13,15

El diablo es nuestro enemigo y busca entrar en nuestras vidas de cualquier manera posible. Pero Dios nos ha dado una armadura que podemos usar para protegernos de los ataques del mal. Las piezas de esa armadura son el cinturón de la verdad, la coraza de la justicia, los zapatos de la paz, el escudo de la fe, el yelmo de la salvación y la espada del Espíritu, que es la palabra de Dios (Efesios 6:10-17).

¿Te has puesto los zapatos de la paz hoy? En otras palabras, ¿has decidido caminar el camino en paz hoy, sin importar lo que suceda e incluso si las situaciones te toman por sorpresa? Puedes estar listo para cualquier cosa mientras permanezcas en paz, confiando en que Dios te ayudará.

Jesús nos dejó un legado de paz que sobrepasa cualquier entendimiento (Juan 14:27; Filipenses 4:7). Dios es honrado cuando permanecemos en paz en medio de una furiosa tormenta de circunstancias amenazantes. Demuestra que confiamos en que Él va a cuidar de nosotros. La paz es una de las cualidades más hermosas que podemos poseer, así que asegúrate de usar tus zapatos de paz cada día, confiando en Dios con todo tu corazón.

"Padre, gracias por los zapatos de la paz. Recuérdame usarlos a diario y confiar en Ti para manejar todo lo que yo no puedo resolver. En el nombre de Jesús. Amén".

EL DOLOR DEL RECHAZO

Acercándoos a él, piedra viva, desechada ciertamente por los hombres, mas para Dios escogida y preciosa. **–1 PEDRO 2:4**

Las personas que han experimentado el dolor de ser rechazadas, usualmente se esfuerzan mucho para evitar el rechazo en el futuro. Pero si no son cuidadosos, podrían convertirse en complacientes con la gente y dedicar su vida a hacer felices a los demás mientras desperdician la vida que deberían haber disfrutado.

Jesús sufrió rechazó de Su familia, Sus discípulos, los líderes religiosos de la época y otras personas, pero el Señor lo escogió y Él era precioso para Dios. Lo mismo es cierto para nosotros. No debemos temer el rechazo de otras personas, porque Dios nos acepta (1 Pedro 2:9). Él nos seleccionó y reservó para Sí mismo. En el Antiguo Testamento, los hermanos de José lo odiaban tanto que lo vendieron a traficantes de esclavos, pero Dios estaba con él y lo libró de todas sus tribulaciones (Hechos 7:9-10).

Pon tu mente en agradar a Dios y no te preocupes de quienes te rechazan. Como Dios está a tu lado, no importa quién está en contra tuya (Romanos 8:31). Dios está a tu lado y Él te elevará y bendecirá tu vida.

"Gracias Padre porque me aceptas, incluso cuando las personas me rechazan. Ayúdame siempre a complacerte y no preocuparme por mi popularidad con otros. En el nombre de Jesús. Amén".

ACTITUD POSITIVA ANTE LA DISCIPLINA

Y digas: ¡Cómo aborrecí el consejo, y mi corazón menospreció la reprensión! —**PROVERBIOS 5:12**

La forma de fortalecer cualquier área de nuestras vidas es disciplinarnos a nosotros mismos en lo que necesitamos hacer para ganar la fortaleza que deseamos. A muchas personas no les gusta la idea de la disciplina, pero no hay duda de que esta es la clave del éxito para la mayoría de los emprendimientos.

La persona a la que se hace mención en el versículo de hoy tenía una actitud negativa hacia la disciplina. Si tuviera que adivinar, diría que esta persona no disfrutaba de una vida muy exitosa. Si tenemos el tipo de actitud que aparece en Proverbios 5:12, hacemos que disciplinarnos a nosotros mismos sea desagradable y difícil y que sea un conflicto hacerlo. Una mala actitud hacia la disciplina es contraproducente, porque a menudo hace que las personas dejen de disciplinarse del todo.

En contraste, una actitud positiva hacia la disciplina hace que nuestros esfuerzos para desarrollarla sean más efectivos y puede incluso ayudarnos a disfrutar el proceso. Pensando con optimismo acerca de este adiestramiento nos ayuda a centrarnos más en el resultado que deseamos obtener, que en el trabajo y el tiempo que debemos invertir para alcanzar nuestras metas.

La disciplina es nuestra amiga, no una enemiga. Nos ayuda ser quienes queremos ser, hacer lo que queremos hacer y tener lo que queremos disfrutar. Asegúrate de tener una actitud positiva hacia la disciplina para que puedas cosechar los beneficios que traerá a tu vida.

"Padre, ayúdame a desarrollar una actitud positiva hacia la disciplina que necesito, para fortalecer las áreas de mi vida que puedan estar débiles. En el nombre de Jesús. Amén".

EL PERDÓN DE NUESTROS PECADOS

Bienaventurado aquel cuya transgresión ha sido perdonada, y cubierto su pecado. Bienaventurado el hombre a quien Jehová no culpa de iniquidad, y en cuyo espíritu no hay engaño. **–SALMOS 32:1-2**

¿Te sientes hoy culpable o condenado por tus pecados? Puedes admitir tus pecados, arrepentirte de ellos y recibir de Dios el regalo del completo perdón.

Jesús pagó por nuestros pecados. Él recibió nuestro castigo y eliminó la culpa que nuestros pecados merecían. Él promete no solo perdonarnos, sino también olvidarse de nuestros pecados, apartándolos "cuanto está lejos el oriente del occidente" (Hebreos 10:17; Salmos 103:12).

Durante un par de semanas, he estado pensando en el perdón que se nos promete. Mientras más pienso en él, más me impresiona este maravilloso regalo que Dios hizo disponible para nosotros. Es triste que tantas personas pidan y pidan ser perdonadas, pero no reciben el perdón por fe. Ellos creen en sentimientos como la culpa y la condena más de lo que creen en la Palabra de Dios, lo cual es un gran error.

Después de que te hayas arrepentido sinceramente de cualquier pecado, es innecesario y contraproducente continuar sintiéndote culpable. Cuando Jesús perdona nuestras iniquidades y las borra, ya no hay nada más por qué sentirse culpable. Satanás es el acusador de los hijos de Dios (Apocalipsis 12:9-10). Nos acusa falsamente y no debemos escuchar sus mentiras. Dile al enemigo que tus pecados han sido perdonados y que Dios ya no se acuerda de ellos. Si persistes en decir la verdad, pronto tus sentimientos cambiarán.

"Padre, gracias por el perdón de mis pecados. Tu bondad y misericordia van más allá de mi comprensión. Jesús, gracias por tomar el castigo que me merecía y librarme de la culpa. En el nombre de Jesús. Amén".

LA NECESIDAD DE SABER

Porque en la mucha sabiduría hay mucha molestia; y quien añade ciencia, añade dolor. —**ECLESIASTÉS 1:18**

¿Alguna vez te has esforzado por encontrar cierta información y cuando lo has logrado, desearías no haberla descubierto? Ser entrometido no es un buen rasgo, porque mientras más sabemos, más dolor vamos a sentir, según Salomón en el versículo de hoy.

Por ejemplo, encontré que había personas que hacían comentarios poco amables sobre mí y realmente deseé que nadie me hubiera dicho nada sobre ellos. Es impresionante lo que podemos ser no sabiendo ciertas cosas, especialmente aquellas que pueden entristecernos o preocuparnos.

A veces la gente dice cosas como: "no puedo darte esa información, te diré en su momento lo que corresponda". Tal vez Dios quiere trabajar de esta manera con nosotros. Él nos hará saber lo que realmente necesitamos y sería señal de sabiduría no indagar más. Aprende a ser feliz sin saberlo y confía en Dios para revelarte la información que necesitas en el momento correcto.

"Padre, ayúdame a estar satisfecho con saber lo que debo. Ayúdame a nunca perder el tiempo tratando de indagar en cosas que no necesito saber. Gracias. En el nombre de Jesús. Amén".

DI LO QUE DIOS DICE

Y me dijo Jehová: No digas: Soy un niño; porque a todo lo que te envíe irás tú, y dirás todo lo que te mande. –**JEREMÍAS 1:7**

Jeremías cometió el error de decirle a Dios que él era muy joven para ser un profeta luego de que Dios le había asignado claramente este importante papel (Jeremías 1:4-6). En el versículo de hoy, Dios corrige a Jeremías. Este es uno de muchos ejemplos bíblicos que nos enseñan a disciplinarnos en lo que decimos, especialmente cuando hablamos con Dios, y asegurarnos de que lo que decimos está de acuerdo con Su voluntad.

Dios tiene un gran plan para tu vida, quizá es algo que nunca has siquiera considerado o que puede parecerte demasiado grande o desafiante para ti. Pero puedes estar seguro de que si Dios considera que puedes hacerlo y te llama a que lo hagas, entonces no hay duda de que definitivamente podrás. Es posible que necesites ciertas habilidades, capacitación, experiencia o relaciones, para responder al llamado de Dios. Si es así, Él arreglará esas cosas para ti.

Déjame hacerte una pregunta: ¿a qué crees que Dios te está llamando? Comienza hoy a estar de acuerdo con lo que el Señor dice de ti y tus habilidades. Mientras Él te guía, da un paso de obediencia y síguelo para demostrar que crees en Su llamado, que confías en Él y que estás seguro de que te proveerá con todo lo que necesitas para cumplir con Su gran plan para tu vida.

"Padre, ayúdame a a creer que puedo hacer todo lo que Tú me llamas a hacer. En el nombre de Jesús. Amén".

HABLA MENOS, ESCUCHA MÁS

No te des prisa con tu boca, ni tu corazón se apresure a proferir palabra delante de Dios; porque Dios está en el cielo, y tú sobre la tierra; por tanto, sean pocas tus palabras. –ECLESIASTÉS 5:2

A lo largo de las Escrituras, especialmente en Proverbios, uno de los Libros Sapienciales de la Biblia, leemos sobre la locura de hablar demasiado y lo sabio que es dominar nuestras lenguas (Proverbios 10:19; 17:28; 21:23; Mateo 12:36). Tristemente, no siempre logramos esto. Decimos cosas que no deberían haber sido dichas y que, tan pronto salen de nuestras bocas, no hay manera de desdecir. Algunas pueden ser inofensivas, otras nos pueden causar problemas.

Bajo el influjo de la ira, es posible que digamos cosas hirientes que causen dolor a otra persona. Incluso si nos disculpamos, el daño ya está hecho y la persona herida no lo olvidará fácilmente. Puede que nos comprometamos a hacer algo sin pensarlo bien y cuando llegue el momento de hacerlo, tengamos una actitud resentida o no logremos realizarlo. Estas cosas no complacen a Dios y son perjudiciales para nuestras relaciones.

Según Santiago 3:8, ningún hombre puede domar la lengua, así que debemos hacer de nuestro discurso materia de oración regular. Ruégale a Dios que permita que las palabras de tu boca y las meditaciones de tu corazón, sean agradables delante de Él (Salmos 19:14). Nuestras palabras son contenedoras de poder, así que debemos asegurarnos de que sean positivas y dadoras de vida.

"Padre, te pido que me ayudes a pensar antes de hablar y hacer que mis palabras sean pocas. Me arrepiento de cualquier promesa de palabra que haya hecho y no haya mantenido. Gracias por ayudarme. En el nombre de Jesús. Amén".

UN NUEVO "QUIERO"

Y les daré un corazón, y un espíritu nuevo pondré dentro de ellos; y quitaré el corazón de piedra de en medio de su carne, y les daré un corazón de carne. —**EZEQUIEL 11:19**

Nacer de nuevo significa que aceptamos a Jesús como el sacrificio perfecto por nuestros pecados y que lo recibimos como nuestro Señor y Salvador. En ese momento de renacimiento espiritual, Él nos da un nuevo corazón y un nuevo espíritu. Ezequiel se refiere a esto como "un corazón de carne" que reemplaza a nuestro antiguo "corazón de piedra". Este nuevo corazón es susceptible y sensible al Señor y está deseoso de agradarle.

Cuando Dios pone corazón y espíritu nuevos dentro de nosotros, yo digo que Él nos da un nuevo "quiero". Es por eso que después de que nos convertimos en cristianos, nos sentimos con deseos de hacer cosas que nunca habíamos hecho y dejar de hacer cosas que disfrutábamos antes de conocer al Señor. Puede que nuestro estilo de vida no cambie de la noche a la mañana después de nuestra experiencia de salvación, pero después de un tiempo nuestros deseos y motivaciones cambian. Un corazón nuevo nos da nuevos deseos piadosos y un nuevo espíritu, nos da la habilidad de lograrlos.

Obtener un nuevo corazón y un nuevo espíritu no es evento de una sola vez. Mientras caminemos con Dios, Él renueva continuamente nuestros deseos y nuestra habilidad de responder a Él. Tal vez ahora mismo sientas un nuevo y fresco deseo. Ruégale a Dios que te muestre lo que Él te está guiando a hacer con él y síguelo en obediencia.

"Padre, gracias por darme un corazón nuevo y un nuevo "querer". En el nombre de Jesús. Amén".

ESCOGE AMAR

Os recomiendo además nuestra hermana Febe, la cual es diaconisa de la iglesia en Cencrea; que la recibáis en el Señor [con amor y hospitalidad], como es digno de los santos, y que la ayudéis en cualquier cosa en que necesite de vosotros; porque ella ha ayudado a muchos, y a mí mismo. —ROMANOS 16:1-2 (EL PASAJE ENTRE CORCHETES ES UNA TRADUCCIÓN DEL INGLÉS AL ESPAÑOL DEL MATERIAL ADICIONAL QUE INCLUYE LA AMPLIFIED BIBLE, CLASSIC EDITION, AMPC)

La versión extendida de Romanos 16:2 indica que recibir a alguien "en el Señor", significa extender "amor y hospitalidad" a esa persona. Esta es la manera en la cual Pablo les pidió a los creyentes en Roma que recibieran a Febe. Al final de Romanos 16:2, él también les dijo que la ayudaran en todo lo que pudiera necesitar.

El amor no es algo que ocurre automáticamente porque seamos cristianos. Debemos elegir intencionalmente amar a los demás.

El amor no es simplemente un sentimiento cálido hacia alguien. Eso va más allá de los sentimientos, y lo demostramos a través de cómo tratamos a las personas. El amor es también una decisión. Colosenses 3:14 nos dice que debemos "vestirnos" de amor, lo que significa que amar a la gente es una decisión que tomamos. Lo hacemos con intención, ya sea que nos guste o no.

Una forma en que Pablo quería que los creyentes romanos expresaran su amor a Febe era ayudándola, pero ayudar a las personas es solo una forma de mostrarles nuestro amor. Otras maneras incluyen perdonarlas cuando nos ofenden, desear sinceramente lo mejor para ellas y rezar para que lo obtengan. También demostramos amor respetando a las personas y cuando las defendemos si otros se expresan negativamente sobre ellas.

Espero que hoy elijas amar a la gente y expresar tu amor de manera práctica.

"Padre, ayúdame a elegir amar intencionalmente a todos los que se crucen en mi camino. En el nombre de Jesús. Amén".

PACIENCIA, POR FAVOR

Mejor es el fin del negocio que su principio; mejor es el sufrido de espíritu que el altivo de espíritu. **–ECLESIASTÉS 7:8**

Las personas pacientes son más felices, porque ellas son capaces de disfrutar plenamente el presente, sin intentar precipitarse en el futuro. Los que tienen paciencia, están satisfechos con saber las cosas a medida que se desarrollan en sus tiempos correctos. Ser paciente elimina mucho estrés de nuestras vidas, mientras que estar ansioso lo añade.

Las cosas buenas casi siempre toman tiempo para desarrollarse. Las cosas que ocurren rápidamente, a menudo son frágiles y no duran mucho, pero aquellas que ocurren lentamente son sólidas y duraderas. En nuestra búsqueda codiciosa de más y más, con frecuencia sacrificamos calidad por cantidad. Desarrollar un producto de calidad o hacer un trabajo de altura, toma tiempo y paciencia, mientras que hacer algo que luce bien pero no durará mucho, se puede hacer rápidamente.

La única forma en que podemos disfrutar cada instante que Dios no da, es siendo pacientes. No te apresures a través de los momentos de tu vida, porque si lo haces, te perderás cosas muy importantes y a veces perder un pequeño detalle, te puede causar un gran problema. Apresurarse en un proyecto es a menudo inútil, porque termina tomando más tiempo de lo planeado al tener que resolver los problemas que causó la prisa. Como dice el dicho: "Una de las grandes desventajas de la prisa, es que lleva demasiado tiempo".

"Padre, ayúdame a aprender a vivir el momento y a disfrutar plenamente el ahora, en lugar de apresurarme por la vida y ser impaciente. En el nombre de Jesús. Amén".

SIGUE CONFIANDO EN DIOS

En ti confiarán los que conocen tu nombre, por cuanto tú, oh, Jehová, no desamparaste a los que te buscaron. —SALMOS 9:10

Puede que recuerdes la historia del Rey Josafat y la gran batalla en la que se enfrentó contra Moab y Amón, enemigos del pueblo de Dios, que tenían un enorme ejército. La historia aparece en 2 Crónicas 20. La situación parecía imposible, pero Josafat impulsó a su pueblo a humillarse y buscar al Señor, confiar en que Él iba a pelear por ellos y alabar y adorar a Dios. Sin embargo, algunas personas necesitaban aliento para seguir adelante (v. 20), así que les dijo que tuvieran fe y luego nombró a un grupo determinado de personas para que cantaran y adoraran a Dios (v.21).

¿Necesitas ánimo en este momento para seguir confiando y creyendo en Dios? ¿Te sientes desmotivado? ¿Has estado rezando y pidiéndole a Dios que haga algo por tanto tiempo que ahora te preguntas si realmente alguna vez Él lo va a hacer? Quiero animarte de la misma forma que Josafat lo hizo con el pueblo de Dios. Continúa confiando en Dios. Sigue adorándolo. Cuando la gente hizo esto, el Señor empezó a actuar sobrenaturalmente para otorgarles una victoria milagrosa.

Además, sigue orando y permanece dentro de la Palabra de Dios. Mantén tu corazón y tu mente entusiasmados, meditando en las Escrituras que te brinden esperanza y te recuerden el poder y la bondad de Dios. Dios siempre gana, y mientras sigas confiando en Él, tú también vas a ganar.

"Padre, no importa cómo luzca mi situación en este momento, dame la gracia y la fuerza para seguir confiando en Ti. En el nombre de Jesús. Amén

CREADO EN LA IMAGEN DE DIOS

Y creó Dios al hombre a su imagen, a imagen de Dios lo creó; varón y hembra los creó. —GÉNESIS 1:27

Es algo muy importante creer que fuimos creados a la imagen de Dios. Nos da un sentido de valor que nos permite ser felices y tener una vida plena. Por esta razón creo que la teoría de la evolución es peligrosa. Enseña que el ser humano proviene de los simios y yo no veo cómo esa imagen nos otorga un verdadero valor. Si todo lo que soy proviene de un animal, ¿por qué no voy a actuar como uno?

El mundo está lleno de gente insegura que busca valor en los lugares equivocados. Si tan solo supieran que son creados a imagen y semejanza de Dios, moldeados con sus propias manos —con cuidado, intrincados, con detalle y para un propósito—, encontrarían seguridad en saber que Él los ama y que le pertenecen.

Además de ser creados a imagen de Dios, cuando volvemos a nacer (cuando recibimos a Jesús como nuestro Señor y Salvador), recibimos una nueva naturaleza, Su naturaleza. Dios nos equipa para ser todo lo que Él quiere que seamos y lo único que necesitamos hacer es creer y actuar en concordancia. Tú tienes un valor infinito y eres un ser sumamente amado.

"Padre, gracias por crearme a Tu imagen. Qué gran privilegio es tener la habilidad de emularte y mostrarle Tu naturaleza al mundo. Soy Tu embajador y pido ayuda para que pueda representarte bien. En el nombre de Jesús. Amén".

PÁRATE CON FIRMEZA POR LA JUSTICIA

Habló Nabucodonosor y les dijo: ¿Es verdad, Sadrac, Mesac y Abed-nego, que vosotros no honráis a mi dios, ni adoráis la estatua de oro que he levantado? —DANIEL 3:14

Nabucodonosor, rey de Babilonia, quería que tres jóvenes hebreos —Sadrac, Mesac y Abed-nego— veneraran a sus dioses y adoraran a una imagen de oro que él había levantado. Ellos se rehusaron, porque hacerlo sería un acto de desobediencia a Dios. Nabucodonosor se enojó tanto que amenazó con echarlos a las llamas de un horno y matarlos.

Eso no intimidó a los jóvenes. De hecho, le dijeron: "He aquí nuestro Dios a quien servimos puede librarnos del horno de fuego ardiendo; y de tu mano, oh rey, nos librará. Y si no, sepas, oh rey, que no serviremos a tus dioses, ni tampoco adoraremos la estatua que has levantado" (Daniel 3:17-18).

Como no cedieron, Nabucodonosor finalmente hizo lo que ofreció y echó a los jóvenes al horno y Dios los salvo, tal y como ellos dijeron que lo haría. Los tres jóvenes se pararon firmes contra la injusticia, aun frente a una amenaza terrible. Muchas veces, las personas se acobardan ante las amenazas e intimidaciones. Tienen miedo de las consecuencias que enfrentarán si obedecen a Dios y defienden lo que es correcto.

Te animo a vivir con respeto y temor reverencial hacia el Señor y a que estés determinado a honrarlo en todo momento, lo mismo que a confiar en Él en cada situación. Rehúsate a comprometer, no te dejes intimidar y mantente firme por la justicia en la certeza de que Dios nunca falla.

> *"Padre, ayúdame a mantenerme firme por la justicia y permanecer leal a Ti en cada situación. En el nombre de Jesús. Amén".*

¿QUIERES AMAR LA VIDA?

El que quiere amar la vida y ver días buenos, refrene su lengua de mal, y sus labios no hablen engaño; apártese del mal, y haga el bien; busque la paz, y sígala. —1 PEDRO 3:10-11

En el versículo de hoy, Pedro ofrece un consejo breve y sencillo a cualquier persona que quiera disfrutar de la vida. Podríamos resumir su consejo diciendo lo siguiente: Habla bien y di la verdad, haz el bien y busca la paz intencionalmente. Quiero centrar la devoción de hoy en la importancia de nuestras palabras.

Disfrutaremos de la vida incluso en circunstancias difíciles, si guardamos nuestra lengua del mal. Podemos pensar que no hablamos mal porque no decimos cosas que son descaradamente horribles, malvadas o aterradoras. Pero para no hablar mal, también tenemos que abstenernos de decir cosas negativas, quejarnos, escupir ira y chismear. Cuando 1 Pedro 3:10 dice que nuestros labios "no hablen engaño", significa más que simplemente no decir mentiras dañinas, quiere decir que no debemos usar nuestras palabras para tejer una historia o situación que parezca de una manera, cuando en realidad ocurrió otra totalmente diferente.

Nuestras palabras tienen un tremendo impacto en nosotros y en la gente que nos rodea. Podemos usarlas para animar, o para desalentarnos a nosotros mismos y a los demás. Nuestras palabras pueden hacernos más fuertes o debilitarnos, y pueden impactar a otros de manera similar.

Te animo a que prestes atención a las palabras que pronuncies hoy, sabiendo que son muy importantes para determinar si amas la vida y disfrutas de los buenos días.

"Padre, ayúdame a usar mis palabras de manera positiva y veraz, para que pueda amar la vida y ver buenos días. En el nombre de Jesús. Amén".

NUNCA SOLO

Aconteció en aquel mismo tiempo que habló Abimelec, y Ficol príncipe de su ejército, a Abraham, diciendo: Dios está contigo en todo cuanto haces. —GÉNESIS 21:22

¿Qué maravilloso es pensar que Dios está contigo en todo lo que haces? Pensando en lo que esto realmente significa, es increíble. Nunca estamos solos, nunca sin ayuda, nunca sin alguien con quien hablar y nunca sin guía.

La soledad es un problema generalizado en nuestra sociedad. Nosotros incluso podemos estar con personas y aun así sentirnos solos si nos sentimos incomprendidos o no aceptados, pero Dios nos entiende y nos acepta porque nosotros somos en Cristo. Pensar en eso me hace sentir a salvo y cuidada. Espero que tú sientas lo mismo.

Emmanuel es uno de los nombres de Cristo y significa: "Dios con nosotros". Somos el hogar de Dios y Él es nuestro hogar. Si nosotros permanecemos en Él, podemos pedirle lo que queramos y Él va a cumplir, y cuando permanecemos en Él, vamos a cosechar muy buen fruto (Juan 15:7-8). A medida que avanza tu día, piensa y susúrrate a ti mismo: "Dios está conmigo".

"Padre, me asombra saber que Tú estás conmigo en todo lo que hago. Ayúdame a mantener esta maravillosa verdad en mente y a disfrutar de una buena comunión contigo durante todo este día y noche. En el nombre de Jesús. Amén".

DEJA DE DILUIR TU ALEGRÍA

Pero ahora voy a ti; y hablo esto en el mundo, para que tengan mi gozo cumplido en sí mismos. —JUAN 17:13

Tenemos alegría, pero no la experimentamos plenamente a menos que dejemos de hacer cosas que la diluyan y se interpongan entre nosotros y ella. El diablo intenta dejarnos sin alegría, pero no podemos permitir que lo logre. Aquí tienes cinco maneras simples de mantener nuestra alegría hoy.

Primero, recuerda que tus pensamientos son muy importantes. No te preocupes, inquietes o estés ansioso por el futuro. En vez de razonar, lo que lleva a la confusión, confía en Dios.

Segundo, no te enredes ni te entrometas en los asuntos de los demás. Todos tenemos demasiado que atender y no debemos perder el tiempo en situaciones que no nos conciernen a nosotros. Aprende a escoger tus batallas con sabiduría y no hagas un gran escándalo de pequeñeces.

Tercero, aprende a perdonar rápidamente por tu propio bien. Y cuando peques, sé rápido en arrepentirte; no pierdas el tiempo sintiéndote culpable de algo que Dios ya perdonó y olvidó.

Cuarto, sé positivo en tus pensamientos, palabras y actitudes, y tu alegría se desbordará.

Por último, vive un día a la vez. Dios nos da gracia para cada día, pero no por adelantado sino hasta que ese día llegue, así que adelante y disfruta plenamente de hoy.

"Padre, lo siento por los días que he pasado sin alegría debido a pensamientos y actitudes negativos. Perdóname y enséñame a experimentar pleno gozo en Ti. Gracias. En el nombre de Jesús. Amén".

ESPERANZA OTRA VEZ

Y le daré sus viñas desde allí, y el valle de Acor por puerta de esperanza; y allí cantará como en los tiempos de su juventud, y como en el día de su subida de la tierra de Egipto. —OSEAS 2:15

La profecía de Oseas se enfoca en el deseo de Dios de restaurar al Israel infiel para Sí mismo. En el versículo de hoy, el valle de Acor representa un lugar lleno de problemas. Dios dice en este versículo que Él llevará a Israel del tormento a la esperanza. Él hará lo mismo contigo y conmigo.

Como he dicho muchas veces, la esperanza es la expectativa confiada de que algo bueno sucederá. Ni siquiera considera que algo malo pueda pasar. Nosotros desarrollamos y mantenemos la esperanza a través de nuestra forma de pensar. Si pensamos en posibilidades en vez de problemas, la esperanza echa raíz y crece en nuestras mentes.

¿Qué situación en tu vida ha sido como la del valle de Acor? ¿Cuál es o ha sido tu lugar de tormento? ¿Acaso esa circunstancia te hizo dudar de la esperanza? ¿Te enfrentaste a la decepción o al dolor a tal punto que ahora tienes muy poca esperanza, porque no quieres ser herido o decepcionado de nuevo?

Permíteme animarte a estar dispuesto a tener nueva esperanza. Elige creer que Dios hará algo bueno en tu situación y tu vida. Reúne fuerzas y determina que confiarás en Él y que comenzarás a vivir a unos nuevos niveles de esperanza.

"Padre, no importa cómo me hayan decepcionado antes o los problemas a los que me he enfrentado, ayúdame a tener esperanza de nuevo. En el nombre de Jesús. Amén".

CRECIENDO EN MADUREZ ESPIRITUAL

Sed, pues, vosotros perfectos, como vuestro Padre que está en los cielos es perfecto. —MATEO 5:48

Podemos tener un corazón perfecto para con Dios y no tener un comportamiento perfecto. Las personas con un corazón perfecto, quieren ser todo lo que Dios quiere que sean y cooperan con la obra del Espíritu Santo en sus vidas, conforme Él los cambia. Aman la Palabra de Dios y desean ser obedientes. Aman a Jesús con todas sus fuerzas, con todo su corazón, alma y mente, y cuando pecan, eso los entristece y se arrepienten de inmediato.

Dios ha comenzado una buena obra en nosotros y prometió completarla (Filipenses 1:6). Él obra en nosotros gradualmente mientras continuemos en Su Palabra y estemos en comunión con Él. El Espíritu Santo nos cambia poco a poco.

Conforme Dios obra en ti, celebra tu progreso y no te preocupes demasiado por el camino que te falta aún por andar. La buena noticia es que ya estás en ese camino. Creces espiritualmente todos los días, aunque no puedas ver los cambios que se están produciendo.

Sé paciente con la obra de Dios en ti y ten paciencia contigo mismo. Ningún éxito llega de la noche a la mañana. Si al principio no tienes éxito en algo, eres normal. La clave es no rendirse nunca. Sigue presionando hacia la victoria y deja ir lo que quedó detrás de ti.

"Padre, gracias por la obra que estás haciendo en mí. Te amo y quiero ser lo que Tú quieres que yo sea. Confío que Tú estás obrando en mí cada día y celebro mi progreso. En el nombre de Jesús. Amén".

GUIADO POR LA PALABRA DE DIOS

Lámpara es a mis pies tu palabra, y lumbrera a mi camino.

—SALMOS 119-105

Las personas que no conocen la Palabra de Dios caminan en la oscuridad y no tienen una guía adecuada en sus vidas. Puede que tengan un plan y estar trabajando en ese plan. Puede que incluso eso parezca que los beneficia, pero rara vez tienen paz y alegría.

La Palabra de Dios nos da un plan para nuestras vidas, un plan que no solo traerá el éxito, sino también esa paz y alegría tan necesarias. Sin embargo, debemos seguir el plan que Dios nos da o de lo contrario, será inútil. Dios nos enseña a meditar en Su Palabra día y noche y a tener cuidado "para que guardes y hagas conforme a todo lo que en él está escrito"; y entonces "harás prosperar tu camino, y todo te saldrá bien" (Josué 1:8).

La Palabra de Dios no solo nos da conocimiento, también nos da fuerza para hacer lo que Dios dice que hagamos. Cuando pasas tiempo estudiando la Palabra de Dios o rezando y estás en comunión con Dios, recibes fuerza espiritual y física. Dios nos permite hacer lo que necesitamos hacer mientras sea siempre Él nuestra prioridad.

Apartados de Él no podemos hacer nada (Juan 15:5), pero a través de Él, podemos hacer todo (Filipenses 4:13).

"Padre, dame fuerzas a través de Tu Palabra y a través del tiempo que paso contigo. Te necesito y busco Tu Palabra para darle luz y dirección a mis días. En el nombre de Jesús. Amén".

¿CÓMO ESTÁ LA SALUD DE TU CORAZÓN?

Y Jehová respondió a Samuel: No mires a su parecer, ni a lo grande de su estatura, porque yo lo desecho; porque Jehová no mira lo que mira el hombre; pues el hombre mira lo que está delante de sus ojos, pero Jehová mira el corazón. **–1 SAMUEL 16:7**

Es importante examinar nuestros corazones y asegurarnos de que todo dentro de nosotros está alineado con la voluntad de Dios. Gastamos una gran cantidad de tiempo en nuestra apariencia y experimentando estrés por lo que la gente pueda pensar de nosotros, pero lo que está dentro de nosotros —la persona oculta en el corazón—, es más importante para Dios que el exterior.

Aunque David no parecía ser la elección correcta para un futuro rey, Dios lo escogió porque el corazón de David seguía a Dios (1 Samuel 13:14; Hechos 13:22). Pablo le dijo a los Corintios que "lo débil del mundo escogió Dios, para avergonzar a lo fuerte" (1 Corintios 1:27), para que así los seres humanos no puedan obtener la gloria por sí mismos.

Dios te escogió con un propósito especial. Te animo a seguir Su guía y a hacer todo lo que Él te pida que hagas, con todo tu corazón. Él puede escogerte para animar a otros o para hacer negocio, ganar mucho dinero y que puedas apoyar la propagación del evangelio o ayudar a los demás o ser un gran orador.

No importa lo que Dios nos guíe a hacer, siempre y cuando lo hagamos. El Señor no está buscando talento natural; Él busca a aquellos cuyos corazones están orientados hacia Él.

"Padre, quiero que me uses de acuerdo con Tu plan para mi vida. Ayúdame a entregarme completamente a Tu voluntad. Si algo dentro de mí no te complace, por favor muéstrame lo que es. En el nombre de Jesús. Amén".

ATENTOS SIN SENTIRNOS CONDENADOS

¿Qué, pues, diremos? ¿Perseveraremos en el pecado para que la gracia abunde? En ninguna manera. Porque los que hemos muerto al pecado, ¿cómo viviremos aún en él? **–ROMANOS 6:1-2**

Como verdaderos cristianos, no podemos pecar y luego ignorarlo. No podemos dejar de ponerle atención a que hemos desobedecido a Dios. Sabemos que el pecado Lo ofende y nos separa de Él, así que no debemos ser indiferentes a nuestro comportamiento pecaminoso. Sin embargo, hay una diferencia entre ponerle atención al hecho de que hemos pecado, y sentirnos condenados por ello.

Quiero que entiendas hoy, que los sentimientos de culpa y condenación, te robarán tu alegría y tu fuerza interior y te impedirán cumplir con el propósito que Dios tiene para tu vida. Dios no quiere que te obsesiones con cada error que cometes o te castigues cuando pecas. Según Romanos 3:23, todos pecamos. Así que tú también algunas veces pecarás.

Aprender a lidiar con tu pecado apropiadamente, es lo más importante. Jesús derramó Su sangre en la cruz como pago completo por todos tus pecados pasados, presentes y futuros. Él hace posible el perdón total y todo lo que tienes que hacer es arrepentirte de tu pecado y recibir Su perdón. Él te quiere libre y fuerte y sabe que el perdón te va a permitir vivir de esa manera, así que no te sumerjas en la culpa y la condena cuando pecas. Simplemente arrepiéntete, acepta el perdón de Dios y sigue adelante con Él.

"Padre, quiero permanecer sensible, preocuparme por el hecho de que a veces peco y estar pronto a arrepentirme. Pero debido a la obra de Jesús en la cruz, ya nunca me sentiré condenado. En el nombre de Jesús. Amén".

SIN REMORDIMIENTOS

Y nunca después vio Samuel a Saúl en toda su vida; y Samuel lloraba a Saúl; y Jehová se arrepentía de haber puesto a Saúl por rey sobre Israel.

—1 SAMUEL 15:35

La historia de Saúl es una historia muy triste, porque Dios le confió el gran honor de ser el primer rey de Israel y fracasó miserablemente. Saúl tuvo varios problemas, pero el mayor fue la desobediencia. También era un complaciente de la gente en lugar de complacer a Dios, y estaba celoso de cualquiera que él temiera que pudiera superarlo. En pocas palabras, su corazón no estaba bien.

Me entristece leer que Dios se arrepintió de haber hecho a Saúl rey. No quiero que el Señor diga que se arrepiente de nada que me haya confiado a mí y estoy segura de que tú sientes lo mismo. Cada día debemos hacer lo que creemos que agrada a Dios y nunca permitir que el temor hacia otras personas nos haga pecar. Cuando nos paremos frente a Dios, al final de nuestras vidas en la tierra, estoy segura de que querremos escuchar: "Bien hecho, buen y fiel siervo; en lo poco has sido fiel, sobre mucho te pondré; entra en el gozo de tu señor" (Mateo 25:23).

Al final de mi vida no quiero arrepentirme de nada. Tampoco quiero darle a Dios una razón para arrepentirse. Comprometámonos a hacer todo lo que realizamos de manera excelente, siempre comportándonos de la forma que creemos que glorifica a Dios.

"Padre, lo siento si te he dado razón para arrepentirte de algo concerniente a mí. Ayúdame a vivir para Ti y a poner siempre una sonrisa en tu cara con mi comportamiento y elecciones. En el nombre de Jesús. Amén".

SÉ FIRME

Así que, hermanos míos amados, estad firmes y constantes, creciendo en la obra del Señor siempre, sabiendo que vuestro trabajo en el Señor no es en vano. **—1 CORINTIOS 15:58**

Muchos creyentes se sienten llamados a hacer ciertas cosas para servir a Dios o ayudar a otras personas. Puede que sean llamados a tomar el ministerio como profesión, o también pueden a honrar a Dios y ayudar los demás a través de muchas otras ocupaciones o medios que no necesariamente involucren una carrera. Intentan hacer lo que creen que deben hacer, pero descubren que las oportunidades correctas nunca llegan hasta ellos. Las puertas que necesitan abrirse para que se abran paso, permanecen cerradas.

Creo que una de las razones por la que esto le sucede a la gente, es porque son capaces pero no estables. En otras palabras, tienen las habilidades y los talentos necesarios, pero no tienen la madurez, el carácter o la estabilidad emocional que se requiere para realizar lo que ellos sienten es lo que fueron llamados a hacer.

En el versículo de hoy, Pablo insta a los Corintios a "permanecer firmes" y "que nada los mueva". Esto significa, que tenían que ser fuertes y permanecer comprometidos con lo que saben que está bien y negarse a permitir que dificultades o perplejidades, les hagan dudar de su vocación o desviarse de lo que necesitan desarrollar.

Si estás deseoso de servirle a Dios y a los demás, pero sientes que continúas chocando con obstáculos, deberías pedirle al Padre que te ayude a mantenerte firme y no dejar que nada te mueva. Él quiere que cumplas con Su llamado en tu vida y que disfrutes haciéndolo.

> *"Padre, ayúdame a ser firme y a no permitir que nada me mueva mientras busco servirte y ayudar a otras personas. En el nombre de Jesús. Amén".*

NO JUZGUES

¿Y por qué miras la paja que está en el ojo de tu hermano, y no echas de ver la viga que está en tu propio ojo? **–MATEO 7:3**

Nuestra sociedad tiene una necesidad desesperada de amor genuino, pero nunca alcanzaremos ese ideal hasta que dejemos de juzgar a los demás. Deberíamos orar por las personas en vez de juzgarlas, mientras nos vigilamos a nosotros mismos con ojo atento. Muchas veces, nuestras faltas son mayores que aquellas que condenamos en otra gente. Dios es misericordioso, y Él espera que permitamos a la misericordia que Él nos brinda, fluir a través de nosotros, hacia quienes la necesitan.

No somos ciegos a los pecados y las faltas de otras personas, pero el hecho es que ellos son siervos de Dios, y Él no nos ha dado el ministerio del juicio o el criticismo. Hay un momento para confrontar a aquellos cuyo comportamiento es inmoral, pero debemos hacerlo con actitud humilde, recordando que nosotros también tenemos defectos.

¿Hay algunas personas que te frustran o irritan regularmente? Tal vez Dios las puso en tu vida como prueba solo para ver cómo las tratarás. Si dejamos que los que nos irritan nos ayuden a practicar el amor, la bondad y la misericordia, ellos pueden convertirse en una ayuda y un beneficio para nosotros. Solo cuando somos probados crecemos espiritualmente.

"Padre, cuando envías a mi vida personas con las que me cuesta lidiar, ayúdame a tratarlas como Tú lo harías y a observarme a mí mismo antes de criticar. En el nombre de Jesús. Amén".

BUSCA LA FUERZA DE DIOS

Buscad a Jehová y su poder; buscad su rostro continuamente.

—1 CRÓNICAS 16:11

El apóstol Santiago escribe: "No tenéis lo que deseáis, porque no pedís" (Santiago 4:2). Es triste pensar lo seguido que luchamos con nuestro propio esfuerzo y fuerza para terminar una obra o soportar un momento difícil. Mientras luchamos, nos preguntamos dónde está la fuerza de Dios, pero olvidamos que no hemos pedido recibirla. Juan dijo: "pedid, y recibiréis, para que vuestro gozo sea cumplido" (Juan 16:24).

He pasado muchos días con dolor de cabeza y luego me doy cuenta de que son las seis de la tarde y no le he pedido ni una vez a Jesús que me sane. Hay tanto disponible para nosotros y no lo recibimos simplemente porque no lo pedimos. No podemos asumir que Dios nos ayudará; Él quiere que pidamos Su ayuda. Pedir es un acto cortés, asumir, es de mala educación y a menudo fruto del orgullo.

Pídele a Dios cada mañana que te fortalezca para lo que sabes que tienes que hacer y para lo inesperado que pueda ocurrir. No pidas solo por la fuerza para conseguir discurrir a través de ello, pide la fuerza para comportarte como Jesús lo haría en la misma situación.

Somos representantes de Dios en la tierra, así que hagamos lo mejor para representarlo bien.

"Padre, perdóname por asumir y presumir Tu ayuda y bondad. Ruego que me recuerdes pedir Tu ayuda para todo lo que hago. En el nombre de Jesús. Amén".

LIDIA CON LA VIDA UN DÍA A LA VEZ

Así que, no os afanéis por el día de mañana, porque el día de mañana traerá su afán. Basta a cada día su propio mal. **—MATEO 6:34**

No sé tú, pero sin duda yo necesito de la fuerza de Dios para no preocuparme, especialmente con relación a las áreas en las que me siento débil. Tal vez también necesitas ayuda para evitar preocuparte en ciertas áreas de tu vida, como tus hijos, tus finanzas o lo que la gente piensa de ti. No importa cómo lidias con la preocupación, puedes superarla, pero solo con la fuerza de Dios. No puedes hacerlo por tu cuenta.

La preocupación es inútil. No te trae ningún beneficio. Esto lo sé, pero no siempre evita que me preocupe. A veces tomo mi Biblia y busco el versículo de hoy y algunos otros que hablan de la preocupación. Luego los leo y releo, hasta que la preocupación comienza a desaparecer. En lo que nos enfocamos es lo que se vuelve más grande en nuestras mentes, y preocuparnos, implica enfocarnos en un problema que no podemos resolver. Pero si depositamos todas nuestras preocupaciones y ansiedades en Dios, Él cuidará de nosotros (1 Pedro 5:7).

La fórmula de mi esposo Dave para obtener paz, es siempre hacer lo que puede y luego pasar el resto al cuidado de Dios. Por esto, él disfruta de una vida pacífica y llena de alegría. Nuestra hija Laura se parece mucho a su papá y en momentos de dificultad ella dice: "Es lo que es, y me ocuparé de ello un día a la vez".

"Padre, gracias por darme fuerza para no preocuparme por nada. Déjame tomar la vida un día a la vez, confiando en Ti en todo momento. Gracias. En el nombre de Jesús. Amén".

EL PODER DE SER AGRADECIDO

Dando siempre gracias por todo al Dios y Padre, en el nombre de nuestro Señor Jesucristo. **—EFESIOS 5:20**

Conozco a un hombre cuya meta es ser la persona más agradecida de la tierra. ¡Qué aspiración tan maravillosa! Creo que todos deberían tener esto como una de sus metas personales. He estado pensando mucho últimamente sobre el agradecimiento. La Biblia nos indica cientos de veces y de diferentes maneras ser agradecidos, expresarlo y dar gracias en todo momento y en cada circunstancia (Salmos 107:1-2; Efesios 5:20; 1 Tesalonicenses 5:18). ¿Significa esto que debemos dar gracias a Dios por nuestros problemas? No, pero significa que debemos dar gracias a Dios en medio de ellos.

Si damos gracias a Dios por lo que tenemos, no le pondremos tanta atención a lo que no tenemos. Si nos quejamos de lo que ya tenemos, ¿por qué Dios debería darnos más? Entonces nos quejaríamos de eso también. Una razón por la hay poder en ser agradecido, es porque aleja nuestros ojos de nosotros mismos y los lleva hacia el Señor o los demás. Puede que haya muchas personas en nuestras vidas, las cuales repetidamente han hecho cosas amables por nosotros, y a quienes nunca les hemos dado las gracias.

¿Alguna vez le has dado las gracias a las personas que recogen tu basura o a quienes limpian tu oficina? ¿Qué hay de tus padres? ¿Les has agradecido por el tiempo, esfuerzo y dinero que invirtieron en criarte? Y por encima de todo, ¿Qué pasa con el Señor? ¿Le agradeces varias veces al día por Su bondad en tu vida? Unámonos en estar más agradecidos que nunca, y veremos nuevos poder y fortaleza agregados a nuestras vidas.

> *"Padre gracias por Tu bondad conmigo. Lo siento por todas las veces que ni siquiera me he dado cuenta de lo mucho que haces en mi vida. También te pido perdón porque no he sido más agradecido con las personas que has enviado para ayudarme y hacer cosas por mí. ¡Quiero ser la persona más agradecida del mundo! En el nombre de Jesús. Amén".*

SOBRE LA AUTORA

Joyce Meyer es una de las principales maestras de la Biblia práctica en el mundo. Escritora número uno en ventas del New York Times, sus libros han ayudado a millones de personas a encontrar esperanza y restauración a través de Jesucristo. Sus programas de televisión *Disfrutando la vida diaria* y *Respuestas para todos los días,* son transmitidos internacionalmente por televisión, radio y la Internet. A través de los Ministerios Joyce Meyer, Joyce enseña en todas partes un sinnúmero de temas, con enfoque particular en cómo la Palabra de Dios se aplica a nuestra vida cotidiana. Su estilo de comunicación sincero le permite compartir de forma abierta y práctica sus experiencias, de modo que otros puedan aplicar a sus propias vidas lo que ella ha aprendido.

Joyce es autora de más de cien libros los cuales han sido traducidos a más cien idiomas, con más de 65 millones de copias distribuidas alrededor del mundo. Algunos de sus libros más vendidos son: *Pensamientos de Poder; Mujer Segura de Sí Misma; Luzca Estupenda, Siéntase Fabulosa; Empezando Tu Día Bien; Termina Bien Tu Dia; Adicción a la Aprobación; Cómo Oír a Dios; Belleza en Lugar de Ceniza* y *El Campo de Batalla de la Mente.*

La pasión de Joyce por ayudar a quienes sufren es fundamental en la visión de *Mano de Esperanza,* el brazo misionero de los Ministerios de Joyce Meyer. *Mano de Esperanza* ofrece ayuda humanitaria mundial con programas de alimentación, atención médica, orfanatos, respuesta a desastres, prevención y rehabilitación para víctimas de trata de personas y mucho más, siempre compartiendo el amor y el evangelio de Cristo.